本专著由"南昌大学社会科学著作出版资助项目（项目批准号：NC
和"江西省党风廉政建设研究中心"资助出版

U0609714

# 中国养老金收入再分配效应研究

朱火云 ◎ 著

ZHONGGUO YANGLAOJIN SHOURU
ZAIFENPEI XIAOYING YANJIU

中国财经出版传媒集团
经济科学出版社
Economic Science Press

图书在版编目（CIP）数据

中国养老金收入再分配效应研究／朱火云著．—北京：经济科学出版社，2017. 12
ISBN 978 - 7 - 5141 - 8881 - 3

Ⅰ.①中…　Ⅱ.①朱…　Ⅲ.①退休金-劳动制度-研究-中国　Ⅳ.①F249. 213. 4

中国版本图书馆 CIP 数据核字（2017）第 321935 号

责任编辑：周胜婷
责任校对：刘　昕
责任印制：邱　天

**中国养老金收入再分配效应研究**

朱火云　著

经济科学出版社出版、发行　新华书店经销
社址：北京市海淀区阜成路甲 28 号　邮编：100142
总编部电话：010-88191217　发行部电话：010-88191522
网址：www. esp. com. cn
电子邮件：eps@ esp. com. cn
天猫网店：经济科学出版社旗舰店
网址：http：//jjkxcbs. tmall. com
北京财经印刷厂印装
710×1000　16 开　13. 75 印张　250000 字
2017 年 12 月第 1 版　2017 年 12 月第 1 次印刷
ISBN 978 - 7 - 5141 - 8881 - 3　定价：56. 00 元
（图书出现印装问题，本社负责调换。电话：010-88191502）
（版权所有　翻印必究　举报电话：010-88191586
电子邮箱：dbts@ esp. com. cn）

# 序

　　再分配收入以便形成更加公正合理的收入分配关系与结构是社会保障制度的建立初衷，社会保障制度就是为了解决收入分配不公问题而建立的，历史上任何一个国家的社会保障制度自建立之初起，总是以促进收入更加公正合理的分配为己任的，从来也没有哪一个国家或地区的社会保障制度宣称他们的社会保障制度是为了扩大收入差距。因此，收入再分配是社会保障制度的恒久性问题。

　　从源头上看，社会保障收入再分配效应问题伴随着人类社会保障制度的建立。1601 年英国颁布的《济贫法》就蕴含着"劫富济贫"这一"再分配"理念，德国的《疾病社会保险法》等同样蕴含着这一思想并围绕这一思想而进行制度设计。20 世纪初，庇古的《福利经济学》更是直白无误地提出收入均等化应当成为实现社会福利最大化的有效途径；时至今日，国内外相关文献可谓汗牛充栋，无论哪一个国家所进行的社会保障制度改革，实质上都是对收入的再分配加以改革，努力实现社会的公正发展。

　　这意味着，选择此主题进行研究似乎有老生重谈嫌疑，似乎难以有创新性突破。但是，学术研究往往具有辩证的秉性，最容易被人称之为"老生常谈"的命题往往隐藏着重大的理论问题，最容易被人们所忽视的地方常常蕴含着值得研究的重大议题，探讨中国养老金收入再分配问题就具有这样的秉性，因为它内在地包含着需要我们对被称之为"能够缩小收入差距""促进社会公平"的养老金制度进行反思、测量、评估、批判与重建，需要对这一制度进行如吉登斯等人所说的"反身性"构造。

　　在现有的文献中，社会保障收入再分配效应一般限制在代际收入转移与代内收入差距调节上。事实上，这仅是测量再分配效应的一个重要维度而不是测量这一问题的全部，研究养老金再分配问题需要突破现有研究的局限性，进行多维视角、全景式研究，这是准确把握这一问题的关键，也是深化中国养老金制度改革、促进中国养老金制度更加公平发展的关键。基于这样的认知，《中国养老金收入再分配研究》从减少老年人贫困、调节收入差距、促进收入阶层流动等三个维度构建起了养老金制度收入再分配效应的、较为完整的理论框架与解释图景。这三者之间既有联系，又存在显著差别。其中，"减贫效应"

反映的是底层社会群体的绝对收入水平，与其他社会群体的收入水平无关，是生存权的重要体现；"收入差距调节效应"反映的是全体社会成员收入分配的公平程度，它反映一种相对收入水平，是平等、公平价值观的重要表征；而"收入阶层流动效应"反映的是社会地位的变化，是衡量社会成员"去群组标签化"、促进社会融合的重要路径。

20世纪90年代以来，国家相继为不同阶层和地位的社会群体制定有差异化的养老金制度，形成差异化的福利计划，每一项养老金制度都带有明显而独特的权利，试图把人们固定在恰如其分的社会位置上。其中，养老金待遇水平取决于社会地位、劳动表现以及保险缴费记录，政府的养老金制度本来是为了缩小收入差距，促进阶层之间的融合。但是，作者用经验数据为我们描绘了一幅中国养老金收入再分配的复杂图景：养老金制度在积极发挥减少老年人贫困、调节收入差距功能的同时，存在着显著的城乡之间、养老金制度类型之间的差异，不仅削弱了这一制度的本真功能，而且人为地制造了阶层化樊篱。

当然，随着我国经济社会的发展以及养老保障制度的深化改革，我国养老金制度的整合趋势越来越明显，尤其是《关于建立统一的城乡居民基本养老保险制度的意见》《关于机关事业单位工作人员养老保险制度改革的决定》等办法的相继颁布与实施，在"一个统一、五个同步"基本思想的指导下，相信建立更加公平的养老金制度在未来将十分可期。

本书作者朱火云是我培养的较为出色的博士生，毕业后回南昌大学任教：一个农家子弟超越生活、气候等自然条件的制约从东南江西远赴西北新疆求学，又从新疆考取厦门大学研究生，然后继续在厦大深造攻读博士学位，体现出一位年轻学子对学术的孜孜以求，这种执着值得今天的同辈群体学习；说他出色还体现在对社会保障专业的执着上，本、硕、博皆为社会保障专业，而且聚焦于养老金制度的研究；说他出色更体现在为了做好博士学位论文，在与我讨论后欣然接受了我的建议去我校经济学院选修相关课程，不断扩大自己的学术视野。

相信有了这样的精神，有了这份执着，《中国养老金收入再分配效应研究》仅仅是其学术的起点，相信会有更多的学术精品呈现在我们的面前，接受时间和历史的检验，以展示出一名青年才俊的风采。

高和荣

2017年11月

# 前　言

国际社会保障协会（ISSA）认为，"一个设计良好和完整的养老金政策应该包括五大目标：一是减轻老年人贫困风险；二是保障充足的养老金收入；三是通过收入再分配实现代际间和代际内的和谐和公平；四是保障养老金长期的财务可持续性；五是通过减少不利的劳动力市场激励以实现成本效率。"第一和第二个目标可以合二为一，即减轻老年贫困，第三个目标可以理解为调节收入差距，第四和第五个目标则是为实现前两个目标所应具备的基本前提。此外，越来越多的学者发现，社会保障制度（包括养老金制度）本身也是一种阶层化体制，"福利国家在提供去商品化的保护措施以矫治阶层不平等的同时，本身也会因为提供方式产生不同的阶层化效果"。虽然阶层分化本身并不是养老金制度设计者所意欲达到的直接目标之一，甚至是设计者意料之外的"副产品"，但包括养老金制度在内的社会保障制度确实在再分配过程中对一国的社会分层具有重要的形塑作用。因此，就养老金制度的再分配效应而言，至少可以概括为减贫、收入差距调节以及收入阶层效应。三者之间既有联系，又存在显著差别。笔者根据这一理论逻辑，建立了本书的分析框架，即把养老金再分配效应概念操作化为减贫效应、收入差距调节效应和阶层化效应三个维度，通过实证数据评估我国养老金的收入再分配效应，以期为更全面更深刻地理解我国基本养老金制度提供支持。因此，本书主要探讨了三个问题。

第一，养老金的减贫效应。本书构建了贫困发生率（贫困广度）、贫困差距率和贫困差距平方（贫困深度）三个指标，比较了我国养老金计入前后所有老年人以及分性别、地区、城乡、制度类型的贫困变动情况。结果表明，首先需要肯定的是我国养老金发挥了重要的减贫作用，养老金在贫困广度和贫困深度两方面都有效改善了我国老年贫困状况。但也存在诸多问题，突出表现为三个方面：一是养老金水平总体偏低，严重削弱了制度的减贫效应；二是养老金覆盖率低，抑制了制度减贫效应惠及更多的老年人；三是制度分割，导致减贫效应呈现群体性差异。

第二，养老金的收入差距调节效应。本书通过构建绝对收入差距指数和相对收入差距指数两套指标体系，以及收入分配的洛伦兹曲线及其对应的基尼系数，详细评估我国养老收入调节的综合效应，以及在城乡、地区、制度类型之间的差异。评估结果表明，与国内部分学者得出的逆向再分配效应结论不同，我国养老金存在显著的正向调节效应，有效缩小了老年人的收入差距；此外，与国内学者的另一个结论不同的是，我国养老金地区差异（特指东、中、西部）并不明显，即使消除了地区经济发展的差别，这一差异仍然不显著。与此同时，我国养老金的收入差距调节功能还存在诸多欠缺之处，突出表现为：一是收入调节效应的城乡失衡问题；二是收入调节效应的制度间的失衡问题。

第三，养老金的阶层化效应。本书采用改进的洛伦兹曲线以及借鉴收入流动研究中的"时间依赖"、税收分配中的"横向不平等"等概念及其原理，构建我国养老金收入阶层流动转换矩阵和阶层流动指数，评估了我国养老金的收入阶层流动效应。更进一步地，以退休前的职业类型为标准，构建养老金阶层流动表，比较了养老金对不同职业群体阶层流动的影响。研究结果表明，我国养老金虽然具有阶层流动效应，少部分低收入阶层老年人借助养老金制度向高收入阶层流动；但总体而言产生了明显的阶层分化效应，养老金制度使低收入老年人流动到更低收入阶层，或固化在原有阶层，相反，高收入阶层的老年人流动到更高的收入阶层或固化在原有阶层。分职业的阶层流动分析表明，阶层分化效应更加明显，政府部门职工、事业单位职工、国有/集体企业职工组成了第一群组，产生了明显的向上流动效应，私企职工、自雇者组成了第二群组，固化在原有的中等收入层次，农业劳动者、无业人员组成了第三群组，向下流动到最低收入阶层。

老有所养是所有老年人的晚景期盼，养老金制度改革任重而道远。改革方向必须以社会保护底线和底线公平理论为指导，按照"一个统一、五个同步"原则分步实施，推动机关事业单位养老金制度与城镇企业职工养老金制度完全并轨，最终实现与城乡居民养老金制度并轨，推进中国养老金制度更加公平可持续的建设。

# 目　录

# 第一章

## 导 论

# 第一节 选题背景

如果说 20 世纪是人口暴涨的世纪，那么 21 世纪则是人口老龄化的世纪，人口老龄化注定成为 21 世纪人口结构变迁的主旋律。在人生的晚年，老年人由于身体机能的衰退导致收入中断，易陷入贫困状态，沦为弱势群体。因此，老年贫困与收入差距问题在人口老龄化加速时代变得更为突出。在全球范围内，大多数老年人缺乏收入保障，老年贫困发生率远高于其他群体。以发达国家为例，2003 年，爱尔兰老年贫困发生率达到 40%，西班牙为 30%，葡萄牙为 29%，希腊为 28%，英国为 24%，奥地利和德国约为 14%；2007 年，欧盟老年人平均贫困发生率为 19%，明显高于一般群体 16%（龚志民，刘山，李时华，2008）。在发展中国家，老年贫困是社会经济发展的重要问题之一。研究表明，年龄与贫困之间呈 "U" 型关系，即儿童和老年人的贫困发生率最高，进入老年后，随着年龄增长，贫困发生率进一步升高。在我国，伴随中国贫困的形式从最初的普遍不富裕逐渐演变为阶层性贫困，老年贫困问题将逐渐显性化。据民政部统计年鉴，我国领取低保的绝对老年贫困人口数从 2010 年的 2176 万人微降至 2016 年的 2113 万人，但贫困老年人口占贫困总人口的比重则由 29% 上升至 35%（民政部，2016）。

近年来，国家十分注重养老保障制度建设，党的十九大报告明确提出，要加强社会保障体系建设，按照兜底线、织密网、建机制的要求，全面建成覆盖全民、城乡统筹、权责清晰、保障适度、可持续的多层次社会保障体系，全面实施全民参保计划；坚决打赢脱贫攻坚战，确保到 2020 年我国现行标准下农村贫困人口实现脱贫。建设覆盖城乡居民的养老保障体系，已成为我国民生建设中的一项重要内容。进入 21 世纪的 10 多年以来，养老保障事业取得了丰硕成果，在城镇职工基本养老保险制度的基础上，相继建立了新型农村基本养老保险制度和城镇居民基本养老保险制度，实现了养老保险制度的全覆盖，并于 2015 年开启了机关事业单位养老金制度的改革之门，部分省市建立了针对高龄老人的津贴制度等。几乎每年都有养老保障政策的出台，这在中国历史上，甚至在世界历史上都是罕见的。我国养老保险制度覆盖面由 2010 年的 3.6 亿人增长至 2015 年的 8.58 亿人，年均增长率为 19%，财政性社会保障支出以年均 20% 的速度递增。为此，国际社会保障协会（International Social Security Association，ISSA）于2016年向中国政府颁发了杰出贡献奖（ISSA，2016）。

但毋庸置疑，我国养老金制度并未充分发挥其应有的功能，还存在着诸多问题，主要体现为：

（1）制度的功能定位模糊。从制度类别看，我国各类养老金制度多达数十种，全国层面有城镇职工基本养老保险制度、机关事业单位养老金制度、城镇居民养老保险制度、新型农村养老保险制度，各省建立有农民工养老保险制度、失地农民养老保险制度、计划生育夫妇养老保险制度、高龄津贴制度等。这些制度主要是按保障对象的特点（如就业类型）横向划分，而制度的纵向定位是模糊不清的，即，是解决贫困还是促进收入公平，或满足更高层次需求。制度定位缺乏层次性，导致养老金制度功能难以充分发挥。例如，《国务院关于开展新型农村社会养老保险试点的指导意见》（国〔2009〕32号）将新型农村养老保险制度的目标界定为"保障农村居民老年基本生活"，但保障待遇只有55元/月的基础养老金和由100～500元/年缴费形成的个人账户养老金，2016年平均养老金水平为117元/月，目标替代率仅为11%[①]，保障水平很低，甚至低于1.25美元/天的国际绝对贫困线，无法发挥其"保障农村居民老年基本生活"的功能。

（2）养老金体系发展不平衡，难以满足老年人的多样化需求。早在1991年《国务院关于企业职工养老保险制度改革的决定》（国发〔1991〕33号）就提出，逐步建立起基本养老保险与企业补充养老保险和职工个人储蓄性养老保险相结合的三支柱养老金制度体系。但我国现存的三支柱模式存在很多问题，形成了"第一支柱"的基本养老保险"一柱擎天"，"第二支柱"的企业年金和"第三支柱"的职工个人储蓄性养老保险的地位并未真正显现的格局。不仅不能满足老年人多样化需求，而且导致不同行业的养老金待遇差距明显，私营企业等职工基本养老金水平低下，而国企、央企等职工、公务员及事业单位员工享受多重福利。

（3）待遇水平低且差距巨大。总体上我国养老金待遇水平偏低，企业职工基本养老保险的社会平均工资替代率从1997年76%下降为2016年47%，已大大低于制度设计的目标替代率60%。长期以来，养老金增长率落后于工资增长率，替代率呈逐年下降的趋势。且不同养老保险制度之间的待遇差距巨

---

① 目标替代率＝月养老金水平/上一年度农村居民人均月纯收入×100%

大，这种差距同时体现在城乡之间、地区之间、不同职业之间。据中国社科院《中国社会保障收入再分配状况调查》的数据显示，不同养老保险制度的养老金待遇最高相差 50 倍（高和荣，朱火云，2013）。"老有所养"的美好目标远未实现，养老保障事业任重而道远。

　　本书正是基于我国老年贫困和收入不平等与养老金制度不完善相矛盾的现实，以社会保障基础理论为导向，借助近年来各高校和研究机构组织的大型社会调查数据库，采用社会统计等计量分析工具，从技术和操作层面上评估我国基本养老金制度在减少老年贫困与促进收入分配公平层面的效果，从而论证改革与完善我国养老金制度的必要性、正确性和可行性，从而为理顺我国当前项目繁多、关系错乱的养老金体系提供数据支持与科学依据，使各项制度最大限度的发挥其养老功能，各尽其职，各尽其优。归根结底，本项研究的出发点和落脚就是如何实现"老有所养"这一根本目标。

## 第二节　国内外相关研究述评

　　风起云涌的全球养老金改革浪潮凸显了一些基本问题：什么是养老金制度？它存在的必要性何在？洛格和雷德（Logue & Rader, 1997）从企业的视角，认为必须制定有关防范退休收入不确定性的保险计划来补充和保持对员工的激励，以及显示储蓄的避税性。萨缪尔森（Samuelson, 1975）、阿龙和赖肖尔（Aaron & Reischauer, 1998）等从政府的视角，认为政府提供养老金制度是基于收入再分配，将资源从小康生活的公民那里转移给穷人，而这些穷人都是无法以自己的能力积累足够多的储备。佛朗哥·莫迪利亚尼等（Franco Modigliani et al., 2013）则从个人的视角，认为养老金制度的首要目的是帮助家庭通过整个生命周期消费的合理调整分配生活资源，将资源从在职期间转移到退休后。不管是企业视角，还是政府视角，或者是个人视角，养老金制度的本质是一致的，即，劳动者因年老而退出社会劳动后，使其能够获得满足其基本生活需要的、稳定可靠的经济来源的保障项目，目的是增强劳动者抵御老年风险的能力，同时弥补家庭养老的不足（郑功成，2005），其基本目标在于实现社会公平，减少老年贫困和调节收入差距（封进，2004）。国际社会保障协会（ISSA）认为，一个设计良好和完整的养老金政策应该包括五大政策目标：一是减轻老年人贫困风险；二是保障充足的养老金收入；三是通过收入再分配实现代际间和代际内的和谐和公平；四是保障养老金长期的财务可持续性；五是通过减少不利的劳动力市场激励以实现成本效率（柯卉兵，2014）。第一和第二个目标可以合二为一，即减轻老年贫困，第三个目标可以理解为调节收入差距，第四和第五个目标则是为实现前两个目标所应具备的基本前提。虽然对养老金的功能这一问题的回答每个学者的表述都不一样，但本质上是一致的，可简要概括为两大目标，即通过收入再分配以减少老年贫困和调节收入差距。此外，有部分学者从政治经济学的视角探析社会保障制度（包括养老金制度）对社会阶层流动与固化的影响。虽然阶层分化本身并不是养老金制度设计者所欲达到的直接目标之一，甚至是设计者意料之外的"副产品"，但是越来越多学者的研究表明，包括养老金制度在内的社会保障制度对一国的社会分层具有重要的形塑作用，福利国家在提供去商品化的保护措施以矫治阶层不平等的同时，本身也会因为提供方式产生不同的阶层化效果（埃斯平-安德森，2003）。因此，养老金的再分配效应是一个内容丰富、涉及面广的研究主题，本书主要从研究成果较多，焦点较为集中的几个重要主题进行综述，具体包括三个方面。

## 一、养老金的减贫效应研究

国际助老会（HelpAge International，2000）指出，贫困、社会排斥和歧视是阻碍老年人实现人权的主要障碍。关于贫困老年人口数量，尽管没有权威的统计数据，但普遍认为，在贫困人口中，老年人是主要群体之一。在发展中国家，老年贫困是社会经济发展的重要问题之一（Dhemba，2013）。研究表明，年龄与贫困之间呈"U"型关系，即儿童和老年人的贫困发生率最高，进入老年后，随着年龄增长，贫困发生率进一步升高（Barrientos，Gorman & Heslop，2003）。例如，德蒂尔、佩斯蒂奥和艾利（Dethier，Pestieau & Ali，2011）以人均收入中位数的50%为贫困线，比较了18个拉美国家全部人口和60岁及以上老年人口的贫困发生率，除阿根廷、巴西、智利、尼加拉瓜、巴拿马、乌拉圭六个国家外，其他12个国家的老年贫困发生率均高于总人口贫困发生率，作者认为六个国家的例外表现主要是由于非缴费养老金制度比较完善，有效地减少了老年贫困。在发达国家，老年人口贫困发生率总体上稍低于总人口贫困发生率，但这是最近才出现的趋势，然而在几十年以前，老年人口贫困发生率远高于其他年龄人口（Forster，Fuchs & Makovec，2003）。2011年，欧盟28国平均贫困发生率为16.9%，65岁以上老年人的贫困发生率为16%，其中13个国家65岁以上老年人贫困发生率高于总人口的贫困发生率，7个国家的老年贫困发生率高于任何年龄组。

不论是阿根廷、巴西等六个拉美发展中国家，还是美国、欧洲等发达国家，老年贫困发生率迅速下降，甚至低于经济活动人口，其主要原因之一在于老年公共福利的改善。老年公共福利最主要的保障项目即为养老金，欧美主要国家在20世纪初期就开始建立了面向大部分老年人的普惠型（universal）养老金制度，例如，新西兰为每周收入不超过5美元或总资产不超过1600美元的65岁以上老年人提供1.68美元/周的养老金；美国马萨诸塞州则为70岁以上所有老年人提供1.92美元/周的养老金；在英国，65岁以上老年人可以获得1.2～1.8美元/周的养老金收入（Frederrick，1908）。虽然在制度建立初期，养老金水平不高，难以满足老年人的全部生活需要，但养老金待遇是一个逐步提高的过程，据《2012年欧盟养老金充足性报告》，2012年欧盟各国平均养老金净替代率达到79%，对老年贫困的缓解具有显著效果。扎伊迪（Zaidi，2006）比较了老年群体内部的贫困差异，女性老年人比男性更贫困，75岁以上女性老年人比低龄老人贫困发生率更高，原因在于女性比男性更少有资格获得养老金，且待遇水平更低，同时，高龄女性多为寡妇，仅有的配偶养老金权益丧失。另外，部分学者评估了欧美国家自20世纪90年代养老金改革对老年贫困的影响，基本观点是随着公共养老金支出缩减，老年贫困发生率显著提高。这也反向证明了养老金有助于减少老年贫困。欧盟委员会（European Commission，2012）预测，到2060年，欧盟成员国养老金替代率将比2012年下降20%。丰塞卡和索帕拉森（Fonseca & Sopraseuth，2006），弗罗默特和海恩（Frommert & Heien，2006），古德曼等（Goodman et al.，2007），德克斯等（Dekkers et al.，2009）的研究都表明，以减少养老金支出，提高财政可持续性为目标的欧洲养老金改革导致养老金制度的再分配效应被严重削弱，无技术工人和灵活就业人员在退休后面临更大的贫困风险。格雷奇（Grech，2015）以养老金财富（pension wealth）为测量指标，得出了类似结论，始于20世纪90年代的欧盟养老金改革，导致养老金转移支付数额逐年下降，与此同时，老年贫困则呈现不断上升趋势。

近年来，一种被称之为社会养老金（social pension）的减贫效应受到越来越多学者的关注。根据学者的定义，非缴费养老金是指所有或特定老年人在无须缴费的前提下，退休后即可获得一定数量的养老金收入。因此有些文献中称之为非缴费养老金（non-contributory pensions）；由于个人无须缴费，养老金支出完全由国家税收收入中列支，故又被称为税收资助型养老金（tax-financed pension）[1]。非缴费养老金的目标定位就是减少老年贫困，其减贫效果尤其显著，琼-雅克·德蒂尔（Jean-Jacques Dethier，2011）认为，非缴费型养老金是发展中国家在社会保障体系并不完备的现实背景下有效减少老年贫困唯一可行的选择。学者通常采用贫困人口率（poverty headcount rate）、贫困差距率（poverty gap rate）、贫困差距平方（poverty gap squared）三个指标，比较制度实施前后的变化，以此来测量养老金的减贫效果。卡瓦尼和苏巴罗（Kakwani & Subbarao，2007）根据世界银行的数据，模拟了撒哈拉以南非洲15个国家非缴费养老金对不同家庭类型的减贫效果。在假定养老金总支出占本国 GDP 的0.5%条件下，可以完全消除喀麦隆、马达加斯加等六个国家独居老人（elderly only）的贫困，可以减少所有非老年人持家家庭（households not headed by the elderly）0.3%~2.5%贫困发生率（poverty headcount rate），老年人持家家庭（households headed by the elderly）1.9%~22.1%的贫困发生率；在同等预算约束条件下，养老金可以减少所有非老年人持家家庭1.3%~5.8%的贫困差距率（poverty gap rate），减少所有老年人持家家庭6.7%~26.6%的贫困差距率。贝特拉奥，欣内肯和索洛奥（Bertranou，Ginneken & Solorio，2004）通过综合其他学者已计算出来的数据，比较了1990~2000年拉丁美洲的巴西、阿根廷、哥斯达黎加和乌拉圭四国非缴费养老金待遇支付前后人均家庭收入（per capita household income），结果显示，阿根廷的赤贫率[2]从30.4%降至10.0%，减贫幅度达到了67.1%，而贫困发生率则从56.5%下降至39.1%；与此相对应，巴西的赤贫率从26.6%下降至1.2%，基本消除了赤贫人口，贫困发生率也从29.2%下降至6.5%，降低了近30%；其他两个国家的减贫效果也十分显著。汉达雅尼和巴巴雅尼安（Handayani & Babajanian，2012）使用2009年泰国社会经济调查的微观数据计算养老金转移支付前后贫困发生率，表明非缴费养老金分别降低了所有家庭贫困发生率1.32个百分点，独居老人家庭2.52个百分点，两个老人家庭6.01个百分点。

国内众多学者对我国老年贫困人口规模作了估算。就绝对贫困而言，于学军（2003）曾用不同的贫困度量方法，估计出不同老年贫困人口规模，分别

---

① 为与后文称呼相对应，本书统一采用"非缴费养老金"概念。

② 赤贫是指极端贫困，联合国将人均每天消费低于1.25美元定义为赤贫。

为：3853 万人（恩格尔系数法）、4487 万人（国际贫困线标准法，其中城市1264 万人，农村 3222 万人）、4285 万人（主观感觉法，其中城市 932 万人，农村 3354 万人）；杨立雄（2011）采用农村贫困线和"1 天 1 美元"两个标准，测得农村老年贫困人口规模在 1400 万人以上，采用城镇最低生活保障标准和"1 天 2 美元"两个标准，中国城镇老年贫困人口规模近 300 万人。而在相对贫困方面，乔晓春等（2005）借助"中国城乡老年人口一次性抽样调查"数据，以当地（以省为单位）老年人月均可支配收入乘以 0.5 为标准，估计2000 年中国大多数省份的老人相对贫困的比例都超过 35%。虽然近年来随着我国经济发展，人民生活水平显著提高，老年贫困也随之下降，但老年贫困发生率仍然处于较高水平（23%），高于全国人口的平均水平（北京大学国家发展研究院，2013）。

无论是城市贫困还是农村贫困问题，都与社会保障制度缺失和功能不健全有很大关系（吕红平，2005；穆光宗，2011）。一方面，现有养老保障体系中的政策"短板"，城乡养老保障的"二元化"、"碎片化"，使得那些没有职业性养老保障的群体难以享受或仅能享受低水平的养老金待遇，难以满足基本生活需要（华迎放，2013）。另一方面，城镇在职职工即使参加了养老保险，其减贫效果仍然不明显，究其原因，姚建平（2008）认为，从制度设计的理念来看，虽然我国企业职工基本养老保险制度设计所追求的反贫困目标要明显高于"剩余主义模式"的美国，但制度实施与实际效果并不如人意，例如，理想中的多层次养老保险制度体系并没有建立起来，客观上形成了"基本养老保险制度"代替多层次的"养老保险制度体系"的事实，统账结合制度所形成的转制成本一定程度上降低了现有在职人员的养老保障水平，养老金在行业和地区间的不平衡也在一定程度上降低了基本养老保险制度的反贫困功能。因此，在我国未来基本养老保险改革实践中，必须重视发挥基本养老保险制度在防止老年贫困方面的作用（彭浩然，2011）。其中，分别于 2009 年和 2011 年启动的新型农村养老保险制度和城镇居民养老保险制度，由于具有财政转移支付性质，且目标定位的特殊性，不少学者开始关注这两项制度的减贫效果。陈永杰、李俊伟（2012）认为广州建立城镇老年居民养老保险制度，从缓解贫困、保障老人基本生活所需的角度上看此举与世界银行近年来所倡导的"零支柱"养老模式有所吻合。张川川等（2014）持有相似观点，认为我国实施的新型农村养老保险制度与南非、巴西、越南等发展中国家的非缴费养老金制度类似。他们借助中国健康与养老追踪调查（CHARLS）数据，采用断点回归方法和双重差分识别策略评估了我国新农保的减贫效应，结果表明，新农保显著提高了农村老年人的收入水平、减少了贫困的发生。朱火云（2017）研究表明，城乡居民养老金减少了约8%的老年人贫困发生率。

此外，一些学者主张借鉴国外做法，引入非缴费养老金计划，认为非缴费型养老金制度很适合中国国情（周俊山，尹银，2012），尤其是在应对农村养老保障供给不足，促进农村消费，减轻老年人及其家庭的贫困程度以及改善农村老年人生活境况等方面起着重要的作用（李时华，2010；杨娟，2010）。有学者认为，我国现存的高龄津贴就是一种非缴费养老金制度，是一种兼有社会救助和社会福利性质的社会保障措施，对于解决高龄老人基本生活需求和提供保障尤为必要（邓大松，吴振华，2011；华迎放，2013）。然而，不同地区高龄津贴制度在制度定位、政策目标和作用发挥等方面存在很大不同，各地区政策差异较大，全国尚未形成统一的制度安排，这将大大降低高龄津贴制度在减缓老年贫困中的作用（何文炯，洪蕾，2012）。

## 二、养老金的再分配效应研究

社会保障制度作为缩小收入差距与促进结果公平的再分配机制，通过相应的制度安排，来实现国民分享经济社会发展成果的社会要求，缩小收入分配差距，保障弱势群体的基本生存条件，维护劳工福利，促进社会稳定和社会融合。正因如此，"能否维护社会公平与是否缩小了社会不公平，是衡量社会保障是否有效的根本评判标准"（丁煜，朱火云，2013）。养老金制度是整个社会保障体系中最重要的制度安排，由于其基金规模巨大，较之其他社会保障项目，其对收入的调节效应更为显著（包括正向调节或逆向调节）。因此，养老金的收入调节效应研究在社会保障与收入分配关系研究中占主导地位。

养老金的收入差距调节效应在学术界普遍称之为收入再分配效应[①]，通常是指一种正向的收入转移效应，它通常包括两种分配形式，即代际再分配与代内再分配。前者指养老金在同一代人之间的转移关系，即在穷人与富人之间进行转移；后者是指养老金在不同代人之间的转移关系，即在劳动者与退休人员之间进行转移。在养老金制度的收入再分配效应方面，学者普遍比较了现收现

---

① 现有文献中的收入再分配概念主要是指调节收入差距的意义，与本书使用的广义再分配概念不同，但为了与学者的概念在形式上保持一致，文献综述中仍然沿用收入再分配的名称。

付制与基金积累制两种制度模式的效应差异。艾伦（Aaron）在其一篇经典性文章 The Social Insurance Paradox 指出，在萨缪尔森证明的生物收益率的条件下（即人口和实际工资增长率之和超过利率），即使不提高缴费，现收现付制比基金制更利于帕累托改进，即"艾伦条件"（Aaron condition），而基金制将会带来一个使将来各代的生命周期效率都要减少的跨期配置。但是他没有解决一种特定的融资方法在什么样的具体条件下才能达到帕累托改进（Aaron，1966）。施普雷曼（Spreeman，1984）用无限期的叠代模型解决了这一问题，他认为，如果时间是无限的，在自由变化的缴费率下，除非人口增长率和实际工资增长率之和永远小于利率，否则，现收现付制养老金总是能够在代际之间进行帕累托有效配置；相反，对于基金积累制来说，当将来存在某个时期，"艾伦条件"都得不满足时，它才会是帕累托有效的，否则，不管"艾伦条件"是否得到满足，基金积累制都不会实现帕累托改进。

此外，学者进一步研究了现收现付制向基金积累制转轨时对收入再分配的影响，在这个问题上的一致结论是，相对于现收现付制，向基金积累制转轨一代的福利必然要因为转轨而恶化。韦尔邦（Verbon，1988）研究认为，一旦选择了现收现付制养老金制度，就不可能在不伤害到某代人的利益的前提下而退出。相对于转轨前的初始状态，从现收现付制向基金积累制转轨肯定要产生额外的成本（即转轨成本）；相反，如果是从基金积累制向现收现付制转轨，则任何一代人都不会蒙受损失，而至少还会有一代人从中受益。弗里德里希（Friedrich，1989）在此基础上推进了韦尔邦的结论，他认为，当用基金积累制取代现收现付制时，要想在不使至少一代人的福利变得更坏的情况下就能补偿转轨中第一代的福利损失，一般来说是不可能的。

关于现收现付制与基金积累制的收入再分配效应的一般结论是：不管是在实际工资增长率和市场利率外生的小型开放经济中，还是在实际工资增长率和市场利率的封闭经济中，现收现付制的养老金制度总是存在代际之间达到帕累托有效配置的可能；而一个完全的基金积累制的养老金计划无论是对代际还是代内来讲，都是不具备再分配的功能。

国内学者在我国现实国情的背景下，积极探讨了我国部分积累制养老金制度的收入再分配效应，但就养老金制度是扩大了收入差距还是缩小了收入差距这一结论存在较大争议。有学者认为，我国现行的养老保险制度有效调节了居民收入差距，如杨震林、王亚柯（2007）借助社科院收入分配课题组 2002 年城镇住户调查数据，比较了养老金待遇支付前后的基尼系数、十等分组和基尼系数分解等三个指标，测量了城镇企业职工基本养老保险的收入再分配效应。结果显示，养老金财产在很大程度上降低了养老保险制度内职工家庭财产分布不平等程度，基尼系数下降了 8 个百分点，并使得少数极富有家庭占有的财产向大多数中低财产家庭转移，最富有组家庭财产占比较最贫困组家庭财产占比下降了 20%。封进（2004）借助于叠代的生命周期模型（OLG）揭示了我国养老保险制度的政策选择与再分配功能实现的条件。模型结果表明，各利益群体对养老金制度的再分配功能有不同的偏好，由于各方利益的不一致，公平与效率常常呈现交替关系。但就现阶段而言，一个具备再分配功能的现收现付制的养老保险制度仍然有其存在的理由。而有的学者通过定量研究方法得出，我国养老保险制度不仅不能调节收入差距，相反存在逆向再分配的问题。如香伶（2008）认为由于我国城乡养老保障制度发展不平衡，区域经济发展不平衡引发的养老保障制度发展不平衡，市场机制的不完善以及特权阶层的特殊养老保障制度等，导致我国目前养老保险制度在城乡之间、不同退休年龄之间、社会阶层之间都存在明显的再分配累退效应。还有一些学者认为，当前的养老保险制度的收入再分配调节作用是多面的，在某些方面缩小了差距，而在另一些层面则扩大了差距。如王晓军、康博威（2009）以国家统计局公布的年度数据为基础，采用精算平衡技术，对不同就业类型人群、不同收入水平人群、不同性别人群、不同缴费年限人群以及不同寿命人群的养老保险缴费终值与待遇现值进行比较，发现不同就业类型人群因养老保险产生不公平分配，而不同收入人群的养老保险实现了公平分配，缩小了贫富差距。

2005 年，国务院颁布了《国务院关于完善企业职工基本养老保险制度的决定》（国发［2005］38 号），修改了养老金缴费和计发办法。何立新（2007）利用国家统计局 2002 年的城市住户调查数据，比较了城镇职工基本养老保险改革前后职工终生养老保险纯受益情况。分析结果显示，改革前，养老保险制度中存在的逆向收入转移效应得到改善；改革后，40 岁以上的群体中存在较明显的逆向收入转移倾向。但从代际分配来看，1997 年改革方案的代际不平衡大于 2005 年的改革方案。彭浩然（2007）根据养老金制度改革前后的计发办法，假设参保人分为高收入者和低收入者两类，采用精算平衡方法计算了社会统筹账户养老金中两类参保群体的缴费终值与待遇现值，认为与旧制度相比，新制度明显减弱了代内再分配效应，并且可能会引起严重的代际不公平。林东海、丁煜（2007）采用替代率指标，设定更加严谨的参数假设，比较了制度改革前后的养老金替代率变化，结果表明新政策较之老政策具有较强的再分配功能，高收入群体的替代率低而低收入群体的替代率高，其原因在于新的养老保险政策增加了基础养老金的比例，降低了个人账户的积累规模，个人账户采用了比原先更合理的精算假设和精算等价原则，总的养老金预期替代率没有降低。

综合国内学者的研究结论可以发现，不同学者之间的研究结论差异较大。究其原因，主要表现为以下几个方面：一是研究方法的差异。有些学者采用精算平衡方法，计算参保者的待遇现值与缴费终值的差值来测量制度的再分配效应，有些学者则比较养老金目标替代率的变化差异，还有些学者借助叠代的生命周期模型。二是参数假设不同。参数假设对测量结果的影响尤其敏感，例如在影响替代率的因素中，实际利率水平和利率差的影响比较显著，不同参数水平的设定可能产生明显对立的研究结论。

## 三、政治经济学视角下的养老金阶层化效应研究

由于专门就养老金制度的阶层流动效应进行研究的文献不多，学者普遍将养老金制度嵌入一国整体的社会保障制度（国外学者普遍称作"社会福利制度"）之中，分析社会保障制度对阶层分化的影响。因此，需要说明的是，虽然标题是养老金的阶层化效应研究，但主要综述社会保障制度的阶层化效应。

社会保障制度是现代国家中最为重要的社会政策之一，对于塑造一国的社会阶层具有重要的影响作用，这种影响作用被称之为"阶层化"（郎大鹏，2009）。传统上，人们普遍认为福利国家通过社会和市场力量提高了社会阶层流动，从而促进了公民平等，但越来越多的证据表明，福利国家的社会阶层化更加明显。众多学者的研究都表明，福利国家不仅仅是一种对失衡的收入分配进行干预和矫正机制，就其本质而言，亦是一个分层化体系。

埃斯平-安德森（2003）从政治经济学视角深入分析了欧洲主要福利国家的社会福利制度的阶层化效应。他从"去商品化"和"社会权"两个概念出发，论证了福利国家的实质内涵，社会福利制度的必要性，在于它提供一种制度性设计来消除商品化的伤害，让人的社会生活可以不依赖市场才能存在。如果这个去商品化的保护手段能够上升到马歇尔 T. H. Marshall 的社会权（social right）地位，而且是由国家来确保使之成为公民身份的一部分，那这样的国家就是福利国家。根据各国社会保障制度的去商品化能力和阶层化效果，安德森将欧美18个国家划分为三种类型：自由主义福利体制、保守主义福利体制和

社会民主主义福利体制。自由主义福利体制的代表国包括英国、美国、加拿大等盎格鲁-撒克逊国家。在这一福利体制中，市场是资源配置和收入分配的基本机制，政府只在少数人遭遇不幸且无法从市场上得到生活所需时，才会向社会成员提供收入调查式的待遇给付，且给付水平低。这种福利体制必然造成有能力的幸运者与无能力的不幸者的二元分层体系。英国的济贫法完整地体现了这一福利理念，美国的医疗保障体系也是如此。保守主义福利体制以德国、法国等欧洲大陆国家为代表。这一福利体制反映了国家对某些价值及其所对应的社会群体的偏好，按照这些价值将不同社会群体赋予差序式（differential），甚至是位阶式（hierarchical）的社会权，社会权进而演变为一种特权，拥有特权的群体组合而成一类阶层。权利赋予是通过建立社会保险方案来实现，它为不同阶层和地位的群体制订有本质差异的福利计划，每一项计划都带有明显而独特的权利，意在把人们固定在恰如其分的社会位置上。权利的大小（即福利待遇水平）取决于劳动表现和社会保险缴费记录。因此，本质上而言，保守主义福利体制是对劳动市场中原有阶层的肯定与保护，劳动市场中的不平等与阶层分化在福利体制的强化下变得更加清晰。例如，在德国由于社会保障具有浓厚的职业特征，它不仅固化了不同职业分层，而且出现了一种"局内人—局外人"（insider-outsider）的分裂现象，即通过失业计划等鼓励劳动生产率低的职工退出劳动力市场，而形成一支非常精干的劳动力大军。社会民主主义福利体制以瑞典、挪威等斯堪的纳维亚国家为代表。高税收、高覆盖率和高福利是这一福利体制的特点。这种福利体制的核心价值是普及式的公民权，否定工人阶级和中产阶级的二元化局面，力图追求平等以保证所有公民都能平等享受社会发展成果，所以阶层化水平也是最低的。

此外，很多学者也从不同角度分析了社会保障所具有的阶层分化特性。肖尔（Schorr，1974）研究表明，济贫传统及其衍生出的当代家计调查的社会救助，都明显地意在导致社会分层化，它通过惩罚受助者来推进社会两极分化的局面。他进一步指出，美国社会保障制度呈现出"二元结构"：贫困者越来越依赖于家计调查的社会救助；而非贫困者则依赖于非家计调查的社会保险。政府救助能够维持贫困者的基本生存，但不足以使其脱贫，很多贫困者由于缺乏专业技术，往往倾向于依赖政府福利救济而不是找一份低工资的工作，导致贫困群体极易陷入"福利陷阱"（welfare trap）。女性主义者强调社会保障的性别不平等，迈耶（Meyer，2010）认为现存的社会保障制度是一种过时了的男性赚钱-女性持家（male breadwinner-female homemaker）传统福利模式，男性获得更慷慨更稳定的福利待遇，相反女性获更少更不稳定的待遇。奥尔洛夫（Orloff，1993）将女性细分为母亲和妻子两类，认为他们的待遇随着婚姻和家庭角色的变化而变化，社会保障待遇更加不稳定。

　　除了职业、种族、性别被隔离与固化外，社会保障对不同收入水平群体的再分配效应同样存在分层特征。虽然总体上，社会保障降低了基尼系数，有利于调节收入差距，但社会保障对不同收入阶层的影响也是不同的，最低收入组和最高收入组的收入比重下降，其他收入阶层的收入比重都上升（金双华，2012），意味着社会保障不利于处于收入两个极端的群体，而中产阶层是最大的受益者。豪和朗曼（Howe & Longman，1992）指出，超过50%的美国联邦政府转移与税收支付待遇受益于月均收入超过3万美元的家庭，比政府向四口之家拨付减贫财政支出的两倍还多。

## 四、简要评价

　　较之其他社会保障项目，养老金制度是社会保障研究中最重要的领域，仅养老金制度再分配这一主题，就一直是各学术领域的"常青树"。上文仅是从纷繁复杂的众多文献中选取一些比较有代表性的著作进行梳理，从现有研究成果来看，研究视野大为拓展，且再分配效应这一主题逐渐细化和具体化，研究方法也渐趋多样化，但也存在一些问题，简要总结为以下几个方面。

　　（1）在养老金的减贫效应领域，学者主要研究了非缴费养老金的减贫效应。由于人口老龄化和收入差距的恶化，贫困老年人数激增，尤其在广大发展中国家，传统俾斯麦保险型模式难以覆盖越来越多的非正规就业群体，老年贫困问题愈发严峻。学者逐渐由传统养老保险模式的研究转向一种由政府财政完全资助的非缴费养老金制度的研究与倡导。学者采用各国的调查数据，通过比较非缴费养老金转移支付前后老年群体的贫困发生率变化来衡量非缴费养老金的减贫效应。结果表明，非缴费养老金制度对于缓解老年贫困具有显著的效果，为包括我国在内的其他发展中国家迎接老年贫困的挑战提供了有益借鉴。然而，现在研究也存在三点不足之处：一是研究对象的地域范围局限于个别区域和少数国家，尽管众多国家已建立了非缴费养老金计划，但学者的研究主要集中在亚、非、拉发展中国家，早期以拉美、撒哈拉以南非洲国家为主，近几年关于亚洲国家的研究逐渐增多，发达国家的研究较少；二是对养老金的减贫效应研究仅限于非缴费养老金项目，其他养老金项目（如缴费型养老保险）的减贫效应基本被忽略了；三是国内学者对非缴费养老金和缴费型养老保险的减贫效应研究都非常少。

（2）在养老金制度的收入差距调节效应领域，现收现付制与基金积累制的再分配差异比较是其研究的核心，其他维度的研究较少。从20世纪50年代起，养老金制度的收入再分配效应就受到学者的关注，经过几十年的研究进展，研究内容与研究方法上都获得了极大的提升，基本观点是现收现付制比基金积累制具有更强的再分配效应，基金积累制无论是代内，还是代际之间，都不具有再分配效应。除了制度结构，养老金制度的其他维度（如福利模式、养老金水平）是否也会影响收入再分配效应呢？埃斯库-安德森证明了不同福利模式的去商品化水平存在差异，可以相信，不同福利模式下养老金制度的再分配效应也必然存在差异。另外，养老金水平对收入再分配的影响，即是否养老金水平越高，收入再分配效应水平越高？不同的养老金项目（如非缴费养老金与基本养老保险）之间的收入再分配效应是否有差异？谁的效应水平更高？同一养老金项目在不同国家、在同一国家的不同经济发展阶段，其收入再分配效应是否存在差异？……这些方面的研究成果还较少，有待学者进一步探讨和研究。

（3）在养老金的阶层化效应方面，普遍将养老金制度嵌入整个社会保障体系之中，难以凸显养老金制度本身的特殊效应。当前社会福利阶层化主要是基于政治经济学视角，将传统经济学中经济收入作为养老金收入再分配效应分析的核心提升到了一个新的高度。在特定国家中，收入差距仅是福利制度再分配机制的产出之一，公民权、社会地位、身份标签等亦是福利制度再分配的对象。因此，阶层化研究透过了收入这一外在表象，深入社会保障制度再分配效应的实质内容。但是，社会保障作为一个综合性概念，随着新政策的不断创新和实施，社会保障概念所涵盖的项目类别繁多，不同项目之间的保障对象各不相同，如养老保险主要保障退休老年人，失业保险则是劳动年龄内的失业者，生育保险则是具有生育行为的妇女；功能定位也不一致，进而所产生的影响也不尽相同。因此，将一国所有保障项目作为一个整体进行研究可能导致各国之间的差异并不明显，同时各项具体制度自身的特殊效应也被掩盖了。养老金制度作为社会保障体系中最为重要的项目之一，有必要独立出来，专门分析其阶层化效应。

（4）从研究方法上看，国外学者注重定量研究，国内学者偏理论研究。

无论是单个国家的制度剖析，还是跨国比较，国外学者普遍以定量研究为主，通过翔实的数据，实证分析养老金制度的效应水平与国别差异。但是，尽管国外学者已发展出众多的贫困指数与收入不平等指数，但在养老金的减贫效应领域，主要采用贫困发生率、贫困差距率和贫困差距平方三个指数，比较非缴费养老金转移支付前后指数的变化，以判定制度的减贫效果。这种方法的缺陷在于只能进行截面数据分析，没有将时间因素考虑进去。事实上，养老金制度作为一项较为稳定的社会政策，其减贫效应是一个连续性过程，忽略了时间要素的评估结果往往造成估计偏差。因此，需要将时间这个重要变量纳入分析模型，采用面板数据的评估结果明显优于截面数据的评估结果，当然这受到数据可获得性的制约。国内学者的研究在方法工具上则略显薄弱，基本停留在政策层面的理论解读。这一现状可能是由于国内相关数据的获得性比较困难，难以支撑较为复杂的模型分析。但最近几年来出现的大型社会调查〔如中国健康与养老追踪调查（CHARLS）、中国综合社会调查（CGSS）、中国居民收入调查（CHIP）、全国老年人口健康状况调查（CLHLS）等〕所建立的数据库为我国相关研究提供了重要的数据支撑。

# 第三节　研究思路与内容

## 一、研究思路

本书的研究遵循理论框架—政策比较—实证评估—对策建议这一逻辑思路（具体研究技术路线如图 1 - 1 所示）。首先梳理我国当前全面实施几项重要的基本养老金制度的历史演变路径与特点，在本书中具体包括企业职工基本养老保险制度、机关事业单位养老金制度、城乡居民基本养老保险制度和高龄津贴制度，以此界定本书的分析范围。然后转入经验数据的实证评估。根据现有评估方法、我国养老金制度的特点以及可获取数据的特点，选取适合我国养老金制度效应评估的方法，借助北京大学国家发展研究院主持的大型调查数据库——中国老年健康与养老追踪调查：2011 年全国基线调查（CHARLS2011）——的微观调查数据对我国养老金的减贫效应、收入差距调节效应、阶层化效应分别评估并进行比较。最后，从改革的指导理论、基本思路和可行性三个方面为完善我国养老金制度的效应水平提出改革方案。

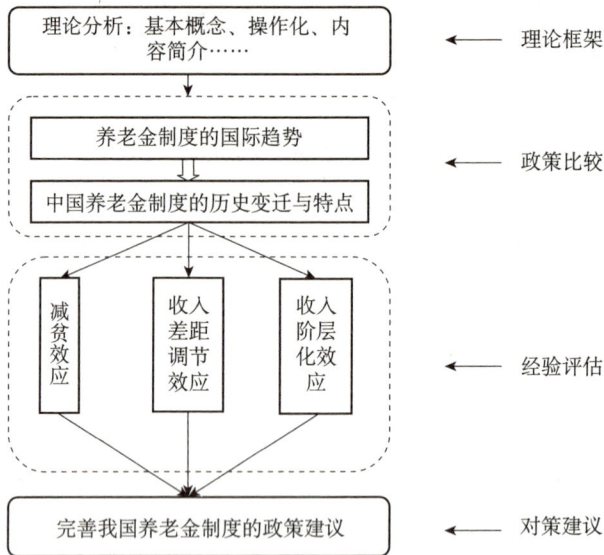

```
┌─────────────────────────────┐
│ 理论分析：基本概念、操作化、内     │ ◄──── 理论框架
│ 容简介……                     │
└─────────────────────────────┘
        │
┌ ─ ─ ─ ↓ ─ ─ ─ ─ ─ ─ ─ ─ ─ ┐
  ┌─────────────────────────┐
│ │  养老金制度的国际趋势       │ │ ◄──── 政策比较
  └─────────────────────────┘
│          ⇓                  │
  ┌─────────────────────────┐
│ │ 中国养老金制度的历史变迁与特点 │ │
  └─────────────────────────┘
└ ─ ─ ─ ─ ─ ─ ─ ─ ─ ─ ─ ─ ─ ┘
        │
┌ ─ ─ ─ ↓ ─ ─ ─ ─ ─ ─ ─ ─ ─ ┐
  ┌────┐  ┌────┐  ┌────┐
│ │减贫 │  │收入  │  │收入  │ │ ◄──── 经验评估
  │效应 │  │差距  │  │阶层  │
│ │    │  │调节  │  │化效  │ │
  │    │  │效应  │  │应    │
│ └────┘  └────┘  └────┘ │
└ ─ ─ ─ ─ ─ ─ ─ ─ ─ ─ ─ ─ ─ ┘
        │
┌─────────────────────────────┐
│ 完善我国养老金制度的政策建议       │ ◄──── 对策建议
└─────────────────────────────┘
```

**图 1 - 1    中国养老金收入再分配效应研究技术路线**


## 二、本书的章节安排


依据研究思路，本书共八章分为四部分：第一部分为理论分析部分，包括第一章，主要介绍了本书的分析框架、基本概念及养老金效应理论和评估方法等内容；第二部分为政策分析部分，主要从国际国内两方面展开，国际部分主要是总结自 20 世纪 70 年代以来，包括发达国家和发展中国家在内的世界养老金改革趋势，为国内研究提供一个大的国际背景，国内部分内立足我国自中华人民共和国成立以来（主要是改革开放以后）养老金制度的历程变迁与特点；第三部分为实证分析部分，本部分为本书的核心与重点，主要利用政府统计数据及 CHARLS 数据库对我国养老金制度的再分配效应进行实证评估；第四部分为对策分析部分，基于实证分析结果提出提高我国养老金制度的效应水平的相关政策建议。具体来讲，各章的安排如下：

第一章    导论。本章内容包括研究背景、国内外相关文献综述、研究思路与结构安排等内容。这部分最主要的目的是建立本书的分析框架，将基本养老金制度效应分解为减贫效应、收入差距调节效应、阶层化效应三个维度，以此评估我国养老金的效应水平及其差异。

第二章 养老金改革的国际趋势。养老金制度是世界各国最为重要的社会政策安排之一，广大发达国家和发展中国家建立了各种类型的养老金制度。20世纪70年代以来，各国开始了新一轮的养老金改革浪潮，这次改革浪潮中呈现三种基本趋势，即由单一支柱向多支柱转变、由现收现付制向基金积累制转变、非缴费养老金制度的引入。正在建立的新型养老金体系对各国的收入再分配产生了重要影响。就减贫效应而言，多支柱养老金通过分析不同老年群体的特点与需求，明确各支柱的功能定位，极大地提高了养老金的覆盖范围，将以前被排除在养老金体系之外的贫困老年人纳入安全网，而非缴费养老金因其制度定位于减少老年贫困，各国实践表明，该制度具有显著的减贫效果。同时，各国养老金的改革有效缩小了不同收入群体之间的差距，基尼系数显著降低，但不同福利模式下的调节效果存在差异。然而，分析表明，现有的多支柱养老金构想也产生了明显的阶层固化效应，养老金虽然提高了低收入老年人的收入水平，但并没有根本改变他们的阶层地位。现有多元分割的养老金体系将不同群体划归进不同制度范围，从而固化了不同收入阶层。

第三章 中国养老金制度的变迁与特点。在分析范围上，本章将较全面梳理当前我国重要的基本养老金制度，具体包括全国层面的企业职工基本养老保险制度、机关事业单位养老金制度、农村养老保险制度以及新近建立的城镇居民基本养老保险制度；高龄津贴制度虽未形成一项全国性的统一制度，但考虑其未来发展的良好预期以及减贫效应的重要性，本书亦将此项制度纳入分析范围。然而，各地方建立的诸如农民工养老保险制度、失业农民养老保险制度、计划生育夫妇养老保险制度，由于各地区政策规定比较灵活，不具有统一性，因此不纳入本研究的范围。在分析内容上，本章不打算从纵向上梳理我国各项养老金制度的改革和演变历史，而是以现有养老金制度为对象，着重从政策文件上解读和分析各项养老金制度的建制理念与功能定位，横向比较各项制度在减少老年贫困与保障基本生活的定位与特点。

第四章 养老金不平等测量及影响因素分析。在本章中，主要从纵向不平等和横向不平等两个维度测量我国养老金不平等状况。不平等测量表明我国养老金存在严重的纵向和横向分配失衡问题，从纵向不平等来看，我国养老金基尼系数达到 0.563，已大幅超出国际警戒线；从横向不平等来看，性别、户籍、地区和养老金类型之间存在不平等问题，但性别之间和地区之间的差异较小，而户籍之间和养老金类型之间的差异十分显著。总体而言，男性、城镇户籍老人、东部地区居民、机关事业单位退休老人、城镇企业退休职工在养老金分配中处于较优势地位。但是，养老金不平等并不是需求差异导致的，而是老年人退休前的人力资本、家庭资本和社会资本等共同作用的结果，即养老金水平反映了退休前的累积优势（劣势）。

第五章　养老金的减贫效应。在对贫困概念界定的基础上，首先分析了我国当前老年人的主要收入来源及其构成，采用世界银行贫困线、全国扶贫线和城乡低保线三条贫困线，采用贫困发生率、贫困差距率和贫困差距平方三个测量指标评估我国老年贫困的现状。其次，对比养老金给付前后，所有老年人以及不同老年群体之间的贫困变化情况。研究结果表明，总体上，我国养老金有效降低了老年贫困的广度与深度，但不同群体之间的影响差距较明显。如养老金缩小了地区间老年贫困差距，但扩大了城乡老年人的贫困差距，同时对男性的减贫效果明显优于女性，覆盖率低抑制了养老金减贫效应的发挥。

第六章　养老金的收入差距调节效应。与第四章类似，除性别维度外，分别从总人口、城乡、地区、制度类型四个维度来评估我国养老金的收入差距调节效应。分析的基本思路如下：先通过洛伦兹曲线直观比较养老金领取前后的变化情况，再通过计算养老金领取前后老年人的收入差距指标来评估养老金的收入调节效应，最后进行总结，分析发现的特点、存在的问题及其致因。分析结果表明，我国养老金收入差距调节效应的"时间窗口"已开启，开始显现正向收入调节效应。但是，这种调节效应非常微弱，并未真正起到"二次分配"作用。例如，即使养老金使基尼系数降低了，但降幅只有0.1，并不理想。同时，养老金的收入差距调节效应还存在城乡、制度之间的差异，城镇企业事业单位职工养老金制度的调节力度要明显优于农村居民和城镇无业人员的养老金制度，但地区差距不明显。

第七章　养老金的收入阶层流动效应。本章采用阶层流动转换矩阵及阶层流动指数来评估我国养老金在促进或固化收入阶层的影响效应。研究结果表明，总体上，我国养老金具有明显的阶层流动效应，但也存在一些明显特点和缺陷。其中，最为突出的特点是，养老金的阶层流动呈现三大职业组群：第一类包括机关部门职工、事业单位职工、国有/集体企业职工，这类组群的特点是借助养老金产生了向上流动或阶层固化，并最终成为最高收入阶层；第二类包括私营企业职工、自雇者，这类组群的特点是借助养老金产生向上的阶层流动，最终形成了中高收入阶层；第三类包括农民、未就业者，这类组群的特点是通过向下的阶层流动或阶层固化，最终形成低收入阶层。

第八章　结论与政策建议。本部分首先简要地总结了第三～第六章的实证分析部分，即我国养老金在减贫、收入差距调节、阶层流动三方面的收入再分配效应。在此基础上，提出了完善我国养老金制度的主要建议。本书所提出的建议是建立在福利经济学和底线公平两个理论基础上的，按照这两个理论，本书构建了三层次养老金体系：第一层是基础普惠型非缴费养老金，为实现底线公平；第二层次为雇主缴费的职业关联型养老保险，以调节收入差距；第三层次为个人缴费的个人账户养老金，体现效率和个人责任，主要是平滑一生收入，无代际代内再分配功能。最后，本书对提出的改革方案进行了可行性论证。

# 第二章

## 养老金制度改革的国际趋势

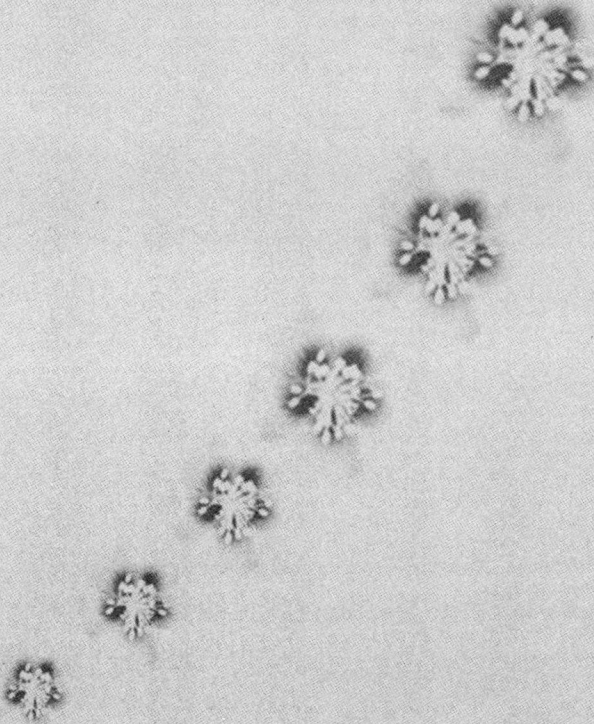

　　世界各国的决策者都在设法调整其养老金制度，以应对人口老龄化、全球化和预算紧缩的现实。尤其自20世纪70年代石油危机爆发开始，各国掀起了新一轮的养老金改革的国际趋势，这次改革涉及的国家数量之多，改革力度之大，改革模式之多样性，都堪称前所未有。相应地，本次改革也对养老金这一制度本身的收入再分配效应产生了根本性的影响。中国作为转型国家，作为国际养老金改革浪潮中的一分子，必然深受国际养老金改革的影响。本部分将主要围绕养老金再分配效应这一主题，总结和梳理国际养老金改革的主要趋势，以及对收入再分配的影响，为分析和评估我国养老金的收入再分配效应提供一个大背景，并为后文改革我国养老金制度提供重要的国际借鉴与参考。

# 第一节　养老金制度改革的历史背景

## 一、人口老龄化

　　根据1956年联合国在《人口老龄化及其社会经济后果》所作的定义，人口老龄化是指老年人口占总人口比例呈现逐步上升的动态过程。当一个国家或地区65岁及以上老年人口数量占总人口比例超过7%时，则意味着这个国家或地区进入老龄化社会。1982年维也纳老龄问题世界大会上，又确定"60岁以上老年人口占总人口比例超过10%，意味着这个国家或地区进入老龄化社会"这一老龄化衡量标准。从原初定义和操作化指标来看，老龄化是一个相对概念，即60岁及以上（或65岁及以上）人口与总人口的相对比例，并不是一个绝对人口规模。但是，在20世纪70年代开始的人口老龄化进程中，不仅老年人口相对规模在扩大，其绝对规模也在迅速膨胀。根据联合国《世界人口估计与预测（2012年版）》，从1950～2010年，世界人口绝对规模与相对比例均呈加速增长趋势。如图2-1所示，实线为实际人口计算值（1950～2010年），虚线为未来人口预测值（2011～2100年）；上方的曲线为老年人口占比（相对规模），下方的曲线为老年人口数量（绝对规模）。以60岁作为衡量标准，在过去的半个多世纪里，人口老龄化速度非常快，总体呈现先慢后快的趋势，1950～1955年，老年人口占比非但没有上升，反而呈现下降趋势，此后则逐步上升。按照联合国的标准，2005年全世界总体上已经进入老龄化社会，老年化率达到 10.32% 。从绝对规模来看，世界老年人口绝对规模呈现凹形增长趋势，即加速增长趋势。1950 年，世界老年人口为 2 亿人，到 1970 年突破 3 亿人，20 年间仅增加 1 亿人；而 2005 ~ 2010 年的 5 年时间里就将近增加 1 亿人，总量达到 7.6 亿人。同时，从虚线的变化趋势来看，在 21 世纪的剩余年份里，虽然老龄化速度呈现先快后慢的特点，但总体推进速度仍然很高；而且无论是老年人口比例还是绝对数量，都呈现稳步增长的趋势。到 21 世纪末，60 岁以上老年人口数量将达到近 30 亿人，而老年人口占比将达到近 30% ，意味着每三个人口中就有一个是老年人。

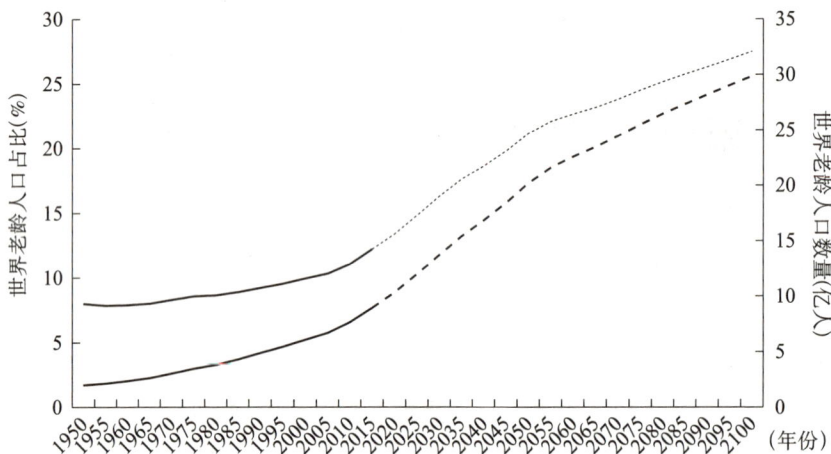

图 2 - 1　1950 ~ 2100 年世界人口老龄化趋势

资料来源：United Nations, Department of Economic and Social Affairs, Population Division. World Population Prospects: The 2012 Revision, DVD Edition, 2013.

　　传统的现收现付制 DB 型的养老保险原理是由工作一代人以缴费的形式向退休一代人提供养老金支持，以支定收，收支平衡。人口老龄化意味着领取养老金的人数激增的同时，缴纳养老保险费的人数相对减少，必然打破养老金收支平衡，导致收不抵支。在人口老龄化最严重、社会保障制度最成熟的欧美国家，由于人口结构变化导致养老金收支失衡的问题引发了社会各界的关注和担忧。在美国，从 1950 年开始，供养比例已由每个退休养老金领取者被 16.5 人供养，发展到 2005 年的每 3.3 个人就需要供养 1 名退休老人。2004 年以前，美国的老年社会保障工薪税（即社保缴费）以及带来的收入，都超过养老金支出，2004 年达到 1500 亿美元，但随着战后人口激增时期出生的一代人逐渐开始领取养老金，在现行税收、养老金和退休年龄等相关法律不变的状况下，支出的养老金将逐渐超过社会保障工薪税收入。据测算，2018～2019 年，社会保障信托基金将开始出现亏空，需要从一般基金中提取。到 2041 年或 2052 年，社会保障信托基金的盈余将全部用完，届时的社会保障税收只够支付应当支付额的 74%～78%（李超民，2009）。人口结构的老龄化问题也给法国未来的养老金收支平衡带来了一些问题。从 2005 年起，生育高峰的一代人达到了退休年龄，每年退休者数量达到 80 万人，不到 3 个养老保险缴费者支持一个退休者。据法国退休委员会 2001 年末的一份报告分析，法国养老金支出额将迅速攀升，2000 年占 GDP 的 12.6%，到 2020 年将占到 14.3%，而 2040 年将达到 16.7%（白澎等，2012）。即使人口结构相对较为年轻的韩国，随着人口老龄化的推进，政府用于养老金的财政补贴也呈现快速增长趋势，2000 年仅为 214 亿韩元，2004 年增长到 1604 亿韩元，到 2007 年，这一数额达到 8506 亿韩元。同时，从各年度来看，虽然目前还处于基金结余期，还未出现收不抵支问题，但每年结余额呈现萎缩态势，2006 年底，基金累计结余达 16.8 万韩元，到 2007 年底，结余额缩减至 16.1 亿韩元，与 2006 年相比，2007 年的保费收入增长率仅为 1.0%，而养老金支出增长率达到 19.3%（金钟范，2010）。

## 二、老年贫困问题严重

总体上老年贫困发生率要高于其他年龄人口，研究表明，年龄与贫困之间呈 "U" 型关系，即儿童和老年人的贫困发生率最高，进入老年后，随着年龄增长，贫困发生率进一步升高。但是，由于经济水平和社会保障完善程度的差异，各国之间尤其是发达国家与发展中国家之间的老年贫困发生率差异较大。本部分主要选择一些典型国家，比较各国老年贫困发生率的差异。

### 1. 发达国家的老年贫困状况

图 2-2 为美国国家普查局（United States Census Bureau）公布的 1966～2013 年分年龄组的贫困发生率变化趋势。1966 年，美国 65 岁以上老年人口的贫困发生率达 30%（虚线），即三个老年人中就有一个老年人陷入贫困，老年贫困发生率分别是未成年人和经济活动人口（18～64 岁）的 2 倍和 3 倍。此后，老年贫困发生率持续显著下降，而其他年龄群体的贫困发生率虽然波动较大，但总体上呈上升趋势。进入 20 世纪 90 年代以后，老年人属于贫困发生率最低的群体，低于 10%；相反，未成年人的贫困发生率在 2010 年以后超

过 20%。

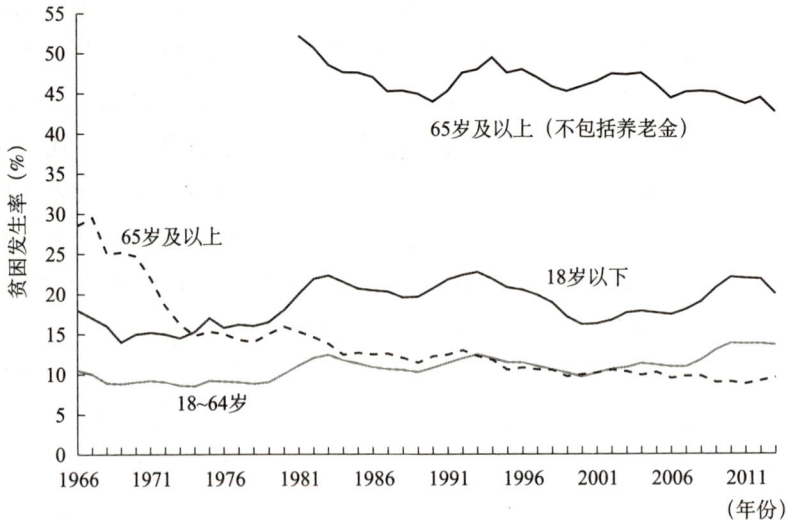

**图 2 - 2　1966 ~ 2013 年美国分年龄组的贫困发生率变化趋势**

注：65 岁以上（不包括养老金）的 1980 年以前的数据缺失。

资料来源：http：//www. census. gov/hhes/www/poverty/data/incpovhlth/2013/tables. html.

　　老年贫困问题迅速改善的主要原因之一在于老年社会保障制度的改善。如图 2 - 2 所示，在未计入养老金之前，老年人的贫困发生率非常高，虽然近年有所下降，但仍然在 40% 以上，远远超过其他年龄组。可见，美国养老金制度在减少老年贫困方面发挥了重要作用。

　　图 2 - 3 为 1995 ~ 2013 年欧盟 15 国各年龄组的贫困发生率。欧盟将低于收入中位数的 60% 定义为贫困，如图 2 - 3 所示，同属于发达国家，欧盟与美国的老年贫困具有共同之处。近年来，欧盟国家老年贫困发生率持续下降。2008 年以前，65 岁以上老年人贫困发生率超过其他年龄组，到 2011 年，老年贫困发生率已下降至各年龄组的最低水平，并呈进一步下降趋势；而 18 岁以下的未成年人的贫困发生率最高，18 ~ 64 岁的经济活动人口处于平均水平。欧盟老年贫困问题的改善同样得益于老年社会保障制度的完善，欧盟国家普遍建立了缴费型养老保险制度及非缴费养老金制度，为减少老年贫困发挥了重要作用。

　　但需要说明的是，与美国不同，欧盟各年龄组的贫困发生率都高于美国，是由于美国与欧盟的统计口径差异，美国贫困发生率是根据联邦确定的固定贫

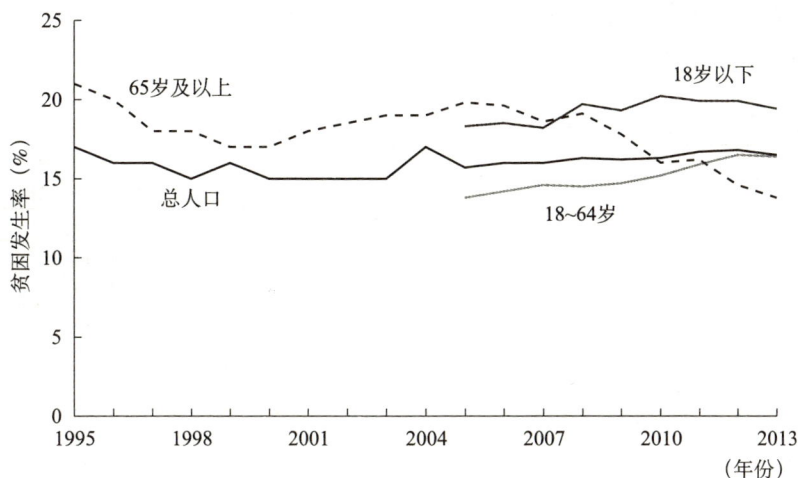

图 2 - 3 1995 ~ 2013 年欧盟 15 国分年龄组的贫困发生率变化趋势

注：64 岁以下年龄组的 1995 ~ 2004 年的数据缺失。

资料来源：http：//epp. eurostat. ec. europa. eu/portal/page/portal/statistics/search_ database.

困线来计算，属于绝对贫困，而欧盟是以收入中位数的 60% 作为贫困线，属于相对贫困。

以美国和欧盟为代表的欧美发达国家分年龄组的贫困发生率变化趋势表明，在 21 世纪以前，年龄与贫困呈现"U"型关系，未成年人和老年人均是贫困发生率最高的群体，但进入 21 世纪以后，老年人转为贫困发生率最低的群体，其中社会保障（对老年人来说主要是养老金）在这一转变过程中发挥了重要作用。

**2. 发展中国家和地区的老年贫困状况**

在发达国家，受益于社会保障制度的完善，老年贫困发生率持续下降，已转变为贫困发生率最低的群体；但在发展中国家和地区，由于经济发展水平较低，社会保障缺失，老年贫困问题非常严峻。如表 2 - 1 所示，亚、非、拉及欧洲发展中国家和地区的老年贫困发生率非常高，除智利、巴基斯坦、中国台湾低于 10% 以外，其他国家和地区都在 10% 以上，有些国家达到非常高的水平，如拉丁美洲的洪都拉斯，其老年贫困发生率达到 70%，尼加拉瓜为 66%，非洲的加纳为 64%。与本地的其他年龄组相比，大部分国家和地区的老年贫困发生率均高于其他年龄组。表 2 - 1 的第三列为老年贫困发生率与总人口贫困发生率之比，除拉美国家的巴西、智利两国外，其他国家的比例都接近或大于 1，表明发展中国家或地区老年人是本国最主要的贫困群体。需要说明的是，巴西、智利等国家的老年贫困发生率之所以较低，是由于实施了非缴费养老金制度，有效地减少了老年贫困（Dethier, Pestieau & Ali, 2011）。

表2-1 发展中国家和地区老年贫困发生率

| 区域 | 国家和地区 | 老年贫困发生率（%） | 老年贫困发生率与总人口贫困发生率之比（%） |
|---|---|---|---|
| 拉美 | 阿根廷 | 11.7 | 0.73 |
| | 巴西 | 13.7 | 0.47 |
| | 智利 | 9.8 | 0.49 |
| | 哥伦比亚 | 36.9 | 0.93 |
| | 哥斯达黎加 | 18.2 | 0.98 |
| | 多米尼加 | 36.9 | 1.14 |
| | 厄瓜多尔 | 47.1 | 0.87 |
| | 萨尔瓦多 | 41.9 | 1.01 |
| | 洪都拉斯 | 69.9 | 1.00 |
| | 墨西哥 | 36.4 | 0.83 |
| | 巴拿马 | 14.9 | 0.70 |
| | 巴拉圭 | 38.7 | 0.91 |
| | 委内瑞拉 | 39.5 | 0.88 |
| | 牙买加 | 17.4 | 0.87 |
| | 秘鲁 | 14.6 | 0.73 |
| 亚洲 | 泰国 | 28.7 | 0.98 |
| | 巴基斯坦 | 9.6 | 0.80 |
| | 哈萨克斯坦 | 16.0 | 0.80 |
| | 吉尔吉斯斯坦 | 47.6 | 1.12 |
| | 中国台湾 | 7.5 | 1.13 |
| 非洲 | 南非 | 32.0 | 1.00 |
| | 加纳 | 64.1 | 1.00 |
| 欧洲 | 俄罗斯 | 45.0 | 1.13 |
| | 保加利亚 | 35.9 | 1.34 |
| | 匈牙利 | 23.6 | 0.62 |
| | 波兰 | 18.3 | 0.79 |
| | 爱沙尼亚 | 37.0 | 1.12 |
| | 乌克兰 | 27.7 | 1.27 |

资料来源：Armando Barrientos, Mark Gorman and Amanda Heslop. Old Age Poverty in Developing Countries: Contributions and Dependence in Later Life [J]. World Development, Vol. 31. No. 3, 2003：555 – 570.

所有数据均表明，发展中国家大量老年人处于贫困状态，甚至极端贫困状态。由于受年老和能力的限制，很多贫困老年人长期处于贫困之中而难以自拔。可获得的数据表明，老年人是最贫困的群体之一，尤其是70岁以上高龄老人，其贫困发生率要高于其他年龄组（Coady & Hoddinott, 2004）。例如，在马来西亚，60岁以上老年人仅占总人口的5.9%，但全国贫困人口中有32%为老年人。在玻利维亚，60岁以上老年人的极端贫困发生率显著高于其他年龄组，如图 2 - 4 所示，老年贫困发生率为 63%，而总人口贫困发生率为 59%；而且，不同贫困等级之间存在显著差异。老年人极端贫困和重度贫困两个等级的发生率显著高于总人口，重度贫困以上老年人的比例比总人口贫困发生率高出 11 个百分点。

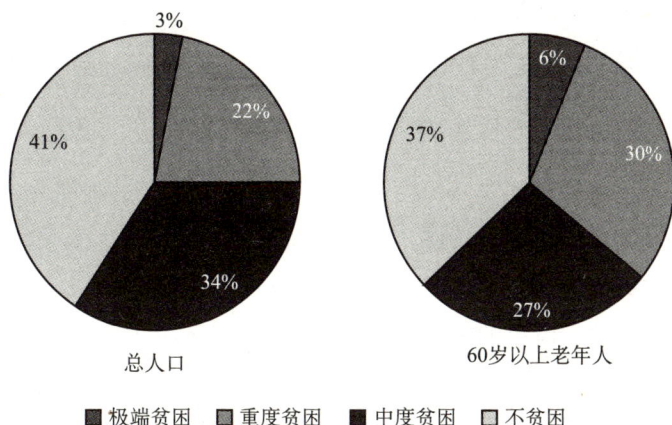

总人口　　　　　　　　　60岁以上老年人

■ 极端贫困　■ 重度贫困　■ 中度贫困　□ 不贫困

**图 2 - 4　玻利维亚分贫困等级的老年贫困发生率**

资料来源：HelpAge International. Age and Security：How Social Pensions can Deliver Effective Aid to Poor Older People and Their Families ［R］. London, 2014.

## 三、非正规就业比例上升

"非正规就业"（informal employment）一词最早来源于国际劳工组织（ILO）。20 世纪 70 年代，国际劳工组织推行了一项"世界就业计划"（world employment programme，WEP），该计划的初衷在于通过向发展中国家派出就业指导专家，帮助发展中国家研究和规划就业政策，以提高就业率。1972 年，就业指导专家委员会在肯尼亚调查基础上发布了一份题为《就业、收入与平等：肯尼亚增加生产性就业的战略》的调研报告。该报告认为，许多失业人员由于收入中断，为了谋求生计，从事一些没有经过政府批准认可，也得不到政府保护和监管的经济活动，并将这类经济活动命名为"非正规就业"（ILO，1972）。在 1991 年的一份《1991 年局长报告：非正规部门的困境》报告中，国际劳工组织将非正规部门定义为"发展中国家城市地区那些低收入、低报酬、无组织、无结构的很小生产规模的生产或服务单位"。1992 年，第 15 届劳工统计员大会（international conference of labour statisticians，ICLS）又重新修正了非正规部门的定义，"从广义上说，非正规部门由以为有关人员创造就业机会和提供收入为根本目的的从事生产货物和服务的单位所构成，其特点是组织水平低，作为生产要素的劳动力和资金之间基本无分工，经营规模小。"随着社会经济的发展，非正规就业及非正规部门的概念界定也在于不断修正和变迁之中，但基本符合以下特征：

（1）市场容易进入；

（2）依赖于当地资源；

（3）家庭所有制；

（4）小规模经营；

（5）劳动密集、技术含量低；

（6）从正规教育系统以外获得技能；

（7）不规范的、竞争的市场（Bangasser，2000）。

20世纪70年代以来，随着服务业等第三产业的兴起，以及发展中国家快速的城镇化，由城镇失业人员、农村劳动力向城镇转移为主体的非正规就业人员在劳动总就业人口中所占的比例都快速上升。1972年，肯尼亚的非正规就业劳动力占城市就业总人口的比重在10%以下，到1997年便迅速上升至63.4%；在西非的贝宁，城市非农劳动力中非正规就业的比重高达92.8%；同时据估计，20世纪90年代，整个非洲新增就业人口的90%以上是非正规部门创造的（ILO，2000）。亚洲和拉美也呈现类似情形，20世纪90年代的亚洲国家超过一半的就业人口为非正规就业，非正规就业比例约为50%～70%之间。例如，印度官方公布的统计数据显示，非正规就业人口占比高达91.7%；拉美国家的非正规就业人数更是引人注目，90年代新增就业人口中几乎全部源自非正规部门，提供了约为3500万个工作岗位。

而且这一趋势仍在持续，根据国际劳工组织2013年最新调查报告《非正规就业中的女性和男性：一张统计图》（*Women and Men in the Informal Economy: A Statistical Picture*）的分析，在调查的47个发展中及转型国家中，一半以上国家非正规就业比例超过50%，其中约1/3国家的比例超过67%。分地域来看，在东亚及南亚（不包括中国），除了越南，各国非农就业中非正规就业人员比例都超过60%，从最低的42%（泰国）到最高的82%（印度）；报告专门计算了中国六个城市的调查结果，非正规就业的比例达到33%，虽远低于其他亚洲国家，但仍处于较高水平；撒哈拉以南非洲国家是非正规就业率最高的地区，从33%（南非）到82%（马里）不等；在拉美及哥伦比亚地区，非正规就业最低的为乌拉圭（40%），最高的为玻利维亚（75%）；在北非和中东地区，这一比例也很高，其中土耳其为31%，埃及为51%，约旦河西岸和加沙地带为58%；东欧及独联体国家这一比例相对较低，最低的塞尔维亚为6%，最高的亚美尼亚为20%（ILO，2013）。

在发达国家，非正规就业比例也处于较高水平。在国际劳工组织2013年的调查报告中，发达国家的非正规就业的统计口径与发展中及转型国家不一样，前者划分为三种类型，即临时就业、兼职就业和自雇就业，又被称之为"非标准化就业"（non-standard employment），报告公布了27个OECD国家1990年、2000年、2008年和2011年四年的统计数据。其中，临时就业和兼职就业在所有国家中都呈现逐年上升趋势，而自雇就业则在2008年以后缓慢下降。以2011年为例，在临时就业方面，占比最高的为波兰（27.0%），最低的为英国（6.2%），所有OECD国家的平均水平为12.0%；在兼职就业方面，占比最高的为瑞典（25.9%），最低的为捷克（3.9%），所有OECD国家的平均水平为16.5%；在自雇就业方面，占比最高的为希腊（20.9%），最低的为卢森堡（3.9%）（ILO，2013）。

非正规就业不仅是一种客观的就业形态，由于资金、技术、管理等相对落后，这一就业形态的劳动者难以被传统俾斯麦社会保险模式所覆盖，往往被遗漏在社会保障体系之外。按照国际劳工组织前秘书长（Hansenne，1991）的描述：非正规经济部门拥有极少量的资本或没有资本，生产技术落后，生产效率极低，收入水平很低，工作不稳定。他们的经济活动之所以被称之为非正规的，是因为他们中的绝大部分人没有在官方统计机构登记，几乎不能进入有组织的劳务市场，得不到金融机构的资金，得不到正规的教育和培训，也得不到政府提供的服务和保护。因此，他们得不到政府的承认、支持和管理。受形势和环境所迫，他们往往在法律框架之外开展业务。尽管偶尔也在政府统计机构登记并且依法经营，但其经营场所几乎不受社会保障、劳动法规及劳动保护措施的约束。虽然随着非正规部门及就业人员的增多，已超过正规就业，其经济和金融地位可能得到部分改善，但传统社会保障制度仍然难以覆盖到这部分群体。

自1889年德国创立《老年与伤残社会保险法》以来，雇主、雇员和政府三方（或两方）缴费的养老保险模式一直是世界各国（尤其是欧美国家）为老年人提供收入保障的唯一方式，这一供给方式又被称之为"俾斯麦模式"。它的基本思路是在工作期间以缴费形成权益累积，在退休后将权益兑换成养老金待遇，其遵循的原则是权利与义务的对等，只有先缴费才能领取养老金待遇，"天下没有免费的午餐"。养老金的社会保险模式是工业化的产物，因为工业化生产形成了稳定的劳资雇佣关系，雇主和员工能够在工作期内履行缴费义务，这也是这一制度模式最大的致命弱点。经济危机爆发、人口老龄化趋势加快、非正规就业率显著上升，传统缴费关联型的俾斯麦养老保险模式越来越难以适应复杂的社会环境，各国普遍出现养老金覆盖面停滞不前甚至下降的趋势，实现扩大养老金覆盖面的目标困难重重（Holzmann，2012），扩大养老金覆盖面仍然是世界各国养老金制度面临的重大挑战。如图 2 - 5 所示，国际劳工组织数据显示，除了欧洲发达国家外，世界其他地区缴费型养老金的覆盖率都不高，很多老年人退休后面临无养老金收入的困境。

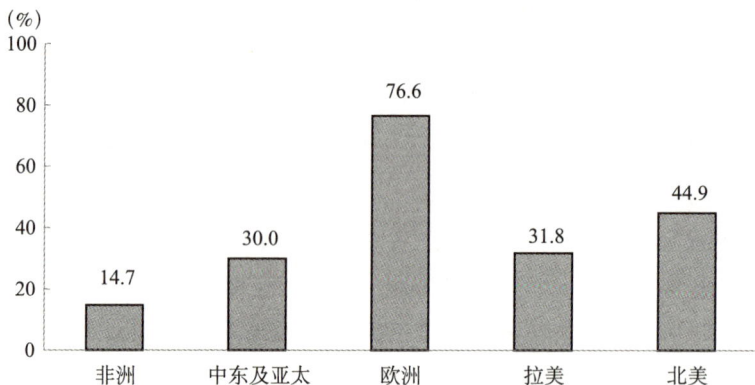

**图 2 - 5　各地区缴费型养老金制度的覆盖率**

资料来源：http：//www. ilo. org/global/lang-en/index. htm.

即使在发达国家，虽然建立了完善的社会保障制度，理论上，非正规就业人员有参保资格，但其工资收入往往难以达到实际的缴费基数，工作年限难以达到政策要求，以至于实际上是被排斥在制度之外的。例如，在加拿大，与全职职工相比，临时工或合同工参加职业养老金、医疗保险、牙科保健、失业保险等比例明显偏低。据2000 年劳动与收入动态调查，只有14%的临时工参加了社会保险，而全职职工的这一比例达到57%，同时只有19%的临时工享受了企业举办的退休计划，而全职职工的这一比例为52%。美国同样如此，据2005 年的调查，只有17%的临时工享受了企业提供的健康保险，有41%的职工没有获得任何健康保障，而正规就业人员只有14%的未享受任何健康保障；另外有75%的非正规就业人员被排除在职业关联型养老金计划之外。同时，在法国、德国、爱尔兰、日本和瑞士等国家，公共健康保险、养老保险、失业保险待遇的获得都要求达到一定工作年限或小时数，很多非正规就业人员因无法满足这一要求而丧失待遇领取资格①。

# 第二节　养老金制度改革的基本趋势

## 一、趋势一：建立多支柱养老金体系

1994 年，世界银行在《防止老龄危机：保护老年人及促进经济增长的政策》一书中倡导建立三支柱的养老金制度，这一多支柱的制度包括：一个非积累制的强制性支柱，一个积累制的强制性支柱，一个自愿性的私人支柱。2005 年，世界银行将"零支柱"从"第一支柱"中分离出来，凸显出"零支柱"的重要性，发展出五支柱养老金体系。根据世界银行对五支柱养老金体系的定位，"零支柱"即为非缴费养老金制度，主要提供最低水平的税收资助型养老金，旨在解决普遍的老年贫困问题；"第一支柱"是强制性缴费型基础养老金或公共养老金计划，旨在发挥收入替代和消费平滑功能；"第二支柱"属于个人储蓄账户；"第三支柱"为自愿建立的企业或个人的养老金计划；"第四支柱"为非正规的保障形式，为家庭成员之间或代际之间对老年人在经济或非经济方面的援助。各支柱的目标定义与资金来源如表 2-2 所示。

表 2-2　　　　　　　世界银行五支柱养老金体系的构想

| 支柱 | 目标群体 | | | 主要标准 | | |
|---|---|---|---|---|---|---|
| | 终生贫困 | 非正规部门 | 正规部门 | 特征 | 参与 | 筹资或担保 |
| 0 | **X** | X | x | "基本"或"社会"养老金；至少是社会救助（普享型或家计调查式） | 普享型或补救型 | 预算或一般税收 |
| 1 | | | **X** | 公共养老金计划，公共管理（待遇确定型或名义账户制） | 强制性 | 缴费，金融储备 |

---

① ILO. Women and Men in the Informal Economy: A Statistical Picture [R]. Geneva, 2013.

| 支柱 | 目标群体 | | | 主要标准 | | |
|---|---|---|---|---|---|---|
| | 终生贫困 | 非正规部门 | 正规部门 | 特征 | 参与 | 筹资或担保 |
| 2 | | | X | 企业或个人养老金计划（完全积累的待遇确定型或缴费确定型） | 强制性 | 金融资产 |
| 3 | x | X | X | 企业或个人养老金计划（完全积累的待遇确定型或缴费确定型） | 自愿性 | 金融资产 |
| 4 | X | X | X | 非正式扶持（家庭）、其他正规社会福利计划以及其他个人金融或非金融资产 | 自愿性 | 金融和金融资产 |

注：X大小和外形反映了每个支柱对每个目标群体的重要性，它们的重要性依x、X、**X**而增强。

资料来源：罗伯特·霍尔茨曼、理查德·欣资等著，郑秉文等译.21世纪的老年收入保障——养老金制度改革国际比较［M］.北京：中国劳动社会保障出版社，2006年版，第10页。

多支柱养老金体系的构想一经提出，便受到学术界、国际组织的高度认可，并被许多国家的政府所接受。国际劳工组织、国际货币基金组织、经济合作与发展组织等国际组织都相继提出了三支柱或四支柱的养老金结构体系的设想。长期致力于增进老年人权益的国际劳工组织，提出四支柱的养老金体系，第一支柱是为收入最低的人设计的，其资金来源于国家税收，保障对象是经过收入审查后决定的生活水平低于最低贫困线的老年人，目的是使他们达到最低生活标准；第二支柱是一个现收现付制养老金制度，以实现收入再分配功能；第三支柱是强制缴费的基金积累制养老金制度；第四支柱是自愿退休储蓄和非年金收入。此外，国际货币基金组织和经济合作与发展组织的三支柱养老金体系与上述两个国际组织提出的四支柱或五支柱体系基本类似，即：第一支柱定位于解决最低层次的老年贫困问题，满足低收入老年人最低生活需求；第二支柱定位于调节收入差距问题，包括横向的代际收入不平等和纵向的代内收入不平等，发挥养老金制度的收入差距调节功能；第三及以上支柱定位于解决老年人更高层次的需求，实施方式普遍采用自愿储蓄计划。

现收现付制和基金积累制都对个人承诺了关于未来的一定程度的确定性，但任何一种模式都不能担保把各种风险都有效化解，人们不能再"把鸡蛋放在一个篮子里"，现收现付制的垄断需要被多支柱的体系所取代，多支柱养老金体系的各个支柱具有不同的风险形式，该体系总的风险就被有效地分散了（Marek Gora，Michal Rutkowski，2000）。多支柱养老金体系的基本设想正是基于不同养老金支柱效应的差异定位，以应对和化解多样化的养老风险，如贫困风险、收入不平等风险等。

根据多支柱养老金体系设计初衷，每个支柱在消除贫困、烫平消费及在终生富裕者与存在老年贫困风险者之间进行再分配的作用和能力，制度设计中的功能定位非常关键。对于每个支柱来说，都需要进行选择，并协调好支柱间不同选择的关系，以免因互相冲突而达不到预期的效果。在发达国家，尽管原有制度限制了改革的选择，但部分或全部五个支柱在具体设计时仍都旨在实现养老金制度前两项目标：消除贫困与调节收入差距。相反，在发展中国家，原有制度的束缚作用几乎没有多少，甚至完全没有，但由于金融市场的缺失，实现和管理新制度的能力低下，这些也影响到改革的选择，至少短期内这种状况难以实现。为此，作为多支柱养老金体系的最初设计者，世界银行提出了以下四点建议：

第一，基本收入保障（零支柱）旨在消除老年贫困，任何完整的退休养老金都应有此支柱。在低收入国家，尽管筹资面临挑战，且需要评估其他弱势群体（如儿童、失业者、单身妇女、残疾人等）是否更需要得到保障，但在具体实现方面同样面临严峻的挑战，需要密切关注。如果资格标准难以确定，应该向那些与金融系统或金融机构几乎没有任何联系的大量农村老年人口倾斜，为其支付更多养老金。

第二，强制性的制度规模不能太大，且要具有可管理性。在许多低收入国家，强制性制度只能是基本支柱（零支柱），再辅之以自愿性的第三支柱为补充。如果强制缴费型制度（积累或非积累的）能有效实施，则替代率应当适中，缴费率也应低一些。

第三，低覆盖率的收入关联型制度应弱化再分配功能，办法是资金来源于个人缴费，而不是来源于财政转移支付。在向低收入群体进行再分配时，其资金应当来源于制度已覆盖的人群，通过他们之间的互济来实现，而不能依靠财政预算资金（因为财政资金中有一部分是来自制度外的弱势阶层）。如果覆盖率很高，则再分配功能只能或应该通过预算资金转移支付实现（在积累型制度中更是如此），但在操作上要求透明度要高，且转移支付只能在需要履行支付义务时进行。

第四，应避免按行业或职业分别建立独立的强制性制度。原因在于，这会阻碍劳动力流动，导致某些群体的养老金制度成本过高，且导致不同制度间严重的养老金不平等问题，削弱了养老金的再分配功能。如公务员养老金制度通常在各国历史悠久，但应纳入统一的国家基本制度之中，而补充养老金计划则应严格按积累制原则建立。

自世界银行等提出多支柱养老金体系这一概念以后，包括阿根廷、玻利维亚、哥伦比亚、匈牙利、哈萨克斯坦、拉脱维亚、波兰、瑞典和乌拉圭等世界范围内的众多国家已经将多支柱养老金构想付诸实施。世界银行 2012 年的一份报告显示，截至 2011 年，世界 193 个国家和地区建立了养老金制度，其中大部分国家和地区建立了两支柱或多支柱养老金体系（见表 2-3）。

表 2-3　　　　　　　养老金制度结构的区域分布　　　　　　单位：个

| 区域 | 国家和地区数量 | 支柱形态 | | |
|---|---|---|---|---|
| | | 零支柱 | 第一支柱 | 第二支柱 |
| 亚太 | 28 | 11 | 17 | 1 |
| 东欧和中亚 | 30 | 17 | 30 | 14 |
| 拉美 | 37 | 19 | 29 | 10 |
| 中东和北非 | 20 | 2 | 18 | 1 |
| 南亚 | 8 | 4 | 4 | 1 |
| 撒哈拉以南非洲 | 46 | 8 | 33 | 2 |
| 高收入 OECD | 24 | 20 | 20 | 3 |
| 世界 | 193 | 81 | 151 | 32 |

资料来源：Miralles & Romero. International Patterns of Pension Provision：A Worldwide Overview of Facts and Figures. Discussion Paper, No. 1211, World Bank, 2012.

在多支柱改革的时代潮流之中，尤其以智利为代表的拉美国家表现得最为突出。自 1981 年智利开启由现收现付制向基金积累制转变以来，拉美国家普遍建立起了多支柱养老金体系。表 2-4 反映了拉美 12 个国家多支柱养老金改革的概况。以智利为例，1980 年智利颁布 3500 号法令，改革了传统单一的制度模式，引入了包括团结支柱、强制储蓄的个人账户和自愿储蓄的个人账户的三支柱养老金体系，与世界银行五支柱所对应的分别是零支柱、第二支柱和第三支柱。团结支柱通过非缴费型家计调查养老金制度为贫困老年人提供福利养老金和最低养老金；第二支柱是由雇员个人缴费，由私营养老基金公司投资运营的缴费确定型的强制储蓄计划；第三支柱则是通过税收优惠政策激励个人建立自愿储蓄计划，以补充前两者的不足。

表 2-4　　　　　　　拉美国家多支柱养老金改革状况

| 国家 | 改革年份 | 完全积累的个人账户 | 传统现收现付制 | 最低缴费型养老金 | 社会救助养老金 |
|---|---|---|---|---|---|
| 智利 | 1981 | 有 | 终止 | 有 | 有 |
| 秘鲁 | 1992～1993 | 有 | 保留 | 有 | 无 |
| 哥伦比亚 | 1994 | 有 | 保留 | 有 | 无 |
| 阿根廷 | 1994 | 有 | 保留 | 有 | 有 |

续表

| 国家 | 改革年份 | 完全积累的个人账户 | 传统现收现付制 | 最低缴费型养老金 | 社会救助养老金 |
|------|---------|------------------|---------------|----------------|--------------|
| 乌拉圭 | 1996 | 有 | 保留 | 有 | 有 |
| 墨西哥 | 1997 | 有 | 终止 | 有 | 无 |
| 玻利维亚 | 1997 | 有 | 终止 | 无 | 有 |
| 萨尔瓦多 | 1998 | 有 | 终止 | 有 | 无 |
| 哥斯达黎加 | 1995~2000 | 有 | 保留 | 有 | 有 |
| 尼加拉瓜 | 2000 | 有 | 终止 | 有 | 有 |
| 厄瓜多尔 | 2001 | 有 | 保留 | 无 | 有 |
| 多米尼加 | 2001 | 有 | 终止 | 有 | 有 |

资料来源：Indermit, Packard and Yermo. Keep the Promise of Old-Age Income Security in Latin America [R]. Washington DC：World Bank，2004.

事实上，我国自 20 世纪 90 年代以来的养老金改革方案中也融入了多支柱（多层次）[①] 的理念。1991 年第七届全国人民代表大会第四次会议通过的《国民经济和社会发展十年规划和第八个五年计划纲要》提出，"要在城镇各类职工中逐步建立社会养老保险制度，……实行多层次的社会保险"。按照《纲要》要求，1991 年国务院颁布《关于企业职工养老保险制度改革的决定》（国发〔1991〕33 号）明确了三层次的养老金改革体系，即"逐步建立起基本养老保险与企业补充养老保险和职工个人储蓄性养老保险相结合的制度"，基本养老保险属于强制性保险计划，企业补充养老保险则属于自愿性职业年金计划，职工个人储蓄养老保险则属于自愿性个人储蓄计划，与世界银行提出的多支柱改革理念基本一致。

从 1984~2004 年的 20 年间，世界银行在为 68 个国家改革发放的 204 笔贷款中积累的重要经验就是，"多支柱的优势在于能够更好地实现养老金制度的多重目标（例如消除贫困，缩小退休前后的收入差距，保持收入稳定），能够有效地应对普遍存在的多重风险（例如经济风险、政治风险和人口风险），具有更大灵活性，能够更好地适应不同目标人群的不同需求"[②]。博诺利和欣克瓦（Bonoli & Shinkawa，2005）比较了欧洲国家多支柱模式与单一支柱模式的养老金支出负担，认为多支柱模式在应对人口老龄化方面具有明显优势。多支柱国家的瑞士和英国，其基础养老金支出占 GDP 比重为 7%，而单一支柱的法国、德国和意大

---

① 虽然多支柱和多层次概念存在一定差异，多支柱侧重于各支柱之间的并列关系，而多层次则体现了各养老金制度之间的等级关系。但国内外学者普遍将两者互相替代，为保持统一，国际趋势部分不加以严格区分，但在论文的其他章节统一采用多层次概念。

② 郑秉文．"十一五"期间社保改革的12个重大问题——从国外经验教训的角度 [N]．中国改革论坛，2006－03－28.

利,这一比例超过 10%,并且这种差距在未来有可能进一步扩大。作者预测,到 2050 年,四个单一支柱的社会保险型国家(法国、德国、意大利和瑞典)公共养老金支出占 GDP 的 16.9%,而在三个多支柱养老金国家(丹麦、荷兰和英国)平均支出仅为 9%。在保障水平上,多支柱国家的"零支柱"和"第一支柱"养老金加上企业年金计划,其总和替代率并不低于单一支柱国家的养老金替代率。可见,多支柱的制度设计具有明显优势,较多地选择有助于保护老年群体,并且这种制度设计在条件成熟时可以形成积累,保证财政可持续性。

## 二、趋势二:由现收现付制向基金积累制转变

养老金制度可以从两个维度来分类:一是按照养老金待遇确定的方式,可分为待遇确定型(defined benefit,DB)和缴费确定型(defined contribution,DC);二是按照基金筹集方法,可分为现收现付制(pay-as-you-go,PAYG)、完全积累制(fully funded,FF)和部分积累制(partial funded,PF)。按照以上两个维度,可将养老金划分为五种模式,如表 2-5 所示。

表 2-5　　　　　　　　养老金制度的主要模式类型

| 养老基金筹集方式 | 待遇确定型(DB) | 缴费确定型(DC) |
| --- | --- | --- |
| 现收现付制(PAYG) | 俾斯麦模式 | 名义账户制 |
| 完全积累制(FF) | 职业年金 | 个人账户制 |
| 部分积累制(PF) | 俾斯麦模式 + 职业年金 | |

传统的俾斯麦模式是国际公共养老金制度的最初形态,最早于 1889 年德国首相俾斯麦所创立,俾斯麦模式因此而得名。这一模式的特点在于:在责任上采取既定受益制,退休者的养老金水平根据其缴费年限和缴费工资水平,按照特定公式计算出来,支付风险由制度本身承担;在财务上采用现收现付制,由同一时期正在工作的一代人的缴费来支付已退休的一代人的养老金,按照一个较短时期内收支平衡的原则确定缴费率,以筹集养老保险基金,即遵循以支定收,收支平衡,略有结余的原则。但是,20 世纪 70 年代以后,传统养老金制度建立比较早的欧美发达国家已面临将养老金制度推入困境的人口结构与劳动力市场参与的两大困境,而且随着时间的推移,这两大趋势将进一步恶化,对养老金所形成的压力有增无减,许多发达工业化国家的养老金制度面临着或即将面临着入不敷出的财政危机。世界各国开始探讨和尝试对传统俾斯麦模式的养老金制度进行改革,基本改革方向是由现收现付制向基金积累制(包括

完全积累制和部分积累制）转变。

基于人口老龄化和非正规就业增加等国际经济社会环境的变迁，从 20 世纪 70 年代起，包括发达国家和发展中国家在内的世界主要经济体纷纷采取措施改革原有养老金制度。大部分学者认为，在对付人口老龄化、提高制度覆盖率等问题上，完全积累制无疑具有现收现付制不可比拟的优势，这也正是世界各国不约而同地加大完全积累制在其养老保障体系中的作用的根本原因（伊志宏，2000）。但是，完全积累制是否会在养老金体系中占主导地位，完全积累制与现收现付制的关系如何，这取决于各国的具体情况。从各国的改革情况来看，由 DB 型养老金模式向 DC 型养老金模式的转变主要通过以下三种改革路径：替代模式、平行模式和混合模式。

### 1. 替代模式

替代模式是一种改革最为彻底、最为激进的方式，全世界 22 个进行养老金制度结构性改革的国家中，主要集中在拉美国家，包括智利、玻利维亚、墨西哥、萨尔瓦多、多米尼加等国家，其他地区只有亚洲的新加坡、哈萨克斯坦采取了这一改革模式。替代模式的特点是停止原有的现收现付制的运行，改革后，所有新就业的参保人都要加入私营管理的个人账户制度。

综合各国改革情况来看，实施替代式养老金改革的国家，普遍建立了一个覆盖有工作单位的职业关联型储蓄计划，劳动者与雇主、政府等主体通过定期向个人账户提供缴费，退休时再根据个人账户累积额确定每月养老金水平。同时，政府为那些没有劳动能力、无工作单位以及达不到个人账户养老金领取资格的老年人建立了一项社会救助型老年收入保障计划。虽然新加坡实施的中央公积金制度建立于 20 世纪 50 年代，而且从养老金制度建立之初就开始实施基金积累制模式，并不是从现收现付制转变而来，但作为一种典型的基金积累制模式，与智利等拉美国家改革后的模式本质上是一致的。在前文的多支柱养老金改革趋势中主要介绍了拉美国家之后，本部分将以新加坡为例简要介绍这一模式的特点。

在新加坡，老年保障制度依靠其中央公积金制度来实现，中央公积金是一个完全积累的强制储蓄计划。新加坡规定：凡是在新加坡有薪金收入的每个雇员个人都必须缴纳公积金，同时雇主也要按国家规定为其雇员缴纳一定比例的保险费，再把这两方面的保险费以储蓄形式一并记入雇员个人账户，并以雇员个人的名义存入中央公积金局，以供雇员退休后领取。55 岁以下公积金会员个人及雇主每月缴费的公积金按不同比例存入三个账户：普通账户、保健储蓄账户和特别账户。普通账户可以在中央公积金局指导下购买政府组屋或其他住房产业，也可以用于退休、购买公积金保险、投资和子女的大学教育费用等；保健储蓄账户主要用于医疗费和获批准的医疗保健费；特别账户主要用于晚年养老和紧急支出，55 岁以下用户可转移普通账户储蓄，将特别账户填补至一定数额（如 4 万新元），以获得更高利息。55 岁以后，公积金会员个人账户由三个账户变更为两个账户，即退休账户（由特别账户和普通账户中的存款转移得到）和保健储蓄账户。

### 2. 平行模式

这种模式是继续保留原有的现收现付制，但缩小了它的规模；同时，建立一个新的个人账户，新参保的雇员可以在新旧两种制度之间自由选择其中一种，两种制度并行运作，相互竞争。遵循这种改革模式的国家较少，目前只有拉美的秘鲁和哥伦比亚两个国家。

秘鲁于 1993 年启动养老金改革，在此之前，1973 年已经建立了全国养老金制度，为现收现付制模式，由社会保障委员会管理。与智利等国家采取替代模式不同，秘鲁 1993 年的改革没有关闭现行的公共养老金制度，而是在公共养老金制度之外建立了一个与之并行的私营化个人账户基金制度，原有的全国养老金制度不受影响，继续实行原来的退休规定，且仍为现收现付制。根据改革法案，工薪劳动者必须加入养老金制度，原来已参加旧制度的人和新就业者都可以在两种制度间自由选择，且选择参加何种制度不受时间限制。但是，已经选择从公共制度转入私营制度的人就不能再转回公共制度了；相反，选择了公共制度的人可以在整个工作生涯中随时转入私营制度中去。由于法律允许新就业者有权选择公共制度，因此理论上，在秘鲁的改革模式中，现收现付制的养老金制度不会自然消亡，将无限期地存在下去。哥伦比亚的改革模式与秘鲁类似，最大的不同在于对老职工在新旧计划中的转换限制更少，职工每 3 年可以在新旧制度中自由转换一次。

### 3. 混合模式

这种模式的特点是原有现收现付制保留下来作为养老金计划的第一支柱，由它提供一个基础养老金；同时建立一个私营管理的个人账户制度作为第二支柱，提供补充性的养老金。与平行模式不同的是，混合模式的第二支柱是强制性的。混合模式是一种相对较为缓和的改革方式，已在东欧、西欧等大多数实施养老金结构性改革的国家中得到广泛应用。对于多数发达国家而言，由于现收现付制养老金制度运行近百年，制度趋于稳定和成熟，实行替代式或平行式的改革需要付出巨大的经济和政治成本，而相对缓和的混合模式则是比较理想的选择。即使在改革较为激进的拉美地区，包括阿根廷、乌拉圭和哥斯达黎加等国家也采取了这一模式。

1973~1974 年，由石油危机爆发所导致的经济危机在全球蔓延，英国政府在 20 世纪 70 年代扩充公共养老金体制架构的同时，也开始规划一些制度上的紧缩性改革措施。鉴于人口老龄化是一个无法扭转的事实，英国政府又无法支付庞大的养老金，撒切尔夫人决定着手逐步将社会保障政策引入分权化、私有化、市场性的竞争机制，试图结合私人部门（包括企业、家庭和个人）的力量，一方面分担政府一部分的财政压力，另一方面也以此来提高私人部门的自我责任意识。在这一改革理念的指引下，英国政府 1980 年首先将基础国家养老金的给付调整原则从原来的根据物价和薪酬中涨幅较高者为基准，改为根据零售价格指数（RPI）调整，大大减少了养老金给付额。1986 年通过了新的社会保障案，该法案主要集中在两方面改革。首先，以消极性措施来降低收入关联的国家养老金计划（现收现付制）的成本，包括将 1999 年以后的退休者自计划中可领取的养老金替代率由此前的 25% 降为 20%；降低参保人遗孀可以领取的养老金；修改职业养老金中关于保证最低养老金水平的有关规定，将每年累进养老金计划必须随物价上调的责任从过去的由政府承担改为由委托外包经营者自行承担。其次，该法案采取了一些积极性措施，以提高私人年金计划（完全积累制）的制度激励，尤其是个人养老金制度，包括放宽职业养老金可以采取缴费确定型等。经过历年改革，到 2012 年，英国基本形成了四支柱（有些文献又称之为三支柱半）的养老金体系，如图 2-6 所示。

| 第一支柱<br>（强制性） | 第二支柱<br>（强制性） | 第二支柱半<br>（半强制性） | 第三支柱<br>（自愿性） |
|---|---|---|---|
| 基本国家养老金 | 国家第二养老金 | 公私合作养老金 | 职业养老金、个人年金 |
| 公共养老金<br>现收现付制<br>面向所有职员 | 公共养老金<br>现收现付制<br>面向受雇者 | 公私合作<br>完全积累制<br>面向受雇者 | 私人养老金<br>完全积累 |
| 国家出资的、经过家计调查的养老金补贴<br>（养老金补贴分为保证补贴和储蓄补贴两大部分） | | | |

**图 2-6 改革后的英国养老金体系**

注：图中的"半强制性"是指，如果雇员不退出该养老金计划，雇主就不得退出（必须缴费）。

资料来源：https://www.pensionspolicyinstitute.org.uk.

## 三、趋势三：引入非缴费养老金制度

据国际助老会（Help Aged International）的统计，目前世界范围内已有99个国家或地区建立了105项非缴费养老金计划，地区分布如图2-7所示。与图2-5相对应，缴费型养老金覆盖率较低的亚、非、拉地区，其非缴费养老金制度较为普遍。其中，亚太地区最多，达到32个国家和地区，其次为拉丁美洲，该地区34个国家和地区中有29个国家和地区建立了非缴费养老金制度，非洲也占到15个国家。在欧洲，共有29个国家建立了这一制度，主要是以社会救助的形式向少量未享受缴费型养老保险的贫困老年人提供保障，因此，这一地区通常是通过家计调查方式发放非缴费养老金。

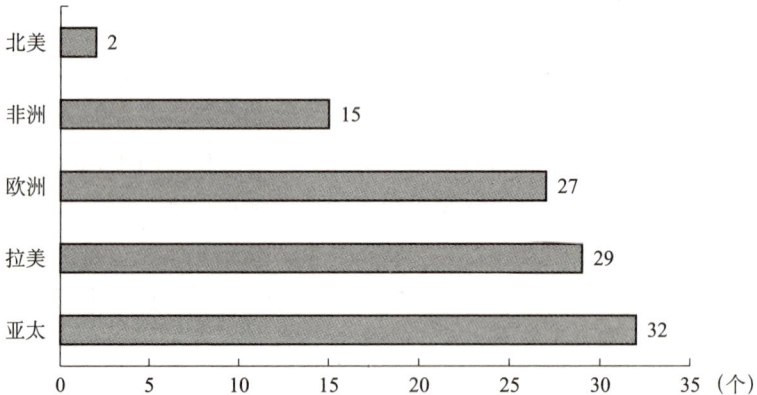

图2-7 非缴费养老金制度的区域分布

资料来源：http://www.pension-watch.net/about-social-pensions/about-social-pensions/social-pensions-database/.

非缴费养老金与缴费型养老金都是面向同一主体：老年人；而且都是以现金给付的方式，势必会让人怀疑这两种制度存在功能重叠与职能交叉的问题。而且非缴费养老金不以履行缴费义务为条件，是否会对缴费型养老金产生"挤出效应"，降低缴费型养老金的参保率。非缴费养老金与缴费型养老金之间应如何定位，以便既能防止职能交叉，又能避免覆盖面缺口等问题？从当前各国实施现状来看，非缴费养老金仅是作为缴费型养老金制度的补充，而不是充当功能替代的角色，很少有国家仅依靠非缴费养老金为所有老年人提供收入支持。如图2-8所示，在可以获取数据的178个国家中，有166个国家建立了养老金计划，占所有国家的93%，另外有11个国家建立了雇员自我储蓄的养老保障计划，1 个国家没有建立任何养老金计划①。在已建立养老金计划的国家中，根据以领取养老金待遇是否需要缴费为条件，可将养老金计划分为三种组合：一是只建立了缴费型养老金计划，共有 77 个国家，占比 43%；二是只有非缴费型养老金计划，共有 12 个国家，占比 7%，相对较少；三是同时建立缴费型与非缴费型养老金计划，共有 77 个国家，与第一种组合数量相同。可见，以缴费型养老金为主体，以非缴费养老金为补充的制度组合模式是各国普遍采用的方式，非缴费养老金以扩大覆盖面与减少老年贫困作为制度设计的主要目标，养老金待遇普遍偏低，不会形成与缴费型养老金功能重叠和职能交叉的问题；同时，养老金给付虽然没有缴费要求，但一般有收入限制，只有收入低于特定标准（一般为贫困线或略高于贫困线）才能领取养老金，故而对缴费型养老金不会产生明显的"挤出效应"。

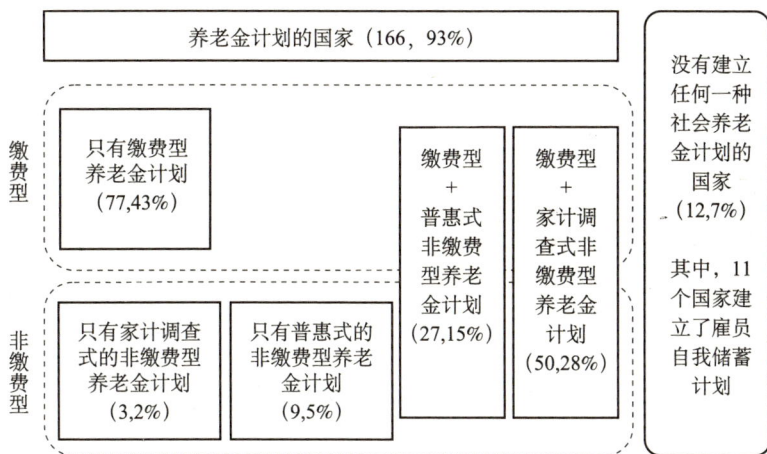

图 2-8　世界主要养老金计划类型

注：图中括号里的数字，逗号前是建立该养老金计划的国家数量，逗号后是占比数。

资料来源：ILO. World Social Protection Report 2014/15：Building Economic Recovery, Inclusive Development and Social Justice［R］. Geneva, 2014：77.

老年人领取非缴费养老金一般需要满足年龄、收入、是否已享受其他养老金这三个条件中的一个或多个，根据待遇领取资格，可将其分为三种模式，即普惠型（universal）、收入/家计调查型（mean-test）和养老金调查型（pen-

_____

① 国际劳工组织与国际助老会的统计有所出入，可能是由于数据获取来源不一致所致，但差别不大（仅 10 个国家），不影响对这一制度的总体分析。

sion-test）。

（1）普惠型。仅以年龄作为待遇领取的唯一条件，最低资格年龄以上的老年人都可以享受养老金待遇。最低资格年龄是所有领取非缴费养老金的老年人必须达到的基本条件，即只有达到或超过特定年龄的老年人才有资格领取养老金。大部分国家以法定退休年龄作为最低资格年龄，但也有少部分国家将资格年龄设定得较高，如尼泊尔规定70岁以上老年人才能领取非缴费养老金；越南为80岁；我国的高龄津贴制度也设定为80岁。在105项计划中，有23项计划属于普惠型。

（2）收入调查型。除了必须达到最低资格年龄外，同时必须经过收入调查，只有个人收入或家庭人均收入低于特定水平的老年人才有资格领取养老金。105项计划中有约一半（50项）计划是收入调查型。但不是在所有国家收入都是必要条件，有23项计划规定，达到最低资格年龄的所有老年人都可以领取养老金，不论贫困与否。

（3）养老金调查型。与收入调查型类似，只是把收入条件替换为是否享受其他养老金，没有享受其他养老金的老年人才能申领养老金，但不一定是贫困老年人。由于收入调查难度大，难以甄选出真正的贫困老年人，同时缴费型养老金水平通常较高，能有效防范贫困风险，部分国家则以是否享受其他养老金作为非缴费养老金的领取资格，105项计划中有29项计划属于这一类型。

# 第三节　养老金制度改革的简要评价

前文对20世纪70年代末以来包括发展中国家和发达国家在内的世界各国的养老金改革背景及趋势作了粗略描述和分析，虽然各国都是根据本国国情而调整，并不存在放之四海而皆准的改革路径和制度模式，但改革所遵循的大方向基本一致，仍然可以找出一些共同特点。由多支柱代替单一支柱是各国养老金改革的共识，不同国家的差别仅在于多支柱的数量，如何协调各支柱的关系，以及各支柱在养老金体系中的地位；由现收现付制向基金积累制转变是养老金改革的另一个国际趋势，其差别在于养老金制度比较成熟的发达国家在保留原有现收现付制的基础上，增加一个基金积累制的补充养老金计划，而以拉美国家为代表的部分发展中国家的改革较为激进，用基金积累制完全代替现收现付制；以国家财政为基础，为低收入老年人提供非缴费养老金受到越来越多国家的欢迎，但不同国家采取的给付方式存在差别，有些国家采取家计调查式，而有些国家则为所有老年人提供养老金。

就养老金的再分配效应而言，这拨养老金改革浪潮中既有正向促进的改革措施，也有逆向调节举措。但总体而言，改革是与当前及未来劳动力市场、就业结构和人口结构相适应的。与传统单一的养老金制度相比，改革后的养老金体系的目标定位、责任划分更明确。本书的研究主题主要着眼于养老金的再分配效应，按照本书的分析框架，这里主要从减贫效应、收入差距调节效应和阶层流动效应三个方面，对自 20 世纪 70 年代以来的世界养老金改革趋势作简要评价。

### 1. 养老金制度改革有利于减少老年贫困

养老金的减贫效应得益于各国建立的非缴费养老金制度，非缴费养老金建立初衷即为解决传统养老金制度覆盖率低的问题，目标定位于解决老年贫困。将老年人纳入社会保障安全网，是实现减贫效应的基本前提。从各国实践来看，不论是哪一种制度模式，非缴费养老金对提高养老金覆盖率都具有显著效果。图 2-9 为已建立非缴费养老金制度的国家中 2000 年和 2010/2012 年间领取养老金待遇（包括缴费和非缴费养老金）的老年人占本国法定退休年龄人口比重（即养老金老年人覆盖率）的变化情况。横坐标为 2000 年各国养老金覆盖率，纵坐标为 2010/2012 年养老金覆盖率，斜对角线为 45°线，位于线上的点表示该 2000 年和 2010/2012 年养老金覆盖率没有发生变化，位于对角线以下的点表示该国养老金覆盖率下降，而位于对角线以上的点表示该国养老金覆盖上升。如图 2-9 所示，与 2000 年相比，2010/2012 年大部分国家的养老金覆盖率显著增加，其中，增幅最大的有马尔代夫、伯利兹、韩国、白俄罗斯等。例如，马尔代夫在 2009 年建立老年基础养老金（old-age basic pension），养老金覆盖率由 2000 年的 8% 上升至 2010 年的 89%；韩国于 2007 年建立收入调查型非缴费养老金制度，养老金领取人数大幅增加，覆盖率由 2000 年的 21% 上升至 2010 年的 78%；在泰国，1993 年建立基于收入调查的 "B500 养老金计划"，2010 年转为普惠型制度，所有没有生活在公共老年家庭或未获得永久性的工资收入或养老金资格的 60 岁以上泰国老年人都可获得非缴费养老金待遇，2011 年领取养老金人数达到近 570 万人，是 2000 的近 10 倍（2000年为 58 万人）。仅有哥伦比亚、秘鲁、西班牙、摩尔多瓦、亚美尼亚、挪威等 13 个国家的养老金覆盖率出现下降趋势。

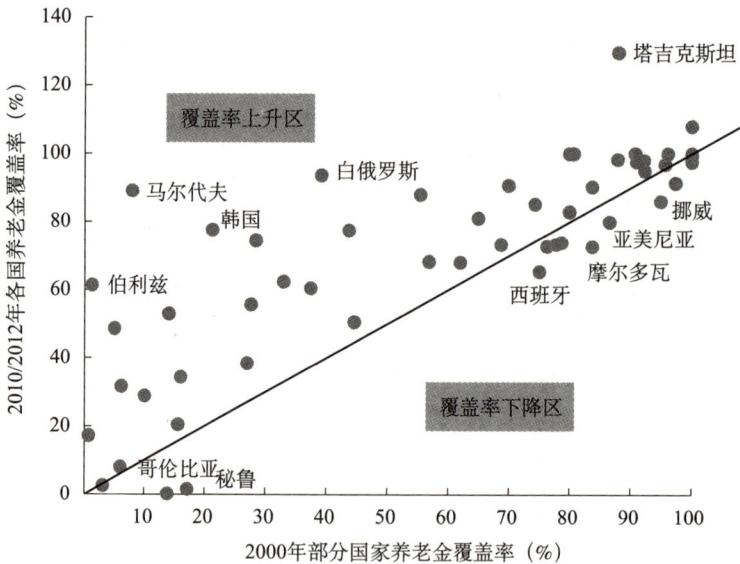

图 2 - 9　2000 年与 2010/2012 年养老金覆盖率变化

注：由于 2011 年和 2012 年数据缺失比较严重，故以 2010 年数据为主，缺失值用 2011 年或 2012 年中最新的数据代替。

资料来源：http：//www. ilo. org/dyn/ilossi/ssimain. home？ p_ lang = en.

根据可获取的国际助老会关于 103 项非缴费养老金计划，各国非养老金平均给付水平为每月 261. 13 美元，高于世界银行的 1. 25 美元/天的最低标准。养老金标准高于 1 美元/天的有 78 个国家，占比为 75. 73%；高于 1. 25 美元/天的有 72 个国家，占比为 69. 90%；高于 2 美元/天的有 61 个国家，占比为 59. 22%。与本国贫困线相比，大部分国家的养老金标准高于本国贫困线，一半以上国家的养老金标准高出贫困线 3 倍以上，43% 的国家的养老金标准是贫困线的 5 倍以上。非缴费养老金的减贫效应非常显著，表 2 - 6 为拉美部分国家养老金给付前后老年贫困发生率的变化情况。领取非缴费养老金后，所有国家的老年贫困发生率都显著下降。例如，巴西的老年贫困发生率由养老金给付前的 52% 下降至给付后的 6%，达到非常低的水平。巴西分别建立了三种非缴费养老金制度，普惠型的 Previdencia Rural（PR），收入调查型的 Renda Mensal Vitalicia（RMV）和 Beneficio de Prestacao Continuada（BPC），为 90% 以上的老年人提供 3. 6 美元/天的养老金待遇。委内瑞拉、阿根廷、智利、萨尔瓦多等国家的非缴费养老金减贫效果也十分显著。

**表 2 - 6**　　　拉美部分国家养老金给付前后老年贫困发生率变化情况　　　单位:%

| 国家 | 给付前 | 给付后 | 国家 | 给付前 | 给付后 |
|------|--------|--------|------|--------|--------|
| 阿根廷 | 0.55 | 0.13 | 墨西哥 | 0.52 | 0.31 |
| 波茨瓦纳 | 0.52 | 0.29 | 尼加拉瓜 | 0.43 | 0.28 |
| 巴西 | 0.52 | 0.06 | 巴拿马 | 0.29 | 0.17 |
| 智利 | 0.39 | 0.15 | 巴拉圭 | 0.51 | 0.23 |
| 哥伦比亚 | 0.47 | 0.31 | 秘鲁 | 0.41 | 0.23 |
| 哥斯达黎加 | 0.48 | 0.32 | 乌拉圭 | 0.30 | 0.23 |
| 多米尼亚 | 0.41 | 0.22 | 委内瑞拉 | 0.51 | 0.08 |
| 厄瓜多尔 | 0.39 | 0.25 | 墨西哥 | 0.52 | 0.31 |
| 萨尔瓦多 | 0.43 | 0.17 | 尼加拉瓜 | 0.43 | 0.28 |
| 洪都拉斯 | 0.35 | 0.24 | | | |

资料来源: Jean-Jacques Dethier，Pierre Pestieau，Rabia Ali. The Impact of a Minimum Pension on Old Age Poverty and Its Budgetary Cost: Evidence from Latin America [J]. Revista de Economia del Rosario. Vol. 14. No. 2. 2011: 135 - 163.

除了养老金标准较高的国家的减贫效果十分显著外，即使在低收入国家，非缴费养老金待遇水平较低，但对极端贫困老年人来说也是重要收入来源，为他们的食品、水电、医药等日常开支提供了重要支持。在莫桑比克、孟加拉国、印度、越南、摩尔多瓦、尼泊尔、菲律宾、塔吉克斯坦、乌干达、赞比亚、肯尼亚、泰国等国家的养老金标准不足 1 美元/天，但在国际助老会的实地调查中发现，少量的养老金待遇虽然不能完全消除老年贫困，但如果没有养老金，他们将面临生存的绝境。

**2. 养老金制度改革有利于缩小收入差距**

由传统的现收现付制向基金积累制转变是世界养老金的改革趋势之一。社会保障经典理论关于现收现付制与基金积累制的收入再分配效应的一般结论是：不管是在实际工资增长率和市场利率外生的小型开放经济中，还是在实际工资增长率和市场利率的封闭经济中，现收现付制的养老金制度总是存在代际之间达到帕累托有效配置的可能；而一个完全的基金积累制的养老金计划无论是对代际还是代内来讲，都是不具备再分配的功能。但是，当前养老金由现收现付制向基金积累制转变过程中存在以下几个特点，从而保证了养老金收入差距调节效应不被削弱。

（1）多支柱保证了基金积累制建立的同时，其他现收现付制支柱也建立起来。从各国改革实践来看，从现收现付制向基金积累制转变主要集中在第一支柱和第二支柱，虽然模式转变削弱了这两大支柱的收入差距调节能力，但与此同时，零支柱的非缴费养老金的建立可以抵消这一削弱力度。

（2）从现收现付制向基金积累制转变并不彻底。如前文分析，当前的改革存在三种模式：替代模式、并行模式和混合模式。其中，后两种模式并没有取消原有的现收现付制，只是部分缩小了这一制度的规模，收入调节力度下降幅度有限。即使在替代模式中，现收现付制完全被基金积累制所取代，理论丧失了再分配功能。但这类国家数量有限，世界的主要趋势还是朝着混合模式发展。

各国的统计数据证明了以上分析的正确性，虽然由现收现付制向基金积累制转变是世界养老金的改革趋势之一，但总体上各国养老金的收入差距调节效应并没有削弱，其正向效应非常显著。由于欧洲是养老改革最为密集的地区之一，并且受统计数据的限制，故本书以欧盟国家为例进行分析。图 2 - 10 为 1995 ~ 2012 年欧洲部分国家老年收入的五分位比率变化趋势，以此来测量老年收入差距。20 世纪 90 年代中期以来，欧洲国家的老年收入不平等呈现明显的下降趋势。在 2003 年以前，五分位比率超过 4，即最高 20% 的老年人收入是最低 20% 的老年人收入的 4 ~ 6 倍；2003 年以后，这一比率下降至 4 以下，到 2007 年达到最小值的 3.55，虽然此后略有上升（2012 年为 3.64），但基本保持较低水平。

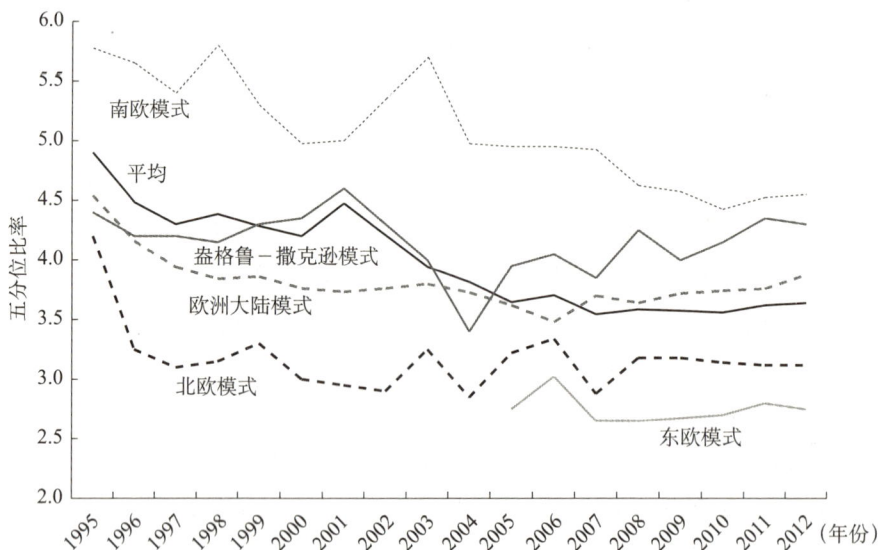

**图 2 - 10　1995 ~ 2012 年欧洲部分国家老年收入五位分比率变化趋势**

注：福利模式的划分是笔者根据相关资料自行划分的，划分标准如下：盎格鲁－撒克逊模式（英国、爱尔兰）、欧洲大陆模式（法国、德国、奥地利、比利时、卢森堡）、北欧模式（丹麦、瑞典、芬兰、挪威、荷兰）、南欧模式（意大利、希腊、葡萄牙、西班牙）、东欧模式（斯洛伐克、捷克共和国、匈牙利、波兰）。

资料来源：http://ec. europa. eu/eurostat/web/main/home.

不同福利模式之间的老年收入差距十分明显，同时也呈现一些共同趋势。具体来看，南欧福利国家的老年收入差距显著高于其他福利类型，1995 年，五分位比率接近 6，比率最高的希腊达到 7.6，虽然南欧福利国家的收入差距趋势下降，但仍然是所有福利类型中收入差距最大的群体。其次为盎格鲁-撒克逊国家，在 2004 年以前，这一模式的收入差距及其变动趋势与平均水平基本一致，从 20 世纪 90 年代中期开始持续下降，在 2004 年降到最低值以后，盎格鲁-撒克逊国家出现收入差距扩大趋势，2011 年以后接近南欧国家水平。欧洲大陆模式与盎格鲁-撒克逊模式不同，虽然前者在 1995~1996 年收入差距高于后者，但由于收入差距稳步下降，1996 年以后始终（除 2004 年以外）低于后者，到 2012 年两者之差为 0.42。北欧模式一直以收入均等化著称，在 1995 年，收入差距也处于较高水平，与其他两种福利模式的差距并不明显，但从那以后，收入差距迅速下降，并始终保持较低水平，2004 年以后，欧洲大陆模式及盎格鲁-撒克逊模式出现反弹迹象时，北欧模式仍然保持较低水平，且呈现细微的下降趋势。令人意外的是，东欧国家的收入差距在所有模式类型中最小，一方面，可能是由于东欧国家经济发展水平普遍较低，最高收入与低收入之间的差距没有其他欧洲国家大；另一方面，东欧国家为社会主义转型国家，受转型前社会主义福利模式的影响，社会保障较为完善，如养老覆盖率超过 90%。最后值得注意的是，在 20 世纪 90 年代，各国老年人收入差距普遍较大，但各福利模式之间差别较小，在经历了一个差别扩大的时期后，2007 年开始逐步缩小，到 2012 年，各福利模式之间的差别又达到一个较低水平，并呈现进一步靠拢的趋势。

可能有批评者认为，欧洲各国老年人收入差距的变化趋势可能受很多因素的影响，养老金制度作为社会政策之一，并不必然是收入差距下降的重要因素。例如，老年人收入差距下降可能是由于再分配前的收入差距本来就很小，也可能是由于税收政策或家庭内部的收入转移所致。然而，很多分析表明，社会保障是影响居民收入差距的主要原因，其中发挥关键作用的正是养老金政策。薛进军（2013）的研究表明，"在分析的 42 个国家和地区中，有 17 个国家和地区的可支配收入在社会保障调节之后，其基尼系数下降了 35% 以上，有 10 个国家和地区的基尼系数下降了 15%~35%，另外，拉美国家下降幅度相对较小，但也将近达到 15%"。此外，杰苏伊特和马勒（Jesuit & Mahler, 2004）的研究表明，社会保障的收入差距调节力度远大于税收。他对德国、瑞典、美国等 13 个发达国家的 1980~2000 年的数据分析发现，社会保障和税收两项社会政策使这些国家的基尼系数下降了约40%，其中税收的贡献率只有25%，而社会保障则达到75%。

表2-7为将社会保障与税收进行分离的再分配政策的收入差距调节效应，即从缴费和给付两个方面比较两者的收入差距调节效应的强弱，证明了养老金在收入调节中的重要作用。从社会保障与税收的再分配效应比较而言，各国（地区）社会保障的调节效应要显著高于税收，36个国家和地区的平均贡献率分别为85%和15%，有14个国家的社会保障贡献率超过90%，其中，意大利、斯洛伐克、斯洛文尼亚、墨西哥、秘鲁、俄罗斯、乌拉圭等国达到100%，而瑞士、哥伦比亚两国甚至超过100%，弥补了税收的逆向调节效应。

养老金作为各国（地区）最为重要的收入再分配手段，在所有再分配政策中，养老金制度对收入差距的调节效应最大，对降低大部分国家的收入差距发挥了重要作用。36个国家和地区的养老金及遗属津贴对收不平等下降的贡献率平均为46%，远高于其他任何一项收入再分配制度，但不同国家和地区间的差别十分显著。其中，南欧国家公共养老金对总体收入不平等下降的贡献率超过80%，盎格鲁-撒克逊国家为20%～34%，北欧国家为31%～48%，欧洲大陆国家为47%～57%，中东欧国家为54%～70%。反映出不同福利模式对养老金的重视程度及制度设计的显著差异。因此可以认为，欧洲国家自20世纪90年代以来收入差距的下降主要得益于养老金制度的调节作用，也由此证明了20世纪70年代以来许多国家的养老金改革趋势有利于调节收入差距。

### 3. 养老金制度改革具有阶层化效应

按照多支柱养老金体系的设想，各支柱的目标定位各不相同。以世界银行的五支柱为例，从多支柱的设计理念可以看出，除了"第四支柱"以外，从"零支柱"到"第三支柱"，呈现一种层层递进的趋势，类似于马斯洛的需求层次理论，"零支柱"是满足老年人作为人的根本生存需求，是社会保障安全网的最后一道屏障，"第三支柱"则比前三个支柱更高，属于最高层次，但与此同时，并不是每个老年人都能够享受这一养老金待遇。

从待遇领取资格来看，世界养老金改革趋向于按照一定标准将老年人划归为不同群体类别，并给予相应的养老金待遇，人为设置群体之间的隔阂与障碍，不利于不同收入阶层之间的流动。以养老金领取资格为标准，各国非缴费养老金制度类型可分为普惠型、收入调查型和养老金调查型，前者为所有老年

表2-7 2004年36个国家和地区的社会保障及税收的收入调节效应

| 国家（地区） | GINI(1)② | GINI(2)③ | 下降幅度 | 偏效应（占比）（%） | | | | | | | | | | | | | | |
|---|---|---|---|---|---|---|---|---|---|---|---|---|---|---|---|---|---|---|
| | | | | 社保（总） | 养老金 | 健康待遇 | 工伤待遇 | 残疾待遇 | 儿童家庭待遇 | 失业待遇 | 生育待遇 | 军队保险 | 其他待遇 | 社会救助 | 准现金待遇④ | 税收 | 强制工资税 | 收入税 |
| 盎格鲁-撒克逊国家 | | | | | | | | | | | | | | | | | | |
| 澳大利亚 | 0.461 | 0.312 | 0.149 | 69 | 22 | 0 | 1 | 8 | 13 | 5 | 8 | 5 | 5 | 0 | — | 31 | — | 31 |
| 加拿大 | 0.433 | 0.318 | 0.114 | 68 | 33 | — | 3 | — | 10 | 8 | — | — | 4 | 9 | — | 32 | -2 | 33 |
| 爱尔兰 | 0.490 | 0.312 | 0.178 | 76 | 20 | 3 | 0 | 4 | 12 | 4 | 0 | — | 1 | 28 | 5 | 24 | 2 | 22 |
| 英国 | 0.490 | 0.345 | 0.145 | 86 | 27 | 0 | 0 | 12 | 6 | 0 | 0 | 0 | 2 | 24 | 15 | 14 | 3 | 11 |
| 美国 | 0.482 | 0.372 | 0.109 | 63 | 34 | — | 1 | 6 | 0 | 2 | — | 2 | 0 | 13 | 5 | 37 | 0 | 38 |
| 欧洲大陆国家 | | | | | | | | | | | | | | | | | | |
| 奥地利 | 0.459 | 0.269 | 0.190 | 82 | 57 | 1 | — | 7 | 11 | 5 | — | — | 1 | 1 | 0 | 18 | 0 | 18 |
| 比利时 | 0.542 | 0.279 | 0.263 | 76 | 58 | 1 | 0 | 2 | 5 | 8 | 0 | — | — | 1 | 1 | 24 | — | — |
| 法国 | 0.449 | 0.281 | 0.168 | 91 | 47 | 2 | — | 3 | 11 | 9 | 1 | — | 1 | 7 | 9 | 9 | — | 9 |
| 德国 | 0.489 | 0.278 | 0.210 | 77 | 52 | — | 1 | 4 | 6 | 5 | 1 | 0 | 1 | 6 | 2 | 23 | 1 | 22 |
| 卢森堡 | 0.452 | 0.268 | 0.184 | 81 | 53 | 0 | — | 8 | 12 | 4 | — | — | 0 | 2 | 1 | 19 | — | 19 |
| 瑞士 | 0.395 | 0.268 | 0.128 | 102 | 79 | 1 | 2 | 0 | 4 | 8 | — | 0 | 1 | 8 | 0 | -2 | -8 | 6 |
| 北欧国家 | | | | | | | | | | | | | | | | | | |
| 丹麦 | 0.419 | 0.228 | 0.191 | 79 | 33 | 3 | — | 12 | 4 | 8 | 2 | 0 | 4 | 9 | 5 | 21 | 0 | 21 |
| 芬兰 | 0.464 | 0.252 | 0.212 | 81 | 41 | 1 | 1 | 9 | 5 | 6 | 3 | 1 | 2 | 7 | 3 | 19 | 2 | 17 |
| 荷兰 | 0.459 | 0.263 | 0.196 | 80 | 48 | 1 | — | 9 | 3 | 5 | 5 | — | 2 | 10 | 3 | 20 | — | 20 |
| 挪威 | 0.430 | 0.256 | 0.174 | 82 | 31 | 13 | 0 | 15 | 7 | 4 | 5 | — | 3 | 3 | 1 | 18 | 1 | 16 |
| 瑞典 | 0.442 | 0.237 | 0.205 | 84 | 38 | 5 | 2 | 10 | 4 | 8 | 4 | 0 | 6 | 3 | 5 | 16 | 1 | 15 |
| 南欧国家 | | | | | | | | | | | | | | | | | | |
| 希腊 | 0.462 | 0.329 | 0.133 | 95 | 82 | 1 | — | 5 | 3 | 3 | — | — | 0 | 2 | 0 | 5 | — | 5 |
| 意大利 | 0.503 | 0.338 | 0.165 | 100 | 83 | — | 1 | 4 | 3 | 2 | — | — | 0 | 6 | — | — | — | — |
| 西班牙 | 0.441 | 0.315 | 0.126 | 99 | 80 | 2 | — | 7 | 0 | 8 | — | — | 1 | 0 | 0 | 1 | — | 1 |

续表

| 国家（地区） | GINI(1)② | GINI(2)③ | 下降幅度 | 社保（总） | 偏效应（占比）①（%） | | | | | | | | | | | | | |
|---|---|---|---|---|---|---|---|---|---|---|---|---|---|---|---|---|---|---|
| | | | | | 养老金 | 健康待遇 | 工伤待遇 | 残疾待遇 | 儿童家庭待遇 | 失业待遇 | 生育待遇 | 军队保险 | 其他待遇 | 社会救助 | 准现金待遇④ | 税收 | 强制工资税 | 收入税 |
| 中东欧国家 | | | | | | | | | | | | | | | | | | |
| 捷克 | 0.468 | 0.267 | 0.201 | 83 | 54 | 2 | — | 8 | 5 | 2 | 3 | — | 2 | 5 | 1 | 17 | 4 | 13 |
| 爱沙尼亚 | 0.493 | 0.340 | 0.153 | 79 | 56 | 0 | — | 9 | 9 | 1 | 2 | — | 0 | 1 | — | 21 | 1 | 20 |
| 匈牙利 | 0.533 | 0.289 | 0.244 | 100 | 62 | 1 | 0 | 14 | 7 | 2 | 6 | — | 0 | 7 | 0 | — | — | — |
| 波兰 | 0.527 | 0.320 | 0.207 | 98 | 61 | 0 | — | 21 | 7 | 3 | 1 | — | — | 4 | 0 | 2 | 0 | 2 |
| 罗马尼亚 | 0.372 | 0.277 | 0.095 | 85 | 64 | 0 | — | — | 11 | 4 | 0 | 1 | 3 | 1 | — | 15 | 2 | 13 |
| 斯洛伐克 | 0.425 | 0.241 | 0.185 | 100 | 70 | 2 | — | 1 | 12 | 8 | 4 | — | 0 | 3 | — | — | — | — |
| 斯洛文尼亚 | 0.416 | 0.242 | 0.174 | 100 | 79 | 1 | — | 1 | 8 | 3 | 2 | — | 2 | 3 | 0 | — | — | — |
| 其他国家和地区 | | | | | | | | | | | | | | | | | | |
| 巴西 | 0.570 | 0.486 | 0.084 | 84 | 58 | — | — | — | 3 | 4 | — | — | 2 | 18 | — | 16 | 2 | 13 |
| 哥伦比亚 | 0.514 | 0.508 | 0.006 | 111 | 111 | — | — | — | — | — | — | — | — | — | — | -11 | -16 | 4 |
| 危地马拉 | 0.521 | 0.507 | 0.014 | 17 | 5 | — | 7 | — | — | — | — | — | 2 | — | 3 | 83 | 8 | 75 |
| 以色列 | 0.491 | 0.370 | 0.121 | 66 | 21 | — | 0 | 12 | 10 | 3 | — | 1 | 2 | 16 | — | 34 | 2 | 32 |
| 韩国 | 0.334 | 0.311 | 0.023 | 75 | 30 | — | — | — | — | — | — | — | 45 | 40 | — | 25 | 3 | 23 |
| 墨西哥 | 0.476 | 0.458 | 0.018 | 100 | 41 | — | — | — | — | — | — | — | 19 | — | — | — | — | — |
| 秘鲁 | 0.512 | 0.507 | 0.005 | 100 | 100 | — | — | — | 4 | 0 | — | — | 1 | 0 | 4 | — | — | — |
| 俄罗斯 | 0.562 | 0.434 | 0.127 | 100 | 80 | — | — | 10 | — | 1 | — | — | 1 | 51 | — | 16 | -19 | 35 |
| 中国台湾 | 0.324 | 0.305 | 0.019 | 84 | -7 | — | — | — | — | — | — | — | 40 | 21 | — | — | — | — |
| 乌拉圭 | 0.542 | 0.428 | 0.114 | 100 | 73 | — | 0 | — | 3 | 2 | — | — | — | 21 | — | — | — | — |
| 均值 | 0.468 | 0.328 | 0.140 | 85 | 46 | 2 | 1 | 9 | 7 | 5 | 3 | 1 | 2 | 7 | 3 | 15 | 1 | 15 |

注：①社会保障及税收给付前的基尼系数；②社会保障及税收给付后的基尼系数；③偏效应是指社会保障及税收项目的贡献率；④准现金待遇（Near-cash benefits）是指社会保障中的非现金给付部分（如教育、医疗费用减免等）。

资料来源：Chen Wang and Koen Caminada. Disentangling Income Inequality and the Redistributive Effect of Social Transfers and Taxes in 36 LIS Countries [R]. LIS Working Paper Series, No. 567.

群体提供养老金，后两者主要为收入贫困或没有其他养老金的老年人提供，那些贫困的老年人往往就是无任何养老金收入的老年人，因此，后两种类型所确定的待遇资格基本一致，主要是针对贫困老年人。在国际助老会统计的 105 项非缴费养老金计划中，只有 23 项计划属于普惠制，剩下的 82 项都属于后两种类型。此外，"零支柱"和"第一支柱"普遍为强制型，意味着只要符合相应资格条件即可纳入保障范围；而"第二支柱"和"第三支柱"普遍为自愿型，虽然没有明确的资格限制，但必须在参加前两项保障项目基础上才能自愿参加这两个项目，意味着能够参加"第二支柱"和"第三支柱"的参保群体必定为中高收入群体。由此形成了一个清晰的阶层化体系，在职业生涯期间，无工作、收入低的最低阶层被排除在任意一种养老金体系之外，而有工作、收入处于中间阶层的群体参加"第一支柱"的职业型养老保险，那些工作待遇优厚的高收入阶层在参加"第一支柱"养老保险基础上，再自愿参加更高层次的"第二支柱"和"第三支柱"。退休后相应地被划分为三类明显的阶层，最低阶层享受非缴费养老金，中间收入阶层享受基本养老金，高收入阶层则同时获得基本养老金、个人账户养老金以及企业年金。

从待遇水平来看，不同支柱的养老金待遇标准差别仍然非常明显。总体而言，非缴费养老金水平最低，其次是公共养老金，职业年金和个人储蓄账户则完全取决于职业生涯期间的账户积累。非缴费养老金目标定位于减少贫困，其水平自然以贫困线为标准。图 2 - 11 为 2012 年 98 个国家的非缴费养老金水平，最低为 3.51 美元/月，最高为 1557.54 美元/月。其中，每天低于 1 美元的有 23 个国家，低于 2 美元/天的有 41 个国家，将近一半。从与本国贫困线占比来看，最低的为 0.18 倍，最高的为 31.37 倍，但大部分国家属于低水平。其中，有 14 个国家的非缴费养老金待遇水平低于本国贫困线，一半国家的标准低于本国贫困线的 3.5 倍。可见，以减贫作为政策目标的非缴费养老金制度待遇水平较低，那些无收入来源的贫困老年人在领取养老金之后，虽然能够免于贫困，但与其他老年人相比，仍然处于最底层。

与非缴费养老金水平相比，各国"第一支柱"的公共养老金水平相对较高，覆盖群体的阶层地位也明显要高于最低层贫困老年人；"第二支柱""第三支柱"可以与"第一支柱"养老金同时领取，总和必然高于仅领取"第一支柱"养老金的中等收入阶层。在普惠型非缴费养老金制度的国家，高收入群体则同时可以获得非缴费养老金、公共养老金、职业年金、个人储蓄等所有养老金待遇。如图 2 - 12 所示，在待遇资格与待遇水平两个因素作用下，当前

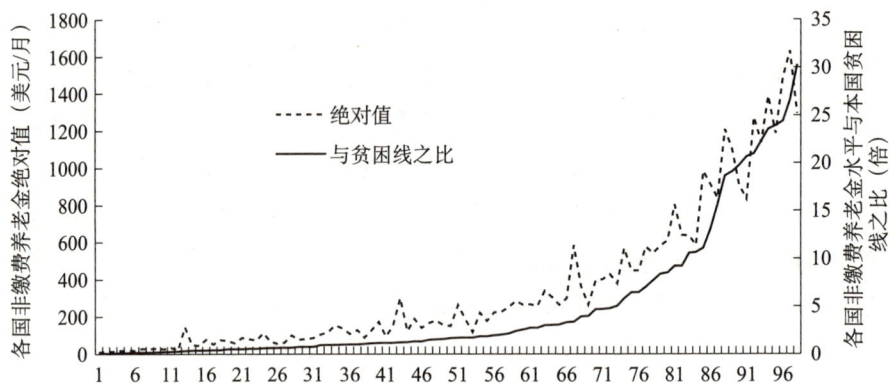

**图2-11 2012年各国非缴费养老金水平**

注：横轴为98个国家的排序，由非缴费养老金与贫困线之比从低到高排列

资料来源：http://www.pension-watch.net.

多支柱养老金体系不利于阶层流动，即具有阶层固化效应。职业生涯期不同收入阶层的劳动者被划分进不同的养老金计划之内，在退休后根据资格和标准领取特定养老金待遇，各群体之间并不存在向上或向下的交叉流动，而是呈现平行流动。低收入阶层由于收入低、工作不稳定甚至无工作，被排除在所有养老金制度之外，在退休后只能领取数额较少的非缴费养老金；中收入阶层由于工作较为稳定，需要参加强制性基本养老保险，退休后则相应地领取待遇水平相对较高的公共养老金以及非缴费养老金（普惠制国家用虚线表示）；高收入阶层不仅工作稳定，而且收入水平高，在强制参加基本养老保险之外，受国家税收等政策激励制度的影响，还会参加职业年金、个人储蓄计划等养老金项目，退休后则相应地领取公共养老金、职业年金和个人储蓄养老金，以及非缴费养老金（普惠制国家用虚线表示），收入水平最高。

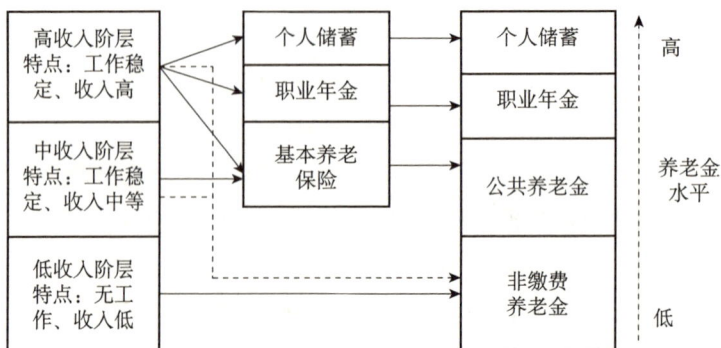

**图2-12 多支柱养老金体系的阶层化效应**

# 第三章

中国养老金制度的变迁及特点

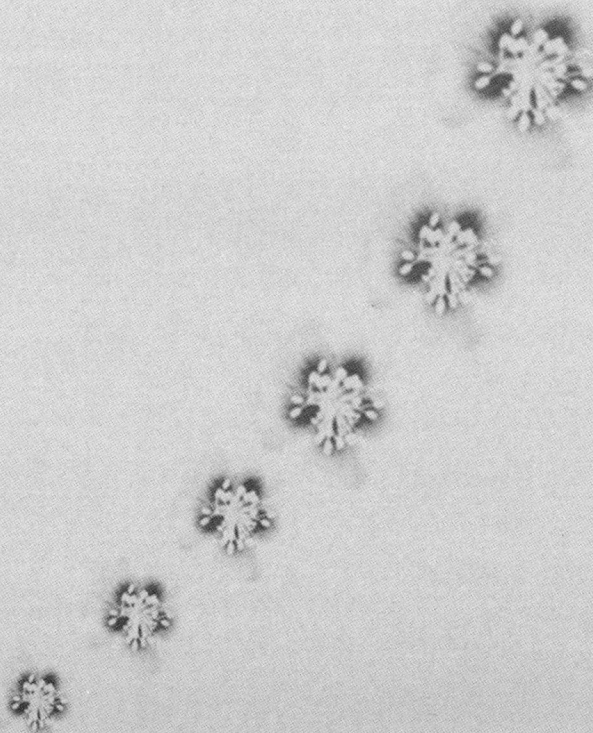

# 第一节　养老金制度的基本类型

学术界基本达成共识，即 1889 年德国俾斯麦政府颁布的《老年和残障社会保险法》是现代养老保障制度建立的标志。从政治学角度看，它是铁血宰相的怀柔术；但从经济学角度看，它是应对现代工业社会风险的国家政策。现代社会，老年人面临多重风险，如收入中断导致的贫困风险、家庭核心化导致的"老无所养"风险、身体机能退化导致的疾病风险。就经济风险来说，不同群体也面临着不同风险。因此，现代政府趋向于建立多层次的养老金体系，以应对多重老年经济风险。在我国，1950 年，当时的政务院财经委员会发布了第一部全国性的养老金政策文件《关于退休人员处理办法的通知》，标志着我国保障老年人生活的养老金制度开始"萌芽"[1]。随着民生事业的推进，当前我国在全国层面基本建立了覆盖各类社会成员的养老金制度，主要包括机关事业单位养老保险制度、企业职工基本养老保险制度、城乡居民养老保险制度[2]、高龄津贴制度。虽然有些省份也建立了诸如农民工养老保险制度、失业农民养老保险制度，但由于实施范围较小，不是全国普遍性制度，且具有过渡性质，因此不纳入本书的研究范畴。

## 一、机关事业单位养老保险制度及其政策变迁

国内外实践经验表明，公务员（与我国对应的是机关事业单位人员）普遍先于其他社会群体建立养老金制度。中华人民共和国成立伊始，1950 年，政务院发布的《关于退休员人处理办法的通知》确认并延续了机关、铁路、海关、邮局等单位人员的养老金制度，这些单位属于机关事业单位范畴。同年

---

[1]　关于中华人民共和国养老保险制度建立的标志存在一定争议，如郑功成（2002）认为这部法规只是对原有职工享受退休保障制度的延续和认可，并不能被视为中华人民共和国退休养老保险制度建立的标志。考虑到是在中华人民共和国时期制定并由政务院发布，本书认可臧宏（2007）的观点，即标志着中华人民共和国养老保险制度的萌芽或至少为养老保险制度的建立奠定了思想基础。

[2]　城乡居民养老保险制度特指国务院颁布的《关于建立统一的城乡居民基本养老保险制度的意见》（国发〔2014〕8 号）所建立的制度，其覆盖群体为非国家机关和事业单位工作人员及不属于职工基本养老保险制度覆盖范围的城乡居民。

又发布了《中央级直属机关暂行供给标准》，建立了包括保健费、优待金等养老金项目。真正开始建立有中国特色的机关事业单位养老金制度的标志，是1955年国务院发布的《国家机关工作人员退休处理暂行办法》《国家机关工作人员退职处理暂行办法》。在此之后，我国机关事业单位养老金制度经历了曲折的发展。如果以与企业职工基本养老金制度的关系为标准，可以将机关事业单位养老金制度的变迁历程划分为"分—合—分—合"四个阶段，并呈现合并的未来发展趋势。

**1. 机关事业单位与企业职工养老金制度的分立期：1949～1957年**

如前文所述，我国真正建立机关事业单位养老金制度始于1955年国务院发布的两个文件：《国家机关工作人员退休处理暂行办法》《国家机关工作人员退职处理暂行办法》。两个暂行办法对国家机关工作人员的养老金管理制度做了正式规定，基本内容：

（1）确定法定退休年龄，男性为60岁且工作年限满20年，女性为55岁。

（2）建立了与工作年限相关的退休待遇标准，工作年限不满10年，发给本人工资的50%，工作年限在10～15年之间者，发给本人工资的60%，工作年限满10年因公致疾丧失工作能力者，发给本人工资的70%，工作年限在15年及15年以上者，发给本人工资的80%。

（3）养老金发放方式由一次性给付改为按月给付。

1956年11月，国务院对有关国家机关事业单位工作人员退休和工作年限等问题又做了补充。至此，我国对机关事业单位工作人员的退休年龄、工作年限、待遇标准以及发放方式等养老金制度的核心问题做出了具体规定，标志着我国机关事业单位养老金制度的基本确立。

从制度创立之初，机关事业单位养老金制度便与其他养老金制度彼此独立运行，自成体系，形成了与企业职工基本养老金制度的"二元化"结构。这一时期的"二元化"特征表现为：与企业职工养老金制度相比，机关事业单位的养老保险项目、保险待遇基本相同，但退休年龄有所差异，即机关事业单位的女性工作人员退休年龄为55岁，企业的女性职工为50岁；另外，管理机构和养老金筹资机制也不同，机关事业单位由人事部门管理，养老金待遇由国家机关行政经费和事业单位的事业经费直接支付。因此，这种分立模式已显示出在单位、户籍以及身体指标上的巨大差异，对我国整个养老金制度产生了重要影响，为后来的"碎片化"养老金制度埋下了伏笔，成为今天养老金制度改革亟待解决的一个难题（郑秉文，2009）。

**2. 机关事业单位与企业职工养老金制度的合并期：1958~1977 年**

1958 年，国务院颁布了《国务院关于工人、职员退休处理的暂行规定》和《关于工人、职员退职处理的暂行规定》，对原有政策做了较大调整。前者的内容主要涉及：第一，统一了机关事业单位工作人员与企业职工养老金制度，包括退休条件与待遇标准。但需要注意的是，这里的企业职工仅指国营企业职工，将其他经济成分职工排除在外。第二，降低了工龄要求，并提高了养老金待遇。最低工龄由 20 年降低至 15 年，连续工龄为 5 年以上。连续工龄在 5~10 年的，养老金待遇为本人标准工资的 50%；连续工龄在 10~15 年的，待遇为标准工资的 60%；连续工龄在 15 年以上的，为标准工资的 70%。第二个文件主要对未达到退休条件的退职情况进行了规范。

这一时期，机关事业单位养老金制度最大的特点在于，统一了机关事业单位工作人员与企业职工的养老金制度，统一规范了退休年龄、退休条件、养老金待遇标准以及管理机制等，提高了制度运行效率，同时增进了制度的公平性。但是，由于受"文革"的影响，从 1966 年开始，各政府部门遭到冲击，包括机关事业单位养老金制度在内的整个社会保障事业处于停滞状态。

**3. 机关事业单位与企业职工养老金制度的再分立期：1978~2014 年**

"文革"之后，国务院分别在 1978 年、1980 年、1982 年发布了《关于安置老弱病残干部的暂行办法》、《关于老干部离职休养的暂行规定》、《关于老干部离职休养制度的几项规定》。上述三个文件奠定了我国机关事业单位养老金制度的基本框架，其主要内容直至今天仍然适用。文件规定：国家机关工作人员养老金包括基础工资、工龄工资、职务工资和级别工资等多个项目。1993 年、2006 年分别对养老金待遇做了调整，但调整幅度不大，具体比例如表 3-1 所示。

表 3-1　　　　2006 年调整后机关事业单位工作人员养老金计发比例　　　　单位:%

| 单位性质 | 工作年限 n | | | |
|---|---|---|---|---|
| | n≥35 年 | 30≤n<35 | 20≤n<30 | 10≤n<20 |
| 机关 | 88 | 82 | 75 | 70 |
| 事业单位 | 90 | 85 | 80 | 75 |

资料来源：郑功成. 中国社会保障改革与发展战略 [M]. 北京：人民出版社，2011：p154.

由于机关事业单位养老金水平远高于企业职工，且呈逐步扩大趋势，养老金公平性回归的呼声越来越强。为此，自 1993 年开始，各地区开始对机关事业单位养老金制度进行改革试点，探索将机关事业单位工作人员在内的所有城镇职工纳入统一的养老金制度体系范围内。但由于缺乏正确的指导思想和合理的规划，各地试点并没有取得多大进展，导致机关事业单位职工与企业职工养老金待遇差距越来越大。据劳动统计年鉴资料显示，1990 年，企业职工、机关单位工作人员、事业单位工作人员的每人年均养老金分别为 1664 元、1889元和 2006 元，到 2005 年，三者分别为 8803 元、16425 元和 18410 元，差距呈进一步扩大趋势。2008 年，国务院通过了《事业单位工作人员养老保险制度改革试点方案》，确定山西等 5 省市先行试点，其目标是实现与企业职工养老金制度并轨。但于由养老金预期标准降低、机关单位与事业单位分离式改革等原因，改革进程一度停滞不前。

**4. 机关事业单位与企业职工养老金制度再合并期：2014 年末至今**

破除"双轨制"的呼声越来越强，人力资源和社会保障部部长尹蔚民多次在公开场合表示，按照社会统筹与个人账户相结合的基本模式，改革机关事业单位养老金制度，破除养老金"双轨制"。城镇养老保险的"双轨制"是拉大城镇收入差距的推手（吴连霞，2012），也是我国养老金制度被诟病为逆向再分配效应的重要根源。2014 年 12 月 23 日，国务院副总理马凯代表国务院向全国人大作关于统筹推进城乡社会保障体系建设工作情况的报告。报告称，机关事业单位与城镇职工统一的养老保险制度改革方案已经国务院常务会议和中央政治局常委会审议通过，将于近期向社会公布。改革的基本思路是"一个统一、五个同步"。所谓"一个统一"，即党政机关、事业单位建立与企业相同的基本养老金保险制度，实行单位和个人缴费，改革退休费计发办法，从制度和机制上化解"双轨制"矛盾。所谓"五个同步"，即机关与事业单位同步改革，职业年金与基本养老保险制度同步建立，养老保险制度改革与完善工资制度同步推进，待遇调整机制与计发办法同步改革，改革在全国范围同步实施。这一改革方案的出台，不仅在政治上明确了政府的改革决心，而且改革的新思路纠正了以往存在的诸多偏颇与问题，为改革进程的顺利进行扫清了障碍。

2015 年 1 月，国务院根据改革的基本思路出台了《关于机关事业单位工作人员养老保险制度改革的决定》（国发〔2015〕2 号），明确了改革的详细内容与基本步骤。文件明确提出，机关事业单位工作人员要按照国家规定切实履行缴费义务，享受相应的养老保险待遇，形成责任共担、统筹互济的养老保险筹资和分配机制。改革方向向企业职工基本养老保险制度靠拢，实行社会统筹与个人账户相结合的基本养老保险制度。与企业职工养老保险制度类似，单位缴纳基本养老保险费的比例为本单位工资总额的 20%，个人缴纳基本养老保险费的比例为本人缴费工资的 8%；本人缴费工资 8% 的数额建立基本养老保险个人账户，全部由个人缴费形成，意味着单位缴纳的 20% 的保险费全部纳入统筹账户。改革后的计发办法也与企业职工养老保险一致。文件规定，基本养老金由基础养老金和个人账户养老金组成。退休时的基础养老金月标准以当地上年度在岗职工月平均工资和本人指数化月平均缴费工资的平均值为基数，缴费每满 1 年发给 1%。个人账户养老金月标准为个人账户储存额除以计发月数，计发月数根据本人退休时城镇人口平均预期寿命、本人退休年龄、利息等因素确定。文件同时为机关事业单位工作人员建立了职业年金，单位按本单位工资总额的 8% 缴费，个人按本人缴费工资的 4% 缴费，工作人员退休后，按月领取职业年金待遇。

虽然文件没有明确规定机关事业单位养老金制度是否与企业职工养老金制度并轨，但从制度设计上来看，完全体现了并轨的思路和技术，因此完全可以预见，在未来的某个特定的合适时机，两项制度将再次合二为一。

## 二、企业职工养老金制度及其政策变迁

1951 年，政务院发布《劳动保险条例》，规定职工数在 100 人以上的国营、公私合营、私营和合作经营等工厂、企业及其附属单位职工必须参加劳动保险，其中养老保险是劳动保险的重要项目之一，标志着我国企业职工养老金制度开始建立。直至 20 世纪 80 年代改革以前，企业职工养老金制度主要是"单位保障"模式，与改革后的"社会保障"模式差异巨大，考虑到本书着重于比较当前不同养老金制度的再分配效应，因此不将 20 世纪 80 年代改革前的企业职工养老金制度纳入本书的分析范围。与其他养老金制度相比，在过去的几十年中，企业职工养老金制度是改革的重点和最引人注目的项目。本书分别以 1991 年、1995 年、1997 年和 2005 年国务院四个文件为基础进行分析。

### 1. 企业职工养老保险制度初步建立期：1984～1996 年

在 20 世纪 80 年代达成建立多方负担的企业职工养老保险的共识及总结部分地方试点经验的基础上，1991 年，国务院发布《关于企业职工养老保险制度改革的决定》（国发 [1991] 33 号，以下简称 "33 号文"）。其核心内容是：逐步建立起基本养老保险与企业补充养老保险和职工个人储蓄养老保险相结合的多层次养老保险制度；基本养老保险费采用国家、个人、企业三方共同负担的原则；采用个人账户与社会统筹相结合的筹资模式。这一文件奠定了我国企

业职工基本养老保险制度模式——社会统筹与个人账户相结合的部分积累制。社会统筹极大地发挥了养老保险的互济作用和保障功能。到 1995 年底，国有企业职工养老保险全部实行了市县级以上统筹，集体企业职工的养老保险统筹遍及 2000 多个市县，非公有制企业也开始逐步纳入社会统筹范围；另外，有 11 个部门（铁道、交通、邮电、水力、电力、民航、煤炭、有色、石油天然气、银行、中国建筑总公司）实行了行业统筹（胡晓义，2009）。但是，"33 号文"并没有触及基础养老金计发办法的改革，养老金制度的再分配效应发挥的关键恰恰在于此。

1995 年，国务院下发了《关于深化企业职工养老保险制度改革的通知》（国发〔1995〕6 号，以下简称"6 号文"），是对 33 号文改革思路的确认和进一步深化。文件同时提出两个实施办法，即所谓的"大账户模式"和"小账户模式"。两个模式的基本目标都是力求使公平与效率、社会互济与自我保障达到平衡，只是侧重点有所差异，前者更强调效率与自我保障，后者则更侧重公平与互济。由于制度模式不统一，各地方根据自身特点，发展出账户比例大小不一的多种模式，并没有统一的标准。

**2. 企业职工养老保险制度统一期：1997～2004 年**

鉴于"6 号文"导致全国企业职工养老金制度模式不统一的局面，国务院于 1997 年发布《关于建立统一的企业职工基本养老保险制度的决定》（国发〔1997〕26 号，以下简称"26 号文"）。其核心内容在于统一我国企业职工基本养老保险的缴费比例、统账划分比例、养老金计发办法等。

（1）统一缴费比例，企业缴纳养老保险费的比例一般不超过工资总额的 20%，个人缴费比例分阶段推进，1997 年不得低于本人缴费工资的 4%，1998 年起每两年提高一个百分点，最终达到本人缴费工资的 8%。

（2）统一统账比例，按照个人缴费工资的 11% 建立个人账户，其余部分全部划入统筹账户。

（3）统一计发办法，养老金包括基础养老金和个人账户养老金两部分，基础养老金月标准为省（自治区、直辖市）上年度职工月平均工资的 20%，个人账户养老金为本人账户累积额除以 120。

由于"26 号文"主要面向正规就业人员，确定的缴费比例较高（企业和个人缴费比例之和达到 28%），对于无雇主的个体工商户和灵活就业人员来说，雇主缺失或缺乏合理规范，难以承受高额缴费负担，导致大量城镇非正规就业人员难以参保，制度覆盖面难以扩大。

### 3. 企业职工养老保险制度完善期：2005年至今

针对"26号文"实施后出现的各种问题，2005年国务院进一步下发了《关于完善企业职工基本养老保险制度的决定》（国发〔2005〕38号，以下简称"38号文"），其主要内容包括扩大养老保险覆盖面，以保障更多社会成员；确保养老金足额发放，保障老年人基本生活；改革计发办法，增进制度激励机制。具体包括：

（1）以非公有制企业、个体工商户和灵活就业人员为重点，统一参保缴费政策，降低缴费率，以扩大基本养老保险覆盖面。城镇个体工商户和灵活就业人员参加基本养老保险的缴费基数为当地上年度在岗职工平均工资，缴费比例为20%，其中8%记入个人账户。

（2）确保基本养老金按时足额发放，各地不得拖欠基本养老金，保障退休人员的基本生活。

（3）调整统账比例，缩小个人账户，增加统筹账户，有利于增强统筹账户的再分配效应。个人账户的规模统一由本人缴费工资的11%调整为8%，全部由个人缴费形成，单位缴费不再划入个人账户。

（4）改革养老金计发办法，将养老金待遇与缴费年限、缴费额挂钩，增加精算因子。基础养老金月标准以当地上年度在岗职工月平均工资和本人指数化平均缴费工资的平均值为基数，缴费每满1年发给1%〔计算公式为：（个人退休时上年度全市在岗职工月平均工资＋本人指数化月平均缴费工资）÷2×个人缴费年限×1%〕；个人账户养老金月标准为个人账户储存额除以139。

（5）建立基本养老金正常调整机制。根据职工工资和物价变动等情况，国务院适时调整企业退休人员基本养老金水平，调整幅度为省、自治区、直辖市当年企业在岗职工平均工资年增长率的一定比例。2005年开始启动企业职工基本养老金待遇调整机制，2005~2015年，按上年度基本养老金水平的10%增长率调整，2016年为8%，2017年为5.5%，截至2016年底，基本养老金月人均标准为2362元。

综合缴费办法、统账比例和待遇计发办法三个因素，在缴费基数基本保持不变的条件下，总缴费率逐渐提高（个人由3%上升至8%，企业基本稳定），同时个人账户比例由原来的16%缩小至目前的8%，因此扩大了社会统筹的比例，增加了收入再分配可分配的基金，但是由于计发办法越来越呈现效率取向、淡化公平原则，事实上削弱了制度的代内再分配功能。"38号文"颁布以后，我国职工基本养老保金制度没有再做较大调整。可以预见，这一制度在近期也将保持基本稳定，目前我国养老保险制度体现了公平与效率基本保持平衡的设计理念，虽然较之以前的制度在一定程度上弱化了收入再分配功能，但该制度所产生的收入再分配效应是正向或是逆向，再分配力度大小等还需要做进一步测算和评估。

## 三、城乡居民养老金制度及其政策变迁

长期以来，我国城乡居民养老金制度①受政府支持力度较小，处于停滞不前或缺失状态，城镇无业居民和广大农村居民游离于养老金制度之外。从制度变迁的时间上看，我国城乡居民养老金制度可以划分为两个阶段：一是 1992 年实行的以农民单方缴费为主的县级农村社会养老保险；二是 2009 年开始试点的新型城乡居民养老保险。

### 1. 县级农村社会养老保险制度：1992～2008 年②

我国农村社会养老保险制度建设起步较晚，起源于 1992 年民政部出台的《县级农村社会养老保险基本方案（试行）》（学界普遍称之为"老农保"），这是我国历史上第一个农村社会养老保险方案。该方案规定：资金筹集坚持以个人缴纳为主，集体补助为辅，国家给予政策扶持的原则；缴费标准设置多个档次，月缴费标准包括 2 元、4 元、6 元、8 元、10 元、12 元、14 元、16 元、18 元、20 元共 10 个档次，参保人可自由选择。由于"老农保"主要是农民个人缴费，多数地方的村集体经济和政府财政没有投入，保障水平较低，农民参保的积极性不高。

### 2. 新型城乡居民养老保险制度：2009 年至今

2009 年 9 月，国务院发布《关于开展新型农村社会养老保险试点的指导意见》（国发〔2009〕32 号，以下简称"32 号文"），决定从 2009 年起开展新型农村社会养老保险试点，计划当年试点覆盖面为全国 10% 的县（市、区、旗），以后逐步扩大试点，在全国普遍实施。2011 年，国务院发布《关于开展城镇居民社会养老保险试点的指导意见》（国发〔2011〕18 号，以下简称"18 号文"），规定 2011 年 7 月 1 日启动试点工作，实施范围与新型农村社会

---

① 这里的城乡居民养老保险制度为城镇企业职工、机关事业单位养老金制度覆盖群体以外的城镇非就业人员、农村居民等群体的养老金制度，2009 以后包括新型农村养老金制度、城镇居民养老保险金以及两项制度合并后的城乡居民养老金制度。

② 2011 年以前，我国还未建立城乡居民养老金制度，因此，这里主要论述农村居民养老金制度。

养老保险试点基本一致，2012 年基本实现覆盖。至此，标志着我国基本养老保险制度实现制度全覆盖。新农保与城居保的制度模式基本一致，即采用"个人缴费、集体补助（农村）、政府补贴"和"社会统筹与个人账户相结合"的筹资模式，为两项制度的合并提供了技术支持。此外，与"18 号文"同日实施的《社会保险法》规定："可以将城镇居民社会养老保险和新型农村社会养老保险合并实施"，为城乡统一的社会养老保险制度的实施奠定了法律基础。因此，2014 年 2 月，国务院印发《关于建立统一的城乡居民基本养老保险制度的意见》（国发［2014］8 号文，以下简称"8 号文"），决定将新农保和城居保两项制度合并实施，在全国范围内建立统一的城乡居民基本养老保险。

城乡居民养老保险的制度采用"个人缴费、集体补助、政府补贴"的筹资机制，"8 号文"的具体政策如表 3－2 所示。

表 3－2　　　　　　"8 号文"城乡居民养老保险筹资政策

| 筹资主体 | 政策内容 |
| --- | --- |
| 个人缴费 | 缴费标准为每年 100 元、200 元、300 元、400 元、500 元、600 元、700 元、800 元、900 元、1000 元、1500 元、2000 元 12 个档次，省（区、市）政府可根据实际情况增设缴费档次，最高缴费档次原则上不超过当地灵活就业人员参加职工基本养老保险的年缴费额 |
| 集体补助 | 有条件的村集体经济组织应对参保人缴费给予补助，补助标准由村委会召开村民会议民主确定 |
| 政府补贴 | 政府对参保人全额支付基础养老金，其中：中央财政对中西部地区按中央确定的基础养老金标准给予全额补助，对东部地区给予 50% 的补助；地方政府对选择最低档次标准缴费的，补贴标准不低于每个每年 30 元，对选择 500 元及以上档次的，补贴标准不低于每人每年 60 元 |

同时，城乡居民养老保险建立了"社会统筹与个人账户相结合"的账户模式，社会统筹支付基础养老金，最低标准为 55 元/月，各地方可根据当地情况适当提高标准。基础养老金完全由政府财政支付，中央对中西部地区全额补助（即 55 元/月），对东西地区给予 50% 的补助（即 27.5 元/月）。个人账户养老金由个人缴费与地方财政和集体缴费补贴组成，发放标准为个人账户全部储存额除以 139（与现行职工基本养老保险个人账户养老金计发系数相同）。2015 年 1 月，人力资源和社会保障部发布《关于提高全国城乡居民基本养老保险基础养老金最低标准的通知》（人社部发［2015］5 号），规定从 2014 年 7 月 1 日起，全国城乡居民养老保险基础养老金最低标准提高至每人每月 70 元。提高标准所需资金，中央财政对中西部地区给予全额补助、对东部地区给予 50% 的补助。文件同时规定，此次增加的基础养老金金额，不得冲抵或替

代各地自行提高的基础养老金。这是自 2009 年建立"新农保"制度以后，中央首次在全国范围内对基础养老金标准进行调整，无疑有利于增加老年收入，减少老年贫困，调节收入差距。

## 四、 高龄津贴制度及其政策变迁

我国高龄补贴政策在 20 世纪 80 年代便开始实行，部分地区针对百岁老人发放高龄老年补贴，后逐步扩展至 80 岁以上老人。而规范化高龄津贴制度的建立则始于 2009 年，为了解决高龄老人的基本生活问题，2008 年民政部在全国民政工作会议上提出"有条件的地区可建立困难老人、高龄老人津贴制度"。2009 年 5 月 7 日，宁夏率先发布《关于建立 80 岁以上低收入老年人基本生活津贴制度的通知》，首次在省级范围建立高龄津贴制度。随后，民政部发布《关于转发宁夏建立高龄老人津贴制度有关政策的通知》，要求各地在借鉴宁夏经验的基础上结合当地实际情况建立高龄津贴制度。

由于至今还未建立全国统一的高龄津贴制度，本书以宁夏为例，简要介绍我国高龄津贴制度的政策内容。宁夏规定，凡具有本自治区户口且年龄在 80 周岁以上的农村老年人和城市低收入家庭中无固定收入的老年人，从制度实施当年 5 月份起，可享受"高龄老人津贴"待遇。该通知所说的城市低收入家庭是指家庭共同生活成员人均月收入低于当地最低生活保障线 150% 的家庭。对于五保供养对象、已享受城乡低保待遇、领取离退休金的老年人，不再享受"高龄老人津贴"。家庭收入计算范围和方法，参照低保家庭收入计算办法执行。高龄老人津贴发放标准，原则上按照各地低保标准、补助水平和发放对象的年龄实行分类分档发放，并随当地经济社会发展、群众生活水平的提高和低保标准变动情况适时进行调整。

2009 年年底，全国 31 个省级行政区划单位（本书的统计数据均不含港、澳、台）都建立了范围和程度不同的高龄津贴制度，到 2016 年年底，享受高龄津贴的人数达 2355 万人，是 2006 年的 10 倍，如表 3 - 3 所示。

表 3 - 3　　　　　　　　　2006 ~ 2011 年享受高龄津贴人数

| 年份 | 享受高龄津贴人数（万人） | 享受高龄津贴人数增长率（%） | 80 岁以上老年人口数（万人） | 享受高龄津贴的人占高龄老人的比重（%） |
|---|---|---|---|---|
| 2006 | 233.5 | —— | 1806 | 12.93 |
| 2007 | 247.1 | 5.82 | 1906 | 12.96 |

| 年份 | 享受高龄津贴人数（万人） | 享受高龄津贴人数增长率（%） | 80岁以上老年人口数（万人） | 享受高龄津贴的人占高龄老人的比重（%） |
|------|------|------|------|------|
| 2008 | 349.3 | 41.36 | 2022 | 17.27 |
| 2009 | 430.9 | 23.36 | 2069 | 20.83 |
| 2010 | 576.4 | 33.77 | 2132 | 27.04 |
| 2011 | 883.1 | 53.21 | 2175 | 41.38 |
| 2012 | 1257.7 | 42.42 | 2244 | 56.05 |
| 2013 | 1557.9 | 23.87 | 2419 | 64.40 |
| 2014 | 1719.6 | 10.38 | 2554 | 67.33 |
| 2015 | 2155.1 | 25.33 | 2617 | 82.35 |
| 2016 | 2355.4 | 9.29 | —— | —— |

资料来源：享受高龄津贴人数来源于历年全国老龄工作委员会办公室《中国老龄事业发展统计公报》；80岁以上老年人数来源于《中国人口和就业统计年鉴》。

由于缺乏最新全国范围内高龄津贴方面的官方数据，本书采用《中国老龄事业发展统计公报2011》《民政部关于建立高龄津（补）贴制度先行地区的通报》（民函〔2010〕111号）等文件中的数据对高龄津贴制度内容的要点及实施现状进行考察。

**1. 主体资格**

从主体资格来看，主要有三种限制：户籍限制、家庭收入限制、最低年龄限制。在户籍限制上，大部分地区都要求高龄津贴申请者为当地户籍。在家庭收入限制上，大多数地区没有此项限制，高龄津贴的享受具有普遍性，少部分则具有选择性针对"三无"人员、低保人员或者其他对象，如宁夏针对自治区80岁以上的农村老年人和城市低收入家庭中无固定收入的老年人；浙江省绍兴市针对无社会养老保险的老年居民；贵州省贵阳市针对身体失能、生活不能自理的特困老年人；新疆针对城市低保对象、原国有企业"五·七"人员等发放高龄津贴。在最低年龄限制上，各地的差异较大，截至2010年年底，各地区以100岁为最低享受年龄的地区最多达134个，占总数的45.27%，以95岁为最低享受年龄的地区有13个（其中有一个地区为98岁），以90岁作为最低享受年龄的地区有77个占总数的26.01%，以85岁为最低享受年龄的地区有4个，以80岁为最低享受年龄的地区有41个，80岁以上的占总数的90.87%，如表3-4所示。

**表3-4　　　　全国各地区老龄津贴最低年龄限制分布**

| 最低年龄（岁） | 60 | 65 | 70 | 75 | 80 | 85 | 90 | 95 | 100 | 总计 |
|------|------|------|------|------|------|------|------|------|------|------|
| 地区（个） | 12 | 2 | 8 | 5 | 41 | 4 | 77 | 13 | 134 | 296 |
| 占比（%） | 4.05 | 0.68 | 2.70 | 1.69 | 13.85 | 1.35 | 26.01 | 4.39 | 45.27 | 100.00 |

资料来源：《民政部关于建立高龄津（补）贴制度先行地区的通报》（民函〔2010〕111号）。

## 2. 待遇水平

从待遇水平来看，各省区市往往根据当地实际状况，按月或者年向符合条件的老年人给予一定数额的补贴，年龄越高、补贴的标准也越高。对于60~69岁老人补贴标准最高为佛山市300元/月，最低为大兴安岭地区漠河县北极乡40元/月；对于70~79岁老人补贴标准最高为武汉市300元/月[1]，最低为青海黄南州30元/月；对于80~90岁老人补贴标准最高为天津西青区300元/月，最低为云南昭通市10元/月；对于90~99岁老人补贴标准最高为天津西青区400元/月，最低为云南昭通市10元/月；对100岁以上老人补贴标准最高为天津西青区1000元/月，其次为西藏800元/月，而最低为广东揭阳市仅为50元/月（如表3-5所示）。可见，在高龄津贴方面地区差异性较大，即便是在广东一个省份内也出现全国内的最高和最低值，如佛山市和揭阳市。

表3-5　　　　　　　全国各地区老龄津贴月标准

| 年龄 | 60~69岁 | 70~79岁 | 80~89岁 | 90~99岁 | 100以上 |
|---|---|---|---|---|---|
| 最高补贴（元） | 300 | 300 | 300 | 400 | 1000 |
| 最低补贴（元） | 40 | 30 | 10 | 10 | 50 |
| 最高与最低比值 | 8.5 | 10 | 30 | 40 | 20 |

资料来源：《民政部关于建立高龄津（补）贴制度先行地区的通报》（民函〔2010〕111号）。

## 3. 统筹层次

从统筹层次上看，当前高龄津贴制度主要为省级统筹和地市级统筹。2013年初，民政部宣称将在全国建立统一的高龄津贴制度，并将"出台全国统一的高龄津贴政策"作为2013年的工作规划。但是，据民政部公开资料显示，截至目前，民政部并未出台相关政策，全国统一的高龄津贴制度尚未建立起来。2010年，7个省率先建立了全省统一的高龄津贴制度；2011年底已扩展至14个省；2013年增至18个省；2016年增至26个省；在省级层面尚未建立，但在地市级层面建立80岁以上高龄津（补）贴制度的有21个市。

# 第二节　养老金制度的主要特点

前文较为详细地梳理了我国当前主要养老金制度的历史演变过程及其现

---

[1]　根据武政办〔2008〕119号文件规定，年龄在70周岁以上（含70周岁）一级、二级严重功能性障碍的残疾人，本人或夫妻月人均收入低于上年度本市职工最低工资标准或上年度本区农民年人均纯收入水平的可每年获得3650元的高龄津贴。

状。经过多年的改革与发展，我国已建立起了覆盖各类社会成员的养老金制度，体系结构较为完整。纵观我国养老金制度改革历程，总体可以发现一些明显特点，如制度建设进程快速推进，在较短时间内将更多群体纳入保障范围；但由于缺乏顶层设计，导致养老金制度的功能定位模糊；为适应社会经济发展的需要，养老金制度改革持续进行，但出现多头改革，制度之间协调性不强的问题；我国养老金制度呈现显著的"多轨并行"特征，不同制度覆盖不同社会群体，阶层化效应非常明显；另外，不同养老金项目间的待遇差距悬殊也是学者诟病的主要方面。

## 一、养老金制度的功能定位不明确

世界各国养老金体系的核心目标包括：熨平消费、提供保险、进行收入再分配和扶贫（林重庚，斯宾塞，2011）。需要强调的是，养老金制度的多重功能，并非指单项养老金制度具有以上多种功能，而是指不同养老金制度所具备的功能差异。多支柱养老金体系的构想即体现了这一思想。以世界银行为代表，2005年提出了"五支柱"养老金体系的构想，其中"零支柱"即为非缴费养老金制度，主要提供最低水平的税收资助型养老金，旨在解决普遍的老年贫困问题；"第一支柱"是强制性缴费型基础养老金或公共养老金计划，旨在发挥收入替代和消费平滑功能；"第二支柱"属于个人储蓄账户；"第三支柱"为自愿建立的企业或个人的养老金计划；"第四支柱"为非正规的保障形式，为家庭成员之间或代际之间对老年人在经济或非经济方面的援助。作为本书研究对象的我国基本养老金制度应属于"零支柱"和"第一支柱"范畴，其功能则应定位于减少老年贫困、收入再分配两项核心功能。但是，根据现有养老金政策文件规定，我国养老金制度的功能定位不明确。

在机关事业单位工作人员养老金制度的政策文件中，并未明确定位制度的功能，仅仅提出"对离休、退休的干部，要在政治上、生活上关心他们，及时解决他们的各种实际困难"。1993年颁布实施的《国务院关于机关和事业单位工作人员工资制度改革问题的通知》，将机关事业单位离退休人员的离退休金制度纳入在职工作人员的工资制度之中，离退休人员的离退休金按在职工作人员工资的一定百分比计发，并以在职工作人员工资的增长率相应提高离退休金待遇。可见，当前我国机关事业单位养老金属于一种特殊的工资制度，其特殊性在于给付对象的年龄超过法定退休年龄。正因如此，其实际功能定位不在于减少老年贫困和保障基本生活，而在于保障机关事业单位退休人员不至于因退休而导致收入中断，保证与在职工作人员同等的生活水平。与机关事业单位养老金政策一样，1991～2005年间的企业职工养老保险政策中同样未明确制度的功能定位，仅简要地总结性地指出"对保障企业离退休人员基本生活，维护社会稳定和促进经济发展发挥了重要作用"。尽管早在1991年的"33号文"中已明确提出建立三层次的养老金体系的构想，但遗憾的是，没有对各层次的功能定位予以明确。城乡居民养老保险制度首次提出制度目标在于"逐步解决老有所养问题"，充分发挥"社会保障对保障人民基本生活、调节社会收入分配、促进城乡经济社会协调发展"的功能。与城乡居民养老保险制度类似，《关于转发宁夏建立高龄老人津贴制度有关政策的通知》中将高龄津贴制度的功能定位为"保障高龄老年人的基本生活"，实现"老有所养"目标。

因此，综合四项养老金政策文本，可以发现，我国养老金制度的功能定位具有以下明显特征：

（1）功能定位缺失，主要表现为机关事业单位和企业职工养老金政策中没有对两项制度进行功能定位。

（2）功能定位含混不清，表现为城乡居民养老金与高龄津贴政策中"老有所养老"目标缺乏进一步明晰化。

（3）不同项目间功能定位混乱，表现为以解决老年贫困为目标的高龄津贴的功能定位与企业职工养老金、城乡居民养老金相同，同为保障老年人基本生活，实现"老有所养"目标；而本应同属基本养老保险层次的机关事业单位养老金、企业职工养老金、城乡居民养老金功能定位却呈现显著差异，前者实质上属于一种工资制度，定位于保障退休人员与在职人员相同的生活水准，而后两者则为保障基本生活。

## 二、养老金制度改革缺乏协调性

人们常常说各项政策改革与措施应该保持协调性，这种协调性不仅表现为横向性，而且还表现为纵向和不同时期性（赵人伟，2002）。但我国养老金制度改革属于"环境驱动型"（吴连霞，2012），即养老金制度框架及参数的修正都是在遇到外部环境需要的情形下被迫进行的，造成我国养老金制度同时呈现横向失调和纵向失调双重特征。

### 1. 横向失调

横向失调表现为不同养老金制度改革理念、思路、进度和效果等问题存在显著差异。理性经济人假设认为，持有分配权的人在信息不对称和外部监督缺失的条件下，倾向于选择最有利于自己的分配方案。养老金制度作为一项重要的收入再分配政策，掌握核心话语权的机关单位工作人员就存在制定有利于自己的养老金方案的动机。我国养老金制度建设与改革的路径强有力地证明了这一点。

（1）理论上，话语权越大的群体，养老金制度建立时间越早，即养老金制度是依据不同群体分配权大小由大至小逐步建立的。1950 年，政务院就发布的《关于退休员人处理办法的通知》，确认并延续了机关、铁路、海关、邮局等单位人员的养老金制度，这些单位属于机关事业单位范畴。1951 年，《劳动保险条例》为国有企业职工建立了养老金制度。机关事业单位与企业养老金几乎同时建立，在当时是有特殊的历史条件，即当时工人阶级和无产阶级是党的代表，企业职工作为工人阶级的主体，享有较高的政治地位和话语权。与此相对应的是，没有话语权的农民群体则长期被忽视，直到 20 世纪 90 年代开始研究养老金方案，而城镇未就业群体（主要是妇女、老年人、残疾人等弱势群体）的养老金制度在 2011 年才开始试点。

（2）理论上，话语权越大的群体，养老金制度越稳固，即养老金制度改革是按照话语权的大小由小到大逐步推进的。20 世纪 80 年代，为配合国企改制，企业职工养老保险制度成为养老金制度改革的突破口，如前文所梳理的，从 20 世纪 80 年代中期开始，我国企业职工养老保险制度一直处于改革之中，经历了几次重大的制度转轨（如由单位保障向社会保障转轨，由现收现付制向部分积累制转轨）。与其他养老金制度相比，企业职工养老金制度是改革时间最早、改革次数最多、改革程度最深的制度，甚至可以说，我国 20 世纪 80 年代以来的养老金制度改革就是指企业职工养老金制度的改革。其背后的原因在于企业职工的话语权不足。相比较而言，改革开放以来，机关事业单位养老金制度处于"稳固"状态。2008 年以后，机关单位与事业单位的改革出现分离现象，突显了两者之间话语权的差异。2008 年，国家启动事业单位养老金制度改革试点，而机关单位则保持原有制度不变，表明与事业单位相比，机关单位享有更多的话语权，其养老金权益"不容侵犯"。

### 2. 纵向失调

纵向失调表现为同一养老金制度在不同时期的改革理念、制度模式、政策目标不一致。以企业职工养老保险制度为例，改革开放以前，养老保险完全由单位和国家包办，承担完全责任，职工个人不缴费，并享受高额养老金待遇，养老金差距较小，公平性较强；改革开放以后，养老保险社会化，强调个人责任，即使由转制产生的成本也由企业和个人缴费消化，政府则退出责任范围，2005年的"38号文"改革的养老金计发办法，突出强调效率，而弱化了再分配功能。相反，农村养老金制度则呈现从重视效率到强调公平的断裂。1992年的《县级农村社会养老保险基本方案（试行）》强调个人责任，以参保者缴费为主，多数地方的村集体经济和政府财政没有投入，使得农民参保的积极性不高，制度难以持续。2009年实施的"新农保"制度最大的亮点就是政府财政补贴到位（丁煜，2011），并且明确了中央与地方各级政府的财政补贴责任。也正因如此，即使在自愿参保的前提下，各试点地区的参保率基本达到85%以上。截至2016年年底，全国参加"新农保"和"城居保"的总人数达到5.08亿人，按月领取养老金待遇的城乡老年居民1.53亿人。

### 3. 失调的原因

养老金制度改革的失调性与我国采取渐近式改革方式分不开，遵循"试点—总结—推广"的改革逻辑，这与我国基本国情密切相关。一是制度的设计能力不足，即在市场经济改革中，遇到的都是新问题，世界范围内没有放之四海而皆准的养老金改革方案，因此政府也不断探索寻找符合我国国情的养老金制度；二是养老金制度作为一项事关国计民生的重要制度安排，一旦定型定性，对整个国家的社会、经济，乃至政治，将产生重要影响，在缺乏长远的预期能力制约下，必然要保持高度谨慎的态度。随着我国对市场经济体制认识的逐步成熟，以及改革开放40年的经验积累，养老金制度所扮演的角色与未来发展路径也得到学界和政界的充分讨论，未来养老金制度改革应增强其协调性。

## 三、养老金制度碎片化导致阶层分化

有学者认为，中国社会保障制度的改革历程是一个制度多重分割、不断碎片化的过程（如郑秉文，2009）。由于社会保障制度缺乏顶层设计，一直处于未定型、未定性的改革状态，为适应社会发展的需要，满足参保群体的意愿和要求，包括中央政府在内的各级政府纷纷采用灵活的变通措施，针对不同群体单独建立或改革社会保障项目，于是逐渐呈现出一个碎片化社会保障体系。养老金制度亦是如此，除机关事业单位、城镇企业职工和农村等几个大碎片之外，各种小碎片制度犹如雨后春笋，遍地开花，形成了城市与农村分割、私人部门与公共部门分立的多种养老金制度并存局面。

"多轨制"养老金制度本身并不是问题，而问题的实质在于其衍生了两个直接后果：一是导致阶层分化；二是引发"福利竞赛"。前者体现为三个方面：第一，由于养老金缴费与计发办法不一致，机关事业单位退休制度与城镇企业职工养老保险制度并行，使得同样有雇主的但具有不同身份的相关群体在缴费义务和享受待遇上的差距拉大。第二，城乡居民养老保险制度的保障对象为其他养老保险"撇奶油"后留下的老弱群体，政府补贴标准较低，个人账户积累水平有限，导致制度的共济能力十分薄弱，尚不足以预防老年贫困的发生。第三，在城市非正规部门就业的农村民工群体，由于其身份的双重性（农村户籍与城市就业），往往难以满足任何一项养老金制度参保标准，从而失去制度化的保障。意味着这部分群体步入老年后无法获得任何养老保险待遇。

第二个后果较少受到学者和社会的关注，但"多轨制"引发的"福利竞赛"趋势逐渐显现。由于福利刚性和人的比较心理，养老金待遇差距必然引发福利攀比问题。近年来，从企业退休的军队转业干部相互联络，以同期进入机关和事业单位的军队转业者为参照，要求政府补贴养老金差额。这种利益诉求在各地相继得以满足，结果对不同群体之间的福利竞赛产生了直接的示范效应（中国社会科学院经济研究所社会保障课题组，2013）。为了缩小与机关事业单位养老金待遇的差距，从 2005 年开始实施的企业职工基础养老金的"调待"机制，至今已连续 13 年按 5.5% ~10% 的标准提高退休人员养老金待遇，全国平均养老金月标准由 2005 年的 719 元增长至 2016 年的 2362 元以上。而 1998 ~2005 年实施"调待"之前，这一水平由 413 元增加到 719 元，年均增长 8.2%。此外，城乡居民养老保险基础养老金最低标准为 70 元/月，与机关事业单位、企业职工养老金待遇差距悬殊，也逐渐引发学者和社会对提高城乡居民基础养老金待遇的呼吁。

但是，党的十七大以来，我国养老金制度改革内在地隐含着从碎片化到制度整合路径，从身份化到去身份化已成为我国养老金制度改革的一根主线（高和荣，夏会琴，2013）。例如，2014 年，国务院下发的"8 号文"，决定将"新农保"和"城居保"两项制度合并实施，在全国范围内建立统一的城乡居民基本养老保险，为养老金制度去户籍化整合迈出了非常重要的一步。同年，人力资源和社会保障部和财政部发布了《城乡居民养老保险制度衔接暂行办法》（人社部发［2014］17 号），为城镇职工基本养老保险与城乡居民基本养老保险制度搭建了一座桥梁，为未来整合奠定基础。此外，2008 年启动的事业单位养老金制度改革因"与机关单位分离产生新的制度分割"而受到质疑，而机关事业单位养老金统一改革，并与企业职工并轨要求越来越强烈，并引起政府的重视。2014 年 12 月 23 日，国务院副总理马凯代表国务院向全国人大作关于统筹推进城乡社会保障体系建设工作情况的报告。报告提出，机关事业单位养老金制度改革的基本思路是"一个统一，五个同步"。所谓"一个统一"，即党政机关、事业单位建立与企业相同的基本养老保险制度，从制度和机制上化解"双轨制"。

# 第四章

养老金不平等测量及影响因素分析

　　人们关注收入不平等通常基于以下两个原因：一个原因是内在的，即人们关注不平等本身，把消除不平等作为人类追求的一个目标；另一个原因是外在的，即研究不平等的目的在于研究它对整个经济运行的作用方式以及社会稳定的影响（德布拉吉·瑞，2002）。从研究内容来看，收入分配研究包括两个主要领域：一是收入不平等的测量，目的在于描述收入分配差距以及相关社会政策（如税收政策、社会保障政策等）对收入差距的影响，这一领域以定量及实证研究为主；二是对收入分配公平性评判，目的在于评价收入分配是否位于合理区间，收入分配政策的合理性。由于公平性判断需要以一定价值观为基础，因此它属于规范研究范畴，这一领域发展出众多基础理论，如功利主义和福利主义的公平理论、自由主义的公平理论和罗尔斯的公平理论等（阿马蒂亚·森，2006）。无论在广义上属于收入分配范畴，还是在狭义上属于再分配政策，养老金制度通过收与支的双向"运动"，对个人及社会的收入分配都产生重要的调节作用，是收入分配政策的重要组成部分。

　　一般来说，收入不平等包括纵向不平等和横向不平等两个维度，纵向不平等是指微观个体与个体之间的收入差距，横向不平等是指不同群组之间的收入差距（李实，赵人伟，2013），如城乡、地区、民族之间等。相关文献已涉及了非常丰富的不平等测量技术，如计算较为简单的极差、分位数、平均离差、方差、对数标准差、相对平均离差、变异系数等，计算较为复杂的基尼系数、Mehran 指数、Piesch 指数、Kakwani 指数等不一而足。但是，以上指标主要用于测量纵向不平等水平，即个人与个人之间的收入不平等，而群组之间的收入差距研究较少，是收入分配研究中一个被忽略的维度（Stewart，2002）。然而，在我国养老金体系中，鉴于我国制度分割的严重性，基于制度划分的养老金水平的横向不平等问题更为突出。据郑秉文（2013）统计，2012 年全国城镇职工年人均基本养老金为 2.09 万元，新型农村养老保险年人均养老金标准仅为859.15 元。虽然没有近年机关事业单位养老金待遇的详细数据，但据学者估计，机关事业单位是企业职工养老金待遇的 2~3 倍（郑金灿，2014）。由此可以估算，机关事业单位职工、企业职工、城乡居民三种养老金待遇水平之比约为 60∶25∶1。此外，性别之间、城乡之间、地区之间的养老金待遇水平差距也是争论激烈的重要方面。因此，在我国养老金不平等分析中，基于特定维度的横向不平等分析显得尤其重要，应该与纵向不平等分析相结合，以期更全面把握我国养老金不平等状况及其特征，这既是本章所要达成的主要目标，也是后文关于养老金减贫和收入差距调节等再分配效应的基本前提。本章拟通过分别构建纵向不平等与横向不平等测量指标，借助由北京大学社会科学调查中心主持的中国健康与养老追踪调查（以下简称"CHARLS"）2011 年全国基线调查数据库，对我国养老金的不平等状况进行客观和全面的实证评估。

# 第一节　数据来源及样本分布

本章的数据来自 CHARLS 项目 2011 年的全国基线调查数据，该调查的对象为 45 岁及以上中老年群体，调查范围涉及全国 28 个省 150 个县区的 450 个村/居，共收集到 10257 户的 17708 份问卷信息。养老保障是该项调查的核心主题之一，其内容涵盖了当前我国各类养老金类别及待遇水平，能够满足本章研究主题的需要；而且该调查范围广、样本量大和问卷质量高的特点保证了本研究结论的可靠性，能够全面反映我国养老金的基本状况。

首先需要对退休人员进行界定。我国关于法定退休年龄的政策规定较为复杂，1999 年，原劳动和社会保障部发布的《关于制止和纠正违反国家规定办理企业职工提前退休有关问题的通知》（劳社部发〔1999〕8 号）重申了我国企业人员的法定退休年龄：男年满 60 周岁，女工人年满 50 周岁，女干部年满 55 周岁；从事井下、高空、高温、特别繁重体力劳动或其他有害身体健康工作的，退休年龄为男年满 55 周岁，女年满 45 周岁；因病或非因工致残，由医院证明并经劳动鉴定委员会确认完全丧失劳动能力的，退休年龄男年满 50 周岁，女年满 45 周岁。机关事业单位工作人员参照国务院 1978 年颁布的《关于工人退休、退职的暂行办法》（国发〔1978〕104 号），男年满 60 周岁，女年满 55 周岁应办理退休手续。但是，在广大农村，缺乏相关退休政策依据，鉴于 1992 年民政部出台的《县级农村社会养老保险基本方案（试行）》及 2009 年国务院发布的《关于开展新型农村社会养老保险试点的指导意见》（国发〔2009〕32 号）等相关政策规定，农村居民领取养老金的最低资格年龄为 60 周岁（男女相同）。根据以上规定，结合问卷信息，本章对"应办理退休人员"作以下处理。户籍为农村且年满 60 周岁者视为退休。户籍为城镇的分为以下几种情况：一是所有男年满 60 周岁视为退休；二是职业类型为机关事业单位中女性年满 55 周岁，企业中女性年满 50 周岁视为退休；三是男 50～60 周岁者，女 45～55 周岁者，根据其是否办理退休、退职手续来判断是否为退休人员；四是男 50 周岁以下者，女 45 周岁以下者皆排除在应办理退休人员之列。根据以上标准处理后的应退休老人样本量为 8368 个，样本的基本情况如表 4 - 1 所示。

**表 4 - 1　　　　　　　　样本分布结构（N = 8368）**

| 变量名 | | 频数（人） | 频率（%） |
|---|---|---|---|
| 性别 | 男 | 3984 | 47.4 |
| | 女 | 4379 | 52.4 |
| 户籍 | 农村 | 5776 | 69.1 |
| | 城镇 | 2584 | 30.9 |
| 地区 | 东部 | 2776 | 33.2 |
| | 中部 | 2819 | 33.7 |
| | 西部 | 2773 | 33.1 |
| 退休类型 | 正常退休 | 1586 | 79.2 |
| | 提前退休 | 289 | 14.4 |
| | 先内退再退休 | 127 | 6.3 |
| 养老金类型 | 机关事业单位养老金 | 574 | 15.4 |
| | 企业职工养老金 | 1421 | 38.1 |
| | 城乡居民养老金 | 1735 | 46.5 |

注："退休类型"项根据已填写的样本统计，缺失值较多；"养老金类型"项只包括已领取养老金的老人，共 3730 个样本。

由表 4 - 1 可知，性别比较均衡，女性稍多于男性，可能是由于女性寿命比男性偏高的原因；户籍类型中农村户籍人口为 5776 人，占比为 69.1%，农村户籍老人数为城镇老人的 2 倍还多，但实际领取养老金的农村户籍老人占比仅为 48.7%，两者之间的巨大反差表明农村养老金覆盖面远低于城镇。地区间的样本量较为均衡，各占 1/3。在退休类型中，如果按窄口径计算（即办理退休手续人口中提前退休和内退者占比），提前退休和先内退再退休两类群体占比达到 20.7%，即五个退休老年人中就有一个是提前退休或内退；如果按照宽口径统计（即将农村居民全部归为正常退休范围），提前退休和先内退再退休两类群体占比也高达 11.2%，表明我国提前退休和内退问题相当严重[①]。领取养老金的老年人中，城乡居民养老保险覆盖人口最多，已超过城镇企业职工养老金领取人数，是未来我国养老保险扩面的重要力量。

在本次的调查问卷中，养老金类型划分较为详细，具体包括机关事业单位和企业职工养老保险、农村养老保险（旧农保）、城镇居民养老保险、城乡居民养老保险、新型农村养老保险、企业年金、高龄津贴、商业养老保险

---

① 郑秉文（2011）认为，我国每年非正常退休（包括提前退休和其他原因退休）所占比高达 10% ~20%；另根据郑功成（2007）估算，我国实际平均退休年龄仅为 52 岁，提前退休问题比较严重。

等类别。结合本书的研究目的和相关政策,将农村养老保险、城镇居民养老保险、新型农村养老保险和城乡居民养老保险统一合并称为城乡居民养老保险。另外,由于本研究以社会养老金为研究对象,具体包括机关事业单位养老金、企业职工养老金和城乡居民养老金三类,由于高龄津贴与社会养老金可重复享受,直接汇总在三项养老金基础上,不再单独成一类,而企业年金、商业养老保险等其他养老金不属于社会养老金,且有效值较少,因此未纳入本书的分析范围,再剔除养老金数据缺失值样本,三项社会养老金有效样本数为 3730 个。

# 第二节　养老金不平等测量

按照前文确立的分析框架,本书将养老金不平等分解为纵向不平等和横向不平等两个维度,本章将分别从这两个维度对我国养老金的不平等状况进行分析。

## 一、养老金的纵向不平等

### 1. 纵向不平等的测量方法

现有关于收入分配的实证研究中主要是基于个体之间的收入分配差距研究,即纵向再分配。在无数可能的关于个人收入分布平等和不平等的测量方法中,被西欧和美国广泛使用的指标已经由鲍曼对比和总结过了(马丁·布朗芬布伦纳,2009)。但是在某一项研究中,学者不可能运用所有方法来测量,而是互补地使用这些指数,因为每种测量方法都有其优劣之处。如离差系数(变异系数)是测量收入分配差距的重要指数,尽管这一指数有下限(下限值为0),但没有确定的上限,且它没有考虑收入分配的偏斜度,容易受到极端值的影响。本章拟选取几个常用的纵向分配不平等测量方法来评估,包括极差、分位数、相对平均离差、方差及标准差、变异系数及对数标准差、洛伦兹曲线及基尼系数等。由于这些指标较为常见,计算公式也相对较为简单,这里就不再赘述。

### 2. 纵向不平等的实证结果

表 4-2 为我国养老金纵向不平等的总体状况,整体上我国养老金不平等

程度较高，养老金最低标准为 10 元/月，最高为 8000 元/月，后者是前者的800 倍。虽然极差和极值比只反映养老金两个极端之间的差距，容易受到极端值的影响，忽略了处于中间的分布情况，但比较直接地描述了养老金不平等的最大变动幅度。除了表 4-2 中左侧的指标，表右侧五个不平等指标也反映出我国养老金纵向不平等的严重性。标准差大于均值，表明养老金离散性较大；相对平均离差、变异系数、对数标准等都接近 1 或大于 1，表明我国养老金不平等达到较高水平。如果考虑到养老金覆盖率，老年养老金收入不平等问题将更严重。表 4-1 数据显示，2011 年 CHARLS 调查中，已达法定退休年龄的老人为 8368 人，实际已领取养老金的老人为 3730 人，养老金覆盖率为 44.57%，意味着一半以上老人没有任何社会养老金。

表 4-2 我国养老金纵向不平等状况

| 不平等指标 | 指标值 | 不平等指标 | 指标值 |
| --- | --- | --- | --- |
| 最小值（元/月） | 10.00 | 相对平均离差 | 0.86 |
| 最大值（元/月） | 8000.00 | 方差 | $1.07 \times 10^6$ |
| 极差（元/月） | 7990.00 | 标准差 | 1034.73 |
| 极值比（倍） | 800.00 | 变异系数 | 1.07 |
| 平均值（元/月） | 965.56 | 对数标准差 | 1.83 |

进一步地，表 4-3 为十等分组养老金占比和均值，养老金收入由低至高平均分为十个组别，前五组人均养老金收入低于总体平均值，不到平均养老金水平的一半，后五组则全部高于平均养老金水平。其中，前四组的养老金水平非常低，月均标准低于 100 元，各组养老金总额占所有养老金总额之比低于 1%；第五组相比前四组较高，达到 449.89 元/月，但占比也低于10%。前五组养老金之和占养老金总额的 7.32%，意味着一半老人所获得的养老金不足全部养老金的 1/10。第六~第十组的老人所领取的养老金水平较高，全部高于 1000 元/月，养老金占比超过 10%。其中，第九组和第十组的养老金水平最高，其养老金占比超过 50%，意味着最高 20% 的老人获得全社会一半以上的养老金资源，表明我国养老金分配达到非常不平等的程度。

表 4-3 十等分组养老金水平及其占比

| 组别 | 均值（元/月） | 占比（%） |
| --- | --- | --- |
| 第一组 | 52.86 | 0.55 |
| 第二组 | 56.79 | 0.59 |
| 第三组 | 60.08 | 0.62 |
| 第四组 | 87.56 | 0.91 |

| 组别 | 均值（元/月） | 占比（%） |
|------|------|------|
| 第五组 | 449.89 | 4.66 |
| 第六组 | 1028.91 | 10.66 |
| 第七组 | 1269.98 | 13.15 |
| 第八组 | 1527.84 | 15.82 |
| 第九组 | 1951.81 | 20.21 |
| 第十组 | 3170.53 | 32.84 |
| 总体 | 956.56 | 100.00 |

根据表 4-3 的十等分组养老金占比数据，可以刻画出养老金分配的洛伦兹曲线，以更直观地反映养老金分配的不平等程度。如图 4-1 所示，横轴 OX 为人口累积百分比，纵轴 OY 为从低至高排序后所对应人口的养老金收入的累积百分比，对角直线 OL 为养老金分配绝对平均线，直线上的点为每一等分组的养老金水平完全相等，折线 OXL 为养老金分配绝对不平均线，即全部养老金由最高收入组占有，曲线 OL 为实际养老金分配曲线，即洛伦兹曲线。一般而言，实际的洛伦兹曲线位于绝对平均线与绝对不平均线之间，洛伦兹曲线越靠近绝对平均线（直线 OL），表明养老金收入分配越倾向均等化，反之则越不平等。由图 4-1 可以发现，人口累积百分比低于 0.4 时，曲线 OL 相当平缓，离绝对平均线最远，表明养老金最低 40% 的人口的养老金水平非常低，而且内部差别不大；0.4 和 0.5 是两个明显的转折点，人口累积百分比在 0.4~0.5 之间时，养老金累积百分比有较明显提高，但

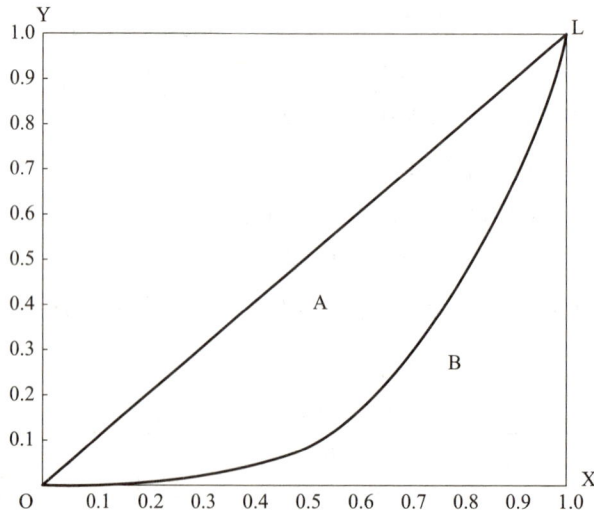

图 4-1 养老金不平等的洛伦兹曲线

低于 0.5 以后的增长速度；人口累积百分比在 0.5 以后，曲线 OL 十分陡峭，对应的 OY 值迅速爬升，表明养老金水平较高的 50% 人口获得更多养老金收入。

根据洛伦兹曲线计算的基尼系数是经济学家测量收入不平等水平的最常用的指标之一。与其他指标相比，基尼系数综合考虑了所有个体的收入水平，对所有个体的收入变动具有较强的敏感性；与洛伦兹曲线相比，基尼系数以具体数字表现出来，具有较强的精确性和可比较性，克服了两条洛伦兹曲线交叉时无法比较的缺点。根据基尼系数的计算方法，我国养老金收入分配的基尼系数为图 4 - 1 中 A 部分的面积与（A + B）部分面积之比，即 G = A/（A + B）。据此计算的我国养老金收入分配的基尼系数为 0.563，由于养老金是退休老人最主要的收入来源，甚至是唯一收入来源，如果考虑当前养老金只有 44.57% 的覆盖率①，养老金纵向分配不平等水平将更高。按照联合国相关组织的规定，养老金收入差距已远超国际警戒线，达到收入差距悬殊程度，这一基尼系数也超过我国当前社会总体收入差距。据国家统计局发布的数据显示，2013 年我国居民收入基尼系数为 0.473。但是，居民收入基尼系数是在计入社会保障等二次再分配收入之后的收入差距指标，初次再分配的基尼系数是高于养老金的基尼系数，还是低于养老金的基尼系数？换句话说，当前我国居民收入基尼系数水平是受养老金的正向调节还是逆向调节的结果呢？仅从两个数据上是无法得出结论的，需要进一步分析，本书将在第六章展开详细讨论。

## 二、养老金的横向不平等

### 1. 横向不平等的测量方法

纵向收入不平等方法以单个个体为分析对象，其潜在假设是各个个体之间是相互独立的。但现实生活中很难满足这一前提条件，每个各体可能都归属为不同群组（如地域、国家、省市等群组）。例如，在分析全世界范围内的收入不平等时就不能忽略国家这个重要群组而将个人视为完全独立的个体。因此，收入不平等分析中，横向不平等受到越来越多学者的关注。例如，贾亚拉和苏

①　这里的养老金覆盖率是根据实际领取金人数占达到法定退休年龄人数之比，即 44.57 = 3730/8368 × 100%。

布拉马尼安（Jayaraj & Subramanian，2006）发展出了收入分配不平等的相对劣势指数（即特定组养老金相对劣势指数 $d_j{}^1$ 和 $d_j{}^2$）来测量世界范围各地区的收入不平等状况。在本章的横向不平等测量中，则采用泰尔指数。原因在于，泰尔指数属于熵指数家庭的一员，与基尼系数等其他收入不平等测量方法不同，熵指数最大的特点在于能够将收入不平等分解为组间（between group）不平等和组内（within group）不平等两部分（Shorrocks，1980），如表达式 4 – 1所示。

$$T_{total} = T_{between} + T_{within} \qquad (4 - 1)$$

公式（4 – 1）中，$T_{total}$ 表示养老金不平等总指数，取值范围为 [0，1]，取值越大，表示养老金水平差异越大。当 $T_{total}$ 取值为 0 时，表示各组及组内个体之间养老金水平完全相等，不存在养老金不平等状况；当 $T_{total}$ 取值为 1 时表示养老金极端不平等，最高组中 1% 的人获得全部养老金，而其他老年人养老金为 0。$T_{between}$ 表示组间不平等指数，即 $k$ 组间养老金差距；$T_{within}$ 表示组内不平等指数，即第 $j$ 组内部个体养老金不平等状况。这里的 $k$ 即为根据一定标准划分的横向群组数量。

此外，泰尔指数还可以判断组内不平等与组间不平等对总体不平等的贡献大小。

$$1 = \frac{T_{between}}{T_{total}} + \sum_{j=1}^{m} \varphi_j \frac{T_j}{T_{total}} \qquad (4 - 2)$$

其中，$\dfrac{T_{between}}{T_{total}}$ 为不同养老金类型之间（组间）对总体不平等的贡献度，$\varphi_j$ 表示第 $j$ 组人口的养老金总收入占所有人口养老金总收入的百分比，$T_j$ 表示第 $j$ 组的泰尔指数，$\varphi_j \dfrac{T_j}{T_{total}}$ 为第 $j$ 组内部（组内）不平等对总体不平等的贡献度，并且有组间贡献度与组内贡献度之和为 1。如果 $\dfrac{T_{between}}{T_{total}}$ 越大，表示不同养老金类型之间的待遇差距越悬殊，对总体不平等的影响作用越大；反之，$\varphi_j \dfrac{T_j}{T_{total}}$ 越大，表明单组养老金内部待遇差距越明显。

2. 横向不平等的实证结果

本章将采用泰尔指数，从性别、户籍、地区、养老金类型四个维度测量我国养老金不平等状况。图 4 – 2 是 2011 年 CHARLS 数据库直观反映的我国分性别、户籍、地区、养老金类型的人口累积占比与养老金累积占比对比情况。由图4-2可知，四个维度的各组人口占比与养老金占比都存在不平等问题，差别仅在于不平等程度。如性别维度，男性养老金占比高于人口占比，女性则相反，表明男性在养老金收入分配中处于优势，而女性则处于劣势；同理，城镇户籍老人比农村户籍老人在养老金分配中处于更加优势地位，两组之间差别悬殊。从人口占比与养老金收入占比的不平等程度来看，性别、地区间直线越为平缓，表明不平等程度较小；而户籍、养老金类型之间的直线较为陡峭，表明这两个维度之间的横向不平等较为严重。

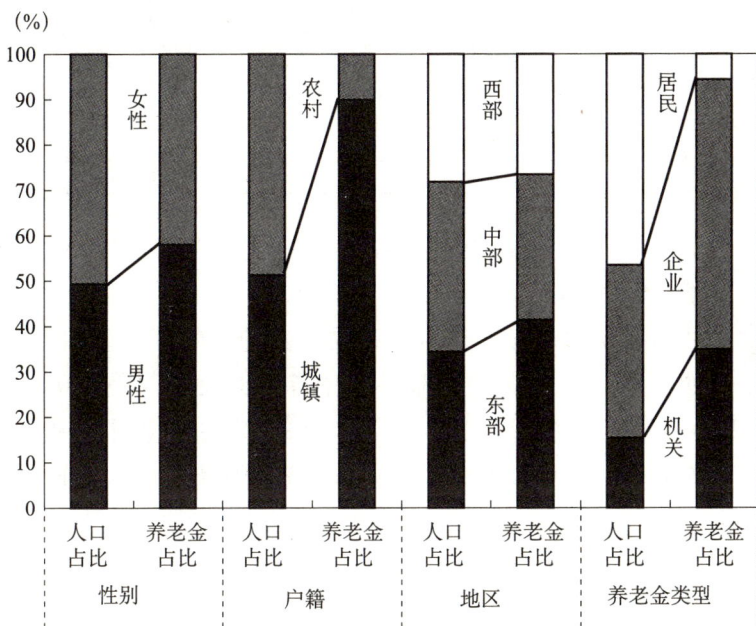

**图4-2　分性别、户籍、地区、养老金类型的人口占比与养老金占比**

表4-4为分性别、户籍、地区、养老金类型的泰尔指数及其贡献度。组内不平等与组间不平等相加可计算出我国养老金的总体不平等为0.5599[①]，反映出我国养老金不平等问题的严重性，与纵向不平等计算的基尼系数（0.563）基本一致。通过泰尔指数的分解技术可以发现，男性、城镇户籍老人、东部地区居民、机关事业单位退休老人、城镇企业退休职工在养老金分配中处于较优势地位，且性别之间、地区之间的不平等差异较小，而户籍之间、

---

① 其中性别和户籍间分别为0.5597和0.5603，与0.5599有细微差别，原因在于性别维度有一个缺失值，样本量为3729，城乡户籍维度有2缺失值，样本量为3728。

养老金类型之间的差异十分显著。

表4-4  分性别、户籍、地区、养老金类型的泰尔指数及贡献度

| 分类 | | | 泰尔指数（T） | 贡献度（%） |
|---|---|---|---|---|
| 性别 | 组内 | 男性 | 0.3070 | 54.85 |
| | | 女性 | 0.2376 | 42.44 |
| | 组间 | | 0.0152 | 2.71 |
| 户籍 | 组内 | 农村 | 0.0915 | 16.32 |
| | | 城镇 | 0.1219 | 21.75 |
| | 组间 | | 0.3470 | 61.92 |
| 地区 | 组内 | 东部 | 0.2164 | 38.64 |
| | | 中部 | 0.1766 | 31.55 |
| | | 西部 | 0.1558 | 27.83 |
| | 组间 | | 0.0111 | 1.98 |
| 养老金类型 | 组内 | 机关事业单位 | 0.0438 | 7.81 |
| | | 企业 | 0.0547 | 9.78 |
| | | 城乡居民 | 0.0291 | 5.19 |
| | 组间 | | 0.4323 | 77.21 |

从性别差异来看，性别间的差异较小，组间泰尔指数仅为0.0152，对总指数的贡献度为2.71%。与组间不平等相比，组内不平等十分显著，其中，男性内部不平等指数为0.3070，对总指数的贡献度为54.85%，占到总体不平等的一半以上，女性内部不平等指数也较高，达到0.2376，贡献度为42.44%，两者合计占总体不平等的97.29%。意味着从性别角度来看，当前养老金的不平等主要是由性别内部造成的，性别间的不平等水平较低。

在城乡户籍方面，城乡之间的泰尔不平等指数为0.3470，对总体不平等的贡献度为61.92%，表明城乡之间养老金待遇差距十分显著，农村居民养老金水平普遍较低，而城镇居民养老金水平则相对较高。同时，在城乡内部，养老金不平等指数也达到0.2134，对总体不平等的贡献度为38.08%，虽然略低于城乡之间的差距，但不平等水平不容忽视。从城乡内部分解情况来看，养老金不平等主要是由于城镇内部的不平等引起的，对总体不平等贡献度为21.75%；农村内部差距相对较小，泰尔指数仅为0.0915。表明农村居民养老金水平普遍较低，而城镇内部养老金待遇差距较大，差距的原因需要进一步研究和探讨。

在地区方面，地区间不平等仅为0.0111，对总体不平等的贡献度为1.98%，表明我国地区间养老金水平差异非常小。相反，东部、中部、西部内部差异较大，其中，东部养老金水平差异最大，泰尔指数达到

0.2164，对总体不平等的贡献度为38.64%，其次为中部地区，西部地区差异最小。

在不同养老金类型方面，组间不平等为0.4323，对总体不平等的贡献度达到77.21%，超过城乡不平等的61.92%，表明不同养老金类型间的不平等是引致我国养老金不平等问题的重要原因。相反，组内不平等水平较低，泰尔指数都低于0.1，贡献度低于10%。在三项养老金类型中，城镇企业职工内部的养老金差异最大，机关事业单位养老金和城乡居民养老金内部差距较小。机关事业单位养老金、企业职工养老金和城乡居民养老金的标准分别为2191.29元/月、1507.15元/月、116.47元/月，表明机关事业单位养老金水平整体较高，且内部差别较小，企业职工养老金居于中等水平，但内部差异较大，而城乡居民养老金水平整体较低，内部差别较小。因此，我国养老金水平的群体性特征十分明显。

但是值得注意的是，前文不平等测量是基于所有已领取养老金的老年人，未参保而养老金缺失（即养老金待遇为0）的老年人未纳入分析。如果将养老金覆盖率这一要素纳入不平等分析，将进一步凸显我国养老金现有的性别、地区、城乡、制度类型之间的不平等状况。表4-5为不同维度下养老金覆盖率统计情况，养老金水平相对较高的男性、城镇户籍老人、东部老人，其覆盖率也相对较高，尤其是城乡之间、地区之间，受养老金待遇水平与覆盖率的双重因素的影响，养老金不平等差距进一步扩大。虽然无法直接确定未领取养老金的老人属于哪一种养老金类型，故无法计算出不同制度类型下的养老金覆盖率。但基本可以推断，机关事业单位覆盖率最高，其次为城镇企业职工，城乡居民最低。由此可得，不同类型间的养老金分配中，机关事业单位职工"一枝独秀"，城乡居民则处于绝对弱势地位。

**表4-5　　　　分性别、城乡、地区、养老金类型的养老金覆盖率**

| 分类 | | 覆盖率（%） |
| --- | --- | --- |
| 性别 | 男性 | 47.97 |
| | 女性 | 43.66 |
| 城乡 | 城镇 | 70.24 |
| | 农村 | 33.12 |
| 地区 | 东部 | 46.29 |
| | 中部 | 49.45 |
| | 西部 | 37.90 |

# 第三节　养老金不平等的影响因素分析

## 一、变量选择

前文养老金不平等测量结果表明，我国养老金在性别、地区、户籍和养老金制度类型等方面存在严重的不平等，尤其是在户籍类型与养老金类型两方面。而户籍类型与养老金类型是相互嵌入和交叉的，从我国养老金制度格局来看，很明显被分割为机关事业单位养老金、城镇企业职工养老金以及城乡居民养老金三大体系，而一个人应该纳入哪个养老金制度范围，主要是以户籍、单位性质两个要素作为衡量标准。由于制度分割且各自独立运行，不同养老金制度类型下的缴费体制、运行机制和待遇计发办法存在根本性差异，因此养老金水平的影响因素也必然不同。除了以上较为明显的群组之间的养老金不平等差异外，还有哪些重要因素对我国养老金不平等产生重要影响呢？在养老金不平等的影响因素分析中，为控制以上四个维度的差异，本书将性别、地区、养老金类型、户籍等作为控制变量纳入回归模型，以探讨其他重要影响因素。

养老金待遇水平是社会、经济、政治、文化等因素综合作用的结果，其影响因素必然错综复杂，全面或毫无缺漏地找出养老金水平的影响因素是不可能的。基于我国养老金政策文本，本书主要从劳动者个体角度选取若干重要变量，分析除制度本身外，个人的职业生涯中哪个因素会影响其退休后的养老金水平。具体包括：

（1）年龄及年龄平方项。受养老金待遇调整机制和社会平均工资的影响，不同年龄的老年人的养老金水平可能存在差异，年龄平方项的选择主要为考察我国养老金待遇是否存在"U"型曲线的年龄特点。

（2）学历。模型将学历分为小学及以下、中学、大专及以上三个等级。

（3）退休前工资指数。由于时间跨度较长，不同年代的名义工资差别较大，不具有可比较性，模型中将个人退休前工资除以当年社会平均工资以建立可比较的工资指数。

（4）工龄。在企事业等正式单位退休职工中，工龄为退休时确定的实际工龄，城乡居民非正规就业及农业就业退休人员，以实际缴费年限代替。

（5）退休类型。模型中划分为正常退休和非正常退休两种，非正常退休包括提前退休、先内退再退休等情况。

## 二、结果分析

### 1. 模型回归结果分析

模型的回归结果如表4-6所示，模型的总体效果良好。F 统计量为127.44，在0.01 上统计性显著，模型拟合优度较高，线性回归假设合理。模型调整的 $R^2$ 值较高，意味着所选取的变量解释了近50%的信息量。如前文的分析结果，性别、地区、户籍、养老金类型是影响养老金水平的重要因素。男性、城镇户籍老人、东部地区老人、机关事业单位退休职工的养老金水平要显著高于女性、农村户籍老人、中西部地区老人、企业及城乡居民退休老人。在控制了以上变量后，个人特征的学历、退休前工资、工龄和退休类型等因素对养老金待遇也有显著影响，但年龄及年龄平方项影响不显著。

表4-6　　　　　　　　养老金不平等的影响因素（OLS）

| | 变量 | | 回归系数 | 标准误 |
|---|---|---|---|---|
| 控制变量 | 性别（女性为参照组） | 男性 | 64.44 * | 38.00 |
| | 户籍（农村为参照组） | 城镇 | 421.76 *** | 59.78 |
| | 地区（东部为参照组） | 中部 | −476.77 *** | 36.29 |
| | | 西部 | −234.99 *** | 40.33 |
| | 养老金类型（机关为参照组） | 企业养老金 | −453.44 *** | 35.98 |
| | | 居民养老金 | −1479.92 *** | 143.02 |
| 解释变量 | 年龄（岁） | | −15.95 | 23.95 |
| | 年龄平方 | | 0.25 | 0.18 |
| | 学历（小学为参照组） | 中学 | 255.77 *** | 36.13 |
| | | 大学 | 1018.67 *** | 60.81 |
| | 退休前工资指数（%） | | 27.35 *** | 5.31 |
| | 工龄（年） | | 27.80 *** | 2.19 |
| | 退休类型（非正常退休为参参照组） | 正常退休 | 17.06 *** | 44.33 |
| F 统计量 | | | 127.44 *** | |
| 调整的 $R^2$ | | | 0.487 | |

注：* 表示 $P < 0.1$；** 表示 $P < 0.05$；*** 表示 $P < 0.01$。

（1）年龄及年龄平方对养老金水平的影响不显著。机关事业单位养老金基本建立了与在职职工工资相联系的养老金增长机制，企业职工养老金已连续11年按10%的增长率提高养老金待遇，并于2016 年和2017 年分别以8%和5.5%的比率增长，这是针对所有退休职工按统一标准提高待遇，没有区分年龄特征。

普遍认同的是，高龄老人较低龄老人的非养老金收入来源更少，而生活及医疗支出更多，看似平等的养老金待遇给付将导致更多高龄老人陷入贫困。高龄津贴是我国部分地区针对 80 岁以上老人的收入补贴制度，本模型中已将高龄津贴计入养老金范围，但年龄因素仍然不显著，表明高龄津贴还未真正有效增加高龄老人的收入。在本调查的社区问卷中，只有 31.1% 的社区/村建立了 80 岁以上高龄津贴，平均待遇为 79.76 元/月。高龄津贴的增收效果有限。

（2）不同学历之间养老金待遇差别十分显著，尤其是受过高等教育老人与其他学历层次老人之间差距较大。平均而言，大学及以上学历较小学学历的养老金水平高 1018.67 元/月，较中学学历高 762.9 元/月，优势非常明显。虽然各养老金制度的计发办法没有将学历与养老金待遇直接挂钩，但学历通过职业、退休前工资、养老金类型等因素间接起作用，是一种隐性的不平等。因此，消除学历间养老金不平等需要综合改革养老金制度的其他要素。

（3）退休前的职业特征很大程度上决定了退休后养老金待遇水平。养老金类型是职业特征的综合体现，对养老金待遇的决定性作用已在前文进行了分析，另外，退休前工资和工龄对养老金水平的影响也非常显著。平均而言，工资指数每增长一个百分点，养老金每月增加 27.35 元，工龄每增加一年，养老金每月增加 27.80 元。2005 年《关于完善企业职工基本养老保险制度的决定》（国发〔2005〕38 号）规定，缴费每满 1 年发给当地上年度在岗职工月平均工资和本人指数化平均缴费工资的平均值的 1%。机关事业单位养老金以基础工资、工龄工资、职务工资和级别工资等多项工资类别为参考。但是，城乡居民基础养老金与工龄（即缴费年限）和退休前工资等个人特征无任何关系，基础养老金标准由地方政府根据当地经济发展水平统一确定，统筹地区内的养老金标准完全相同。

（4）正常退休虽然与非正常退休的养老金待遇有显著差异，但实际差距非常小，限制提前退休作用不明显。回归结果显示，在控制其他变量的情况下，正常退休老人的养老金仅比非正常退休老人多 17.06 元/月，差距非常小，这也是导致我国非正常退休问题非常严重的重要原因。问卷中提前退休和先内退再退休两类群体占比高达 11.2%。全国实际平均退休年龄远低于法定退休年龄，有学者估算我国实际平均退休年龄仅为 52 岁。在国际上，通过降低养老金待遇来限制提前退休是通行做法，如在美国，最低退休年龄是 62 岁，完全退休年龄为 65~67 岁，如果一位完全退休年龄为 65 岁的职工在 62 岁提前退休，则只能领取全额养老金的 80%，如果完全退休年龄为 66 岁的职工在 62

岁提前退休，则只能领取全额养老金的 75%，同时，如果完全退休年龄是 67 岁的职工在 62 岁退休，则只能领取 70% 的全额养老金（李超民，2009）。

### 2. 养老金不平等分析

减少老年贫困和调节收入差距是养老金制度的两项核心功能，养老金分配的平等性不仅涉及老年人的退休生活，而且关系到在职职工对未来的预期，是社会稳定的重要因素。但是，反对养老金不平等不等于赞成养老金的完全平均化，基于公平正义的要求体现养老金差异是制度自身所要求的，如正常退休与提前退休之间的养老金水平差异。本章利用北京大学主持的全国大型调查数据库 CHARLS，从纵向和横向两方面全面评估了我国养老金分配的平等性程度，并尝试性地分析了养老金不平等的影响因素及其合理性，可以得出以下结论。

第一，不平等测量表明我国养老金存在严重的纵向和横向分配失衡问题。首先，从纵向分配来看，我国养老金基尼系数达到 0.563，已大幅超出国际警戒线，甚至超过我国整体社会的 0.47，达到收入差距悬殊程度。在所有老人中，养老金最低 40% 的老人的养老金标准低于 100 元/月，养老金最低 50% 的老人所获得的养老金额占养老金总额的 7.32%，养老金差距极端不平等。其次，在横向不平等方面，性别、户籍、地区和养老金类型之间存在不平等问题，但性别之间和地区之间的差异较小，而户籍之间和养老金类型之间的差异十分显著。总体而言，男性、城镇户籍老人、东部地区居民、机关事业单位退休老人、城镇企业退休职工在养老金分配中处于较优势地位。需要特别注意的是，以上数据是基于实际已领取养老金待遇老人的分析结果，如果将养老金覆盖率纳入考察范围，养老金纵向和横向失衡会急剧恶化。

第二，养老金不平等并不是基于合理因素形成的，应当体现养老金待遇差距的因素影响不显著，而不应当体现待遇差距的因素却对养老金不平等具有显著影响。首先，养老金是防范老年因收入中断而陷入贫困风险的重要手段，这就要求养老金水平应体现年龄差异，高龄老人要比低龄老人领取更多养老金才能达到同样的生活水准。但在我国实际的养老金供给中，年龄对养老金待遇没有显著影响；回归系数还显示，年龄越大，养老金待遇水平更低。其次，正常退休与非正常退休也应体现养老金待遇差别，这对于限制提前退休具有重要作用。但在我国养老金体系中，两者之间的待遇差距非常小，非正常退休行为问题对我国养老金制度建设将产生严重的负面影响。最后，不应当体现待遇差距的因素却对养老金不平等具有显著影响。性别、地区、户籍、养老金类型以及个体因素中的学历、工龄、退休前工资等因素导致养老金严重地不平等。

但是，养老金不平等程度仅是养老金再分配效应发挥的影响因素之一，养老金不平等不能直接武断地推导出其再分配效应就很低，或具有逆向再分配功能，养老金不平等更不能等同于养老金再分配效应本身。不平等仅是对不同个体或群组之间养老金水平差异的客观描述，与再分配前个体或群组的其他收入无关；而再分配效应是养老金给付后对个体或群组总收入差异的影响，不仅取决于养老金水平，同时取决于再分配前的其他收入水平。但养老金不平等对再分配效应确实具有重要影响。总体而言，养老金不平等对再分配效应的影响结果可能存在以下三种情况：

（1）养老金不平等弱化了再分配效应。这种情况主要产生于养老金水平的高低与非养老金收入呈现正相关关系，即收入越高的个人或群组领取的养老金数额越多，正所谓贫者愈贫，富者愈富，养老金并未体现向低收入群体倾斜的特点。

（2）养老金不平等促进了再分配效应。与第一种情形相同的是，各个体或群组之间的养老金水平不平等程度较高，但与第一种情形不同的是，养老金水平与非养老金收入水平呈负相关，即高收入群体领取的养老金水平低于中低收入群体；或高收入群体领取的养老金水平高于中低收入群体，但差距小于非养老金收入的差距，最终有利于调节收入差距。

（3）养老金不平等对再分配效应的影响不显著。在这一情形下，养老金不平等与非养老金收入不平等正好一一对应，即高收入群体领取的养老金待遇高于其他群体，且这种差距与非养老金收入差距一致，同样，低收入群体与高收入群体的养老金差距与非养老金差距相等。这是一种较为理想化的情形，现实中更多地表现为前两者情况，分别对应于养老金的逆向再分配和正向再分配效应。我国养老金不平等对再分配的影响如何？是具有正向促进作用还是逆向调节作用，需要利用客观数据具体考察，这也正是第五～第七章的主要内容。

# 第五章

## 养老金的减贫效应

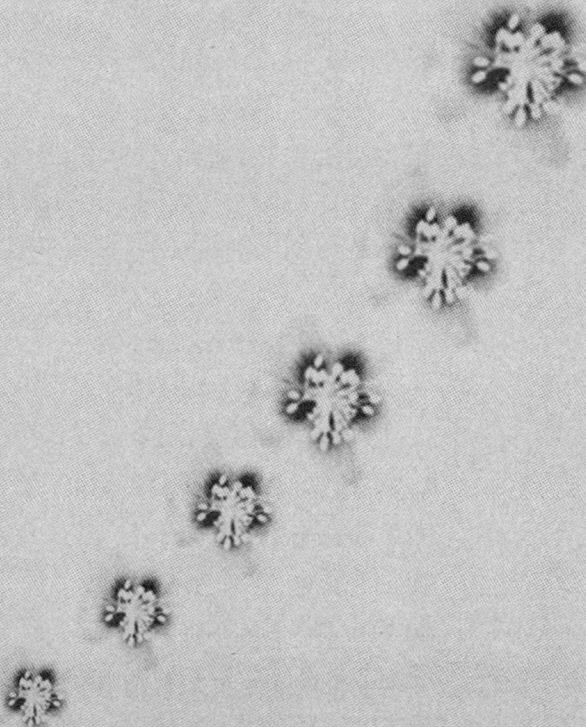

# 第一节　贫困与老年贫困

## 一、贫困概念的界定

可以说，贫困问题与人类历史一样悠久，在原古时期，人类就为"食能果腹"的基本生存而进行反贫困斗争。但贫困作为一种社会问题并不是从来就有的，它是在氏族社会解体后，人类社会进入以社会大分工和财产私有制为主要特征的阶级社会或不平等社会以后而产生的。将贫困作为研究对象，其历史则要更晚，真正对贫困问题的本质及成因进行深入研究的开端，当属早期空想社会主义者托马斯·莫尔，至今贫困理论研究经历了 500 多年（谭诗斌，2012）。那么，什么是贫困？对于这一根本问题，古今中外无数学者对这一概念下过定义，但迄今为止，理论界和学术界尚无一致看法。并且，贫困概念也在发生动态变化，随着实践与认识的不断深入，对贫困内涵的理解也不断扩展和深化。总体而言，贫困概念演变经历了收入贫困——能力贫困——权利贫困三个阶段。贫困的定义最初强调对市场上可以买到的物品的支配能力（收入），现在则扩大至包括诸如寿命、读写能力和健康等生活标准在内的其他方面，随着人们对穷人的了解不断增加，贫困概念已经进一步发展到反映一种对脆弱性和风险的关心，对没有权力和缺少发言权的担心（拉维·坎波尔，和琳·斯奎尔，2003，pp. 131）。

### 1. 收入贫困

贫困概念起源于经济学，1901 年，英国经济学家朗特里（Seebohm Rowntree）在《贫困：城镇生活研究》一书中首次对贫困概念做了明确定义，即：总收入不足以获得维持体能所需要的最低数量的生活必需品（阿马蒂亚·森，2001）。朗特里从个人或家庭生活所需要的食品、住房、服装等方面界定其是否属于贫困，第一次建立了可操作的具体的贫困衡量标准，对贫困研究具有开创性的意义。后来的很多学者和机构都在这一概念基础上建立了类似定义。例如，我国国家统计局将贫困定义为"一个人或一个家庭的生活水平达不到一种社会可接受的最低标准"。虽然收入贫困定义的可操作性和可比较性得到社会的广泛使用，但随着社会的发展，认识的进步，这一定义也逐渐暴露出各种局限，受到越来越多学者的批评。

首先，收入贫困概念将统一标准衡量所有个体或家庭，忽略了个体及家庭之间的差异。如残疾人与正常人之间的生存需求是不一样的，城镇与农村的生活成本显然存在差异。其次，最低数量的生活必需品的量化问题。虽然朗特里对最低数量的生活必需品进行了量化，但他的物品清单的完整性受到质疑，哪些物品应该包括在清单中，哪些物品不应包括，没有统一的规定，每个人的喜好存在显著差异，而且随着生活水平的提高，物品清单也将不断扩充。

### 2. 能力贫困

作为对收入贫困狭隘性的有力批评者之一，阿马蒂亚·森提出能力贫困概念。他在 20 世纪七八十年代出版了众多贫困问题研究的著作，如《论经济不平等》（1971）、《贫困计量的序数方法》（1976）、《贫困与饥荒》（1981）、《以自由看待发展》（2002），对能力贫困概念及其相对收入贫困概念的优势进行了系统分析。他认为，收入贫困仅是贫困的表征，而对可行能力的剥夺才是造成贫困的根源，具体表现为过早死亡、严重的营养不良、长期流行病、大量的文盲以及其他一些失败（阿马蒂亚·森，2002）。森的能力贫困概念的提出得到社会的认可，例如，世界银行在《1990 年世界发展报告》中就采用了这一概念，将贫困界定为"缺少达到最低生活水平的能力"。联合国发展计划署（United Nations Development Programme）也借鉴了这一概念，在 1997 年人权发展报告中将贫困定义为三个维度，即收入测量、基本需求视角和能力视角。

### 3. 权利贫困

从 20 世纪 90 年代开始，贫困研究不仅仅是收入水平低，也不仅局限于健康、营养和教育被剥夺，而且将贫困扩延至脆弱性、无发言权和社会排斥等社会问题。所谓脆弱性，即对收入风险和波动的担心，贫困不仅是一种一无所有的状态，而且是一个人仅有的一点点东西也很容易失去。所谓无发言权，即常常被人描绘为无权无势，也是贫困最根本的特征。欧洲学者和机构非常注重社会排斥在贫困定义中的作用。社会排斥最早起源于法国，强调的是个体与社会整体之间的断裂。20 世纪 80 年代末 90 年代初，社会排斥概念逐渐被法国以外的欧盟国家所采纳，欧盟认为，社会排斥是一些个体因为贫困或缺乏基本能力和终身学习的机会，或者因为歧视而无法完全参与社会，处于社会边缘的过程。收入贫困和能力贫困使人们更加关注贫困问题及贫困对象本身，而权利视角则引发人们探究政治、经济、文化和社会制度对贫困的影响。

贫困概念的演进历史表明，贫困概念是由最初的收入这一单一维度逐渐向收入、健康、寿命、政治权力等多维度不断扩张和深化的过程。但后来概念不是对前面概念的替代，而是补充。换言之，能力贫困概念并不是对收入贫困概念的否定，而是在此基础上增加了其他维度，权力贫困概念也是如此。可以将贫困概念的历史演变进程用图 5 - 1 表示，不同贫困界定下所采取的反贫困政策也有明显差异，如反收入贫困的政策主要是"输血"式的收入支持，而反能力不足的政策则更强调"造血"式的公共服务。最后，需要特别强调的是，虽然贫困概念已扩展至非常宽泛的权利范畴，但收入贫困仍然在当前贫困研究与反贫困实践中占据核心地位，即使阿马蒂亚·森（2002）也不得不承认，收入贫困是贫困最重要的维度，它甚至是引发其他贫困的重要根源。

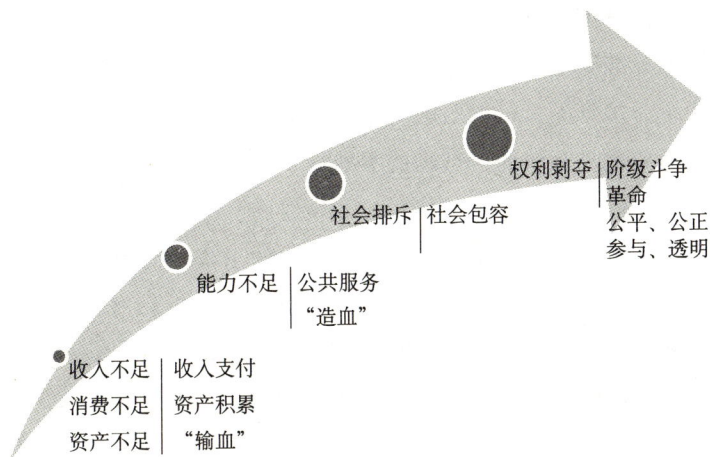

权利剥夺｜阶级斗争
　　　　　革命
　　　　　公平、公正
　　　　　参与、透明

社会排斥｜社会包容

能力不足｜公共服务
　　　　　"造血"

收入不足｜收入支付
消费不足｜资产积累
资产不足｜"输血"

图 5 - 1  贫困概念演进

## 二、贫困测量方法

阿马蒂亚·森在他影响深远的 1976 年发表的论文《贫困：测量的序数方法》中描述了贫困测量必须采用两个主要步骤：一是识别总人口中的贫困人口；二是建构贫困的定量测量方法。步骤一即为贫困标准的确定，以此判断哪些人属于贫困，哪些人不属于贫困。步骤二即为贫困测量的技术手段，在步骤一确定的贫困标准基础上采用相关技术计算贫困人口的具体数量。本部分将主要从这两方面进行介绍。

### 1. 贫困标准

贫困概念的演变史表明，贫困概念所包涵的内容越来越丰富，由最初的收入扩展至能力、权利等。相应的贫困测量标准清单也越来越"丰满"，从一维贫困发展至多维贫困。

一维测量。若将单个变量（如收入）作为贫困的评价基准，那么我们可以采用一维测量方法。一维测量一般通过设定贫困线作为识别贫困的最低标准，低于此线即视为贫困，贫困加总通常是在给定贫困线的前提下通过贫困的计数来确定总体的贫困水平（如贫困发生率）。收入是一维贫困测量中采用最普遍的指标，也是各国政府部门测量本国贫困人口的主要指标。例如，英国对贫困的定义是"家庭人均收入低于收入中位数的60%"；美国的贫困定义虽然比英国更复杂，考虑了年龄、家庭规模等，但也是基于收入水平进行判断；我国国家统计局将贫困定义为"一个人或一个家庭的生活水平达不到一种社会可接受的最低标准"，2015年将扶贫标准为农民人均年收入2855元。

多维测量。多维测量最早由阿马蒂亚·森提出，目的是克服一维测量方法的片面性和简单化。森认为，贫困的本质在于对人的可行能力的剥夺，而可行能力包括教育、健康、饮用水、住房、卫生设施、市场准入等诸多方面，综合各方面的多维测量能够提供更加准确的信息，便于减少人们的能力剥夺。最为典型的多维测量贫困的案例是联合国的《人类发展报告》，1990年联合国首次提出的"人类发展指数"（HDI）就是采用多维测量方法，具体包括寿命、收入和教育三个维度。2010年，阿尔基尔和福斯特（Alkire & Foster）提出的多维贫困测量指数，即MPI（Multidimensional Poverty Measurement），首次被应用到联合国的《人类发展报告2010》中，该报告比较了104个国家的多维贫困指标。MPI包括健康、教育和生活标准三个维度，共10项测量指标（如表5-1所示），识别了家庭层面的叠加剥夺，反映了贫困人口平均受剥夺的人数及贫困家庭中所遭受的剥夺维度。

表5-1　　　　　　　　多维贫困指数（MPI）的维度和测量指标

| 指数 | 维度 | 测量指标 |
|---|---|---|
| 多维贫困指数（MPI） | 健康 | 营养 |
| | | 儿童死亡率 |
| | 教育 | 受教育年限 |
| | | 入学儿童 |
| | 生活标准 | 做饭燃料 |
| | | 厕所 |
| | | 饮用水 |
| | | 电 |
| | | 屋内地面 |
| | | 耐用消费品 |

资料来源：United Nations Development Programme. Human Development Report 2010：The Real Wealth of Nations：Pathways to Human Development ［R］. New York, 2010.

### 2. 测量技术

如前文所述，虽然多维测量比一维测量具有更多优势，但收入贫困仍然是贫困测量最简单且行之有效的方法，也是各国普遍采用的方法，本书所研究的养老金减贫效应是基于收入贫困视角。以收入贫困所使用的测量技术主要包括贫困发生率、贫困差距率、贫困差距平方、Sen 指数及 SST 指数。

贫困发生率（$P_1$）。它是指贫困人口占总人口的比率，是最简单的贫困测量指标，计算公式如下：

$$P_1 = \frac{1}{N} \sum_{i=1}^{N} I(y_i < z) \qquad (5-1)$$

公式（5-1）中，$P_1$ 表示以人头计数的贫困发生率，当个体收入 $y_i$ 低于贫困线 $z$ 时，就定义为贫困。

贫困差距率（$P_2$）。它是指贫困人口的收入低于贫困线的距离与贫困线的比率，计算公式如下：

$$P_2 = \frac{1}{N} \sum_{i=1}^{N} \frac{G_i}{z} \qquad (5-2)$$

公式（5-2）中，$G_i = (z - y_i) \times I(y_i < z)$，$G_i$ 表示贫困缺口，$z$ 为贫困线，$y_i$ 表示贫困人口的实际收入，$I$ 为 0、1 变量，如果 $y_i < z$，则 $I$ 为 1，否则为 0，即缺口为 0。

贫困差距平方（$P_3$）。它是贫困差距的平方项，目的是给贫困人口赋予更高的权重，计算公式如下：

$$P_3 = \frac{1}{N} \sum_{i=1}^{N} \left( \frac{G_i}{z} \right)^2 \qquad (5-3)$$

Sen 指数（$P_s$）。它是森在 1976 年提出的，旨在合并贫困人口数量、贫困深度和组内分布，计算公式为：

$$P_s = P_1 \left[ 1 - (1 - G^P) \frac{\mu^P}{Z} \right] \qquad (5-4)$$

公式（5-4）中，$\mu^P$ 是贫困人口的收入均值，$G^P$ 是贫困人口的基尼系数。

SST 指数（$P_{SST}$）。SST 指数是对 Sen 指数的修正，计算公式为：

$$P_{SST} = P_1 P_2^p (1 + \widehat{G^p}) \qquad (5-5)$$

SST 指数包括贫困发生率、贫困差距率以及贫困差距率的基尼系数，因而，SST 指数也可以按照这些部分进行分解。

# 第二节　我国老年贫困的现状与特点

## 一、我国老年人的收入来源

### 1. 老年人收入来源的时间变动趋势

我国老年人口的收入来源与其他国家基本一致，主要包括公共收入和私人收两大类，私人收入又可进一步细分为个人劳动收入、资产收入、储蓄、家庭转移支付等，只是在具体项目和比例上有所差异。在不同时期，我国老年人口收入来源处于变动状态。不少学者利用人口普查或全国调查数据比较了不同时期老年人收入来源变化趋势。图5－2反映了最近20年我国老年人收入来源的变化情况。1994年和2004年数据来自国家统计局的全国人口变动抽样调查，2010年的数据来自第六次人口普查，虽不是同一个数据库，但都是基于全国性的大型调查，而且基本反映了我国老年人收入来源的变化趋势。总体而言，家庭转移支付收入占老年人收入比重虽然逐年下降，但目前仍然是最主要的收入来源；其次为劳动收入和养老金收入。虽然后两项收入占比在两次调查中有

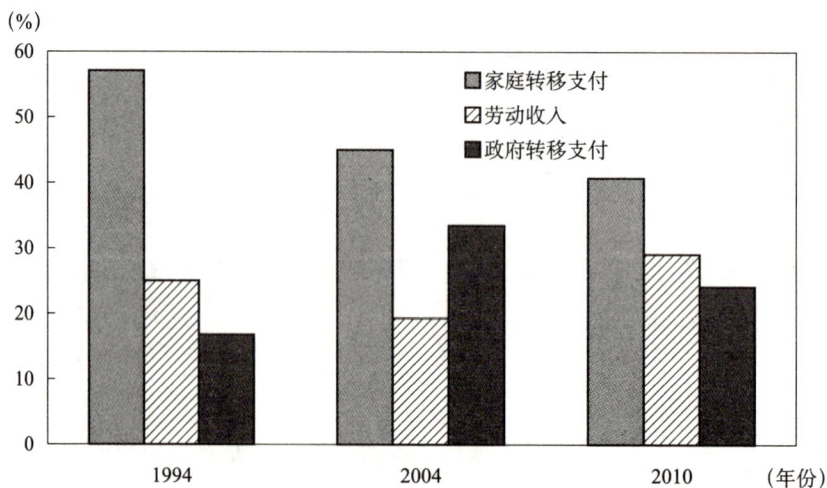

图5－2　1994～2010年我国老年人口收入来源及变化趋势

资料来源：1994年和2004年数据来自杜鹏，武超. 1994～2004年中国老年人主要生活来源的变化［J］. 人口研究，2006（2）：20－24；2010年的数据来自姜向群，郑研军. 中国老年人的主要生活来源及其经济保障问题分析［J］. 人口学刊，2013（2）：42－48.

些差异，但可以肯定的是，养老金收入占比呈逐年增长的趋势。随着我国城乡居民养老保险制度的建立与城镇企业职工养老金连续 13 年提高待遇标准，养老金对老年人的增收作用性越来越凸显。

本书根据北京大学的 CHARLS 数据库更详细地考察我国当前老年人收入来源状况。图 5 - 3 反映了我国老年人的养老金收入及其他非养老金收入来源及其覆盖范围。根据 CHARLS 问卷信息，本书将非养老金收入划分为四类，具体包括工资收入、农业（包括种植、养殖）收入、个体经营（个体企业）收入以及除养老金以外的政府补贴收入（如退耕还林补贴、独生子女补贴、低保补贴等），基本涵盖了老年人的主要收入来源。由于受问卷信息限制，本书未将家庭内部的转移支付与老年人的自我储蓄及资产收入纳入分析。

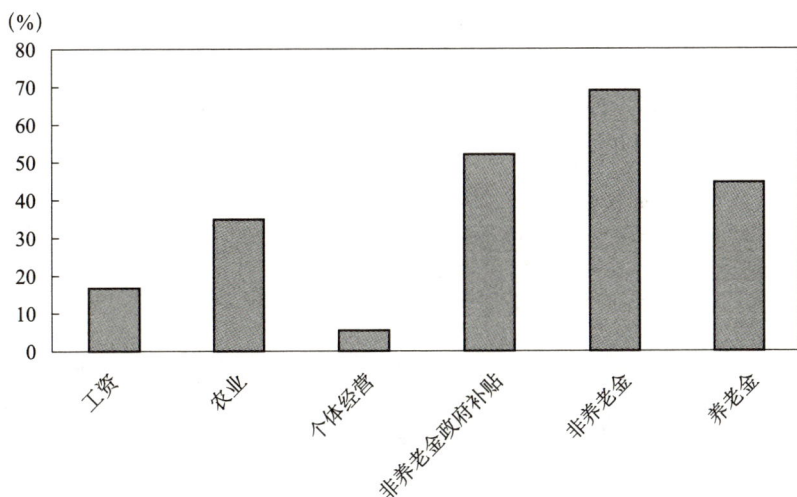

**图 5 - 3　老年人收入来源及其覆盖率**

注：工资收入、农业收入、个体经营收入和非养老金政府补贴四项收入中有任意一项收入即视为有非养老金收入。

总体而言，收入来源上，约 70% 的老年人在退休后能够获得除养老金之外的其他收入，而养老金覆盖率仅为 44.57%。在非养老金收入中，非养老金政府补贴覆盖面最广，超过一半的老年人获得不同水平的政府转移支付收入。当然，需要强调的是，这部分收入是以家庭户为单位，采用家庭人均收入，非养老金的政府补贴不仅仅是针对老年人提供的转移支付，包括退耕还林补贴、教育补贴等十余种与年龄无关的收入来源。其次是农业劳动收入，约占老年人口的 35%。农村老年人事实上不存在退休概念，"国发［2009］32 号文"和

"国发〔2011〕18号文"也规定,"年满60周岁、未享受城镇职工基本养老保险待遇的农村(城镇)户籍的老年人,可以按月领取养老金",不需要像正规就业那样必须办理退休手续方可领取养老金。同时,70元/月的基础养老金无法满足农村老年人的生存需求。只要身体健康,农村老年人普遍会继续从事农业劳动。因此,60岁以上农村居民领取的养老金对其继续参加农业劳动不具有"挤出效应"。在城镇,部分老年人在退休后仍然后从事有报酬的工作,以增加家庭收入。但由于年龄与制度的原因,这一比例较低,占老年人口的17%。另外,少部分老年人还获得其他劳动收入,如个体经营收入。

### 2. 老年人收入来源的年龄差异

除了城乡差异外,不同年龄段的老年人由于受智力、精力和体力等的影响,其收入来源也会呈现较大差异。理论上,高龄老人比低龄老人更倾向于家庭支持,而低龄老人的劳动收入占比应高于高龄老年人;养老金覆盖率则主要受养老金制度建设及就业结构等综合因素的影响,与年龄变量本身关系不大。图5-4为分年龄组的我国老年人收入来源状况。

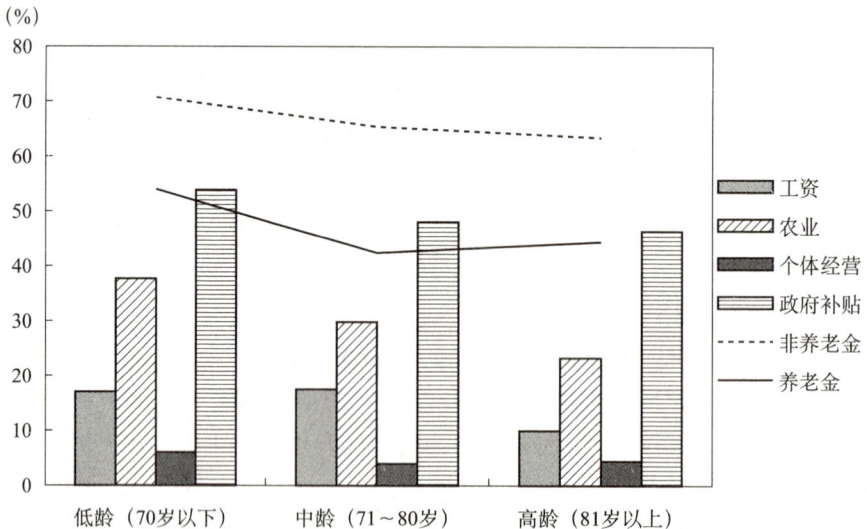

图5-4 分年龄组老年人的收入来源

分年龄组看,高龄老人较低龄老人的非养老金与养老金覆盖率都低,即随着年龄的增长,越来越多的老年人丧失了收入来源。对非养老金收入覆盖率的年龄变化趋势,可从其分解的四项非养老金收入来解释。政府转移支付、农业收入、工资是老年人的三项主要收入来源,非养老金收入的覆盖率都随着年龄的增长而下降，尤其是工资收入，覆盖率由低龄老人的17%下降至高龄老人的10%以下，这与老年人劳动能力直接相关，高龄老人由于年老而逐步丧失劳动能力，相关收入也逐渐中断。除工资外，虽然非养老金收入以家庭为统计单位，非养老金覆盖率并不会对那些与子女同住老人产生影响，但由于我国空巢高龄老人占比较大，导致以家庭为单位与以个人为单位差异缩小，高龄老人由于身体机能的丧失而使劳动性收入（如农业收入、工资收入、个体经营收入）覆盖率下降。非养老金的政府转移支付是老年人的重要收入来源，约一半老人获得了政府的各种补贴性收入，但高龄老人较低龄老人的受益面更小。与非养老金收入不同，养老金覆盖面随年龄增长而下降的趋势不是由于年龄越大，获得养老金的老年人越少，而是反映了近年来我国养老金制度扩面的成就，养老金制度越来越规范，较早退休的老人并未纳入养老金体系，而更多新退休老人被养老金制度所覆盖。随着城乡居民养老保险制度的全面铺开，养老金制度覆盖面将显著扩大。但是，已退休老人由于在工作期间未纳入养老金计划，在非养老金收入逐渐丧失与养老金覆盖面较低的背景下，通过某种制度性安排来保障高龄老人的基本生活成为需要考虑的现实问题。图中高龄老人养老金覆盖率高于中龄老人，可能是由于享受养老金待遇的老年人生活比未享受的老年人更为优越，从而平均预期寿命也更长，以致高龄老人组中生存下来的主要是享受养老金待遇的那部分人。

## 二、我国老年人的贫困程度

### 1. 老年人的收入水平

多样化的收入来源有利于防范因收入单一化的脆弱性而导致的老年贫困，收入水平则是提高老年人生活水平的根本保障。表5-2反映了老年人各种收入来源及其收入水平，考虑到缺失值对计算结果的影响，表中只将至少有一项有非养老金收入或养老金收入的样本纳入计算。

表5-2　　　　　老年人收入来源分类及其水平　　　　　单位：元/月

| 收入来源 | 平均 | 年龄分组 | | |
|---|---|---|---|---|
| | | 低龄（70岁以下） | 中龄（71~80岁） | 高龄（81岁以上） |
| 工资 | 1346.20 | 1374.60 | 1296.80 | 1240.20 |
| 农业 | 119.28 | 124.40 | 103.01 | 105.96 |
| 个体经营 | 413.83 | 410.62 | 367.57 | 613.34 |
| 政府补贴 | 23.41 | 22.63 | 23.54 | 32.55 |

| 收入来源 | 平均 | 年龄分组 | | |
|---|---|---|---|---|
| | | 低龄（70 岁以下） | 中龄（71~80 岁） | 高龄（81 岁以上） |
| 非养老金 | 447.67 | 448.90 | 433.72 | 485.31 |
| 养老金 | 965.56 | 944.77 | 990.99 | 1110.50 |

注：①将人均月收入为 0 元的样本排除在计算范围，因此所有计算样本都有月收入；并为了消除极端值的影响，将 1% 的最高收入统一作缺失值处理。②农业收入、个体经营收入、政府补贴收入以家庭为统计单位，本处采用家庭人均收入；工资收入以个人为统计单位。

在非养老金收入中，工资以个人为统计单位，能够直接反映老年人个人的收入水平及年龄趋势。在已退休但仍然从事有工资性收入老人中，月平均工资为 1346.20 元，虽然显著低于 2011 年全国在岗职工月平均工资的 3537.67 元，但相对其他收入来源，工资性收入是最高的。农业收入主要覆盖群体为农村老年人，虽然覆盖面较广，但收入水平较低，月平均标准仅为 119.28 元，仅为 2011 年全国农村家庭人均纯收入的 20.52%，难以保障老年人的基本生活。个体经营收入略高于农业收入，由于覆盖率相对较低，仅有极少部分老年人从事个体经营。除了个人收入和家庭收入，政府非养老金转移支付收入覆盖面最广，但补贴标准也是最低的。本问卷调查中，政府非养老金转移支付包括低保、农林补助、灾害救助、独生子女补贴等多达 8 种项目，涉及范围广，但补贴标准非常低，每人每月仅为 23.41 元。总体上，我国老年人的非养老金月收入普遍较低，平均每人每月 447.67 元，略高于 2011 年全国贫困线 256 元，分别占城乡人均收入的 24.63% 和 77.00%。

从年龄趋势上看，工资收入水平随着年龄的增长而下降，高龄老人月平均收入比低龄老人少 130 元，这与老年人劳动能力直接相关；与工资不同，农业、个体经营收入水平呈现中间低，两边高的特点，可能是由于农业和个体经营收入以家庭为统计单位，虽然高龄老人较少或不直接从事相关劳动，但由于统计单位原因而"人为"拉高了这部分群体的名义收入。政府补贴收入则随着年龄的增长而增加，尤其是 80 岁以上的高龄老人，与中低龄老人差距较为明显，这可能是由于针对高龄老人的高龄津贴增加了老人的政府补贴收入。在本次调查的社区问卷中，22.9% 的村/社区建立了 65 岁以上老人的津贴制度，而 31.1% 的村/社区建立了 80 岁以上老人的高龄津贴制度。作为我国减少老年贫困，保障老年人基本生活的重要制度，高龄津贴制度发挥重要作用，后文将作重点阐述。

除了非养老金，养老金也是老年人收入的重要来源，全国养老金平均标准为 965.56 元/月，是非养老金水平的 2 倍还多，同时，养老金水平随着年龄的增长而提高，高龄老人比低龄老人多出 165.73 元，但在回归分析中年龄变量不具有统计性显著。但不得不承认，我国养老金总体水平相对较低，而且受覆盖率低的限制，可以预期老年人贫困问题非常严峻。

**2. 老年贫困水平**

如前所述，本书以收入来测量贫困水平。收入贫困测量首先需要确定贫困线。国际上并没有统一的贫困线，例如，在欧盟国家，以中位收入的 60% 为标准，低于该标准即视为贫困；美国贫困线根据年龄、家庭规模及 18 岁以下子女数量来确定，如没有 18 岁以下子女的三口之家的贫困为 1519 美元/月，而有 1 个 18 岁以下子女的三口之家的贫困线为 1563 美元/月；世界银行确定国际贫困线为 1 美元/天，2010 年又提高到 1.25 美元/天。

在我国，贫困线也经历了多次变迁。在 2008 年以前，我国并存着两条贫困线，一条是农村贫困线，另一条是农村低收入线。从贫困标准来看，前者实际为极端贫困线，贫困标准非常低；后者则相对较高。如表 5 - 3 所示，虽然经历了多次标准调整，但农村贫困线仍然非常低，远低于联合国的 1 美元/天的标准。2008 年，我国将两条线合二为一，并将贫困线提高至 1067 元/年，并于 2015 年又提高至 2855 元/年，基本达到 1 美元/天的标准①。

表 5 - 3　　　　　　中国 2000 ~ 2005 年贫困线标准　　　　　　单位：元

| 项目 | 2000 | 2001 | 2002 | 2003 | 2004 | 2005 |
|---|---|---|---|---|---|---|
| 农村贫困标准 | 625 | 630 | 627 | 637 | 668 | 683 |
| 农村低收入标准 | 865 | 872 | 869 | 882 | 924 | 944 |
| 世行 1 美元/天 | 876 | 882 | 873 | 884 | 918 | 935 |

资料来源：王萍萍等. 中国贫困标准与国际贫困标准的比较［J］. 中国农村经济，2006（12）：62 - 68.

除了国家统计局确定的官方贫困线以外，我国还有一条贫困线，即低保线。国务院分别于 1997 年和 2007 年建立城乡最低生活保障制度，各省市根据经济发展水平确定当地城乡贫困标准。从贫困标准来看，城市低保标准要明显高于全国贫困线标准，农村则基本相当。2013 年，全国城市低保平均标准为 4476 元/年·人，农村低保标准为 2434 元/年·人。

为较全面评估我国老年贫困程度，本书综合考虑各贫困线的特点，选取三条贫困线作为测量标准，即世界银行贫困线、全国扶贫线、城乡低保线，以 2011 年为基准年，具体标准如表 5 - 4 所示。

---

① 为与其他贫困线相区别，后文将此贫困线统一称之为"全国扶贫线"。

表5-4　　　　　　　　　本书采用的贫困发生率测量标准　　　　　　　单位: 元/年

| 贫困线 | 标准 |
|---|---|
| 世界银行贫困线 | 2906 |
| 全国扶贫线 | 2300 |
| 城乡低保线 | 3451（城镇）/1718（农村） |

注: 世界银行贫困线根据2011年的美元对人民币汇率（6.4588）将1.25美元/天的标准换算。

表5-5为根据三条贫困线计算的我国2011年老年贫困发生率水平, 具体包括贫困发生率（$P_1$）、贫困差距率（$P_2$）和贫困差距平方（$P_3$）三个测量指标。虽然各指标计算出来的老年贫困发生率有所差异, 但都反映出我国老年贫困发生率非常高。依据世界银行1.25美元/天的最低贫困标准, 我国老年贫困发生率达到39%, 意味着1/3以上的老年人处于绝对贫困水平, 若依据全国扶贫线的2300元/年（约1美元/天）, 老年贫困发生率下降至34%。2011年我国60岁以上老年人为1.8亿人, 以此比例计算, 在未考虑家庭内部转移支付前提下, 分别有7272万和6325万老年人的收入难以维持在1.25美元/天和1美元/天的生活标准。以城乡低保线为标准计算的老年贫困发生率为28%。2011年, 全国城乡低保老年人口数为2274万人, 老年低保比率为12.29%。老年贫困发生率与低保救助比率的巨大落差, 意味着15.69%（约2900万人）的贫困老年人只能依靠家庭和自我储蓄等收入维持基本生活。$P_2$和$P_3$反映的是贫困老人的收入与贫困线之间的差距, 即贫困深度。以世界银行贫困线标准, 我国老年贫困差距率和贫困差距平方比全国扶贫线和低保线都较高, 分别达到20%和12%, 表明贫困老年人的收入与贫困线的差距约占贫困线的20%。

表5-5　　　　　　　　　我国老年贫困发生率水平　　　　　　　　单位:%

| 贫困线 | 贫困发生率（$P_1$） | 贫困差距率（$P_2$） | 贫困差距平方（$P_3$） |
|---|---|---|---|
| 世行贫困线 | 39.31 | 19.80 | 11.77 |
| 全国扶贫线 | 34.19 | 15.37 | 8.20 |
| 城乡低保线 | 27.99 | 10.26 | 4.63 |

分城乡来看, 老年贫困水平差别明显, 无论是贫困广度, 还是贫困深度, 农村老年人都比城镇老年人更贫困。在贫困广度方面, 三条贫困线测量的城镇老年人贫困发生率差别不大, 在2%～3%范围之间, 属于较低水平; 在农村, 老年贫困发生率非常高, 按世界银行1.25美元/天的标准衡量, 一半以上农村老年人处于贫困状态, 即使根据当前农村低保线, 贫困发生率也达到38.54%。在贫困深度方面, 农村地区依然远超过城镇地区（如表5-6所示）, 如以世界银行的标准测算, 农村贫困差距率为27%, 表明农村老年人收入平

均仅为 1.25 美元/天的 2/3。由此可见，农村老年贫困问题十分严峻，我国老年人贫困问题最主要的是农村老年人的贫困问题，包括养老金制度在内的老年贫困解决机制应将工作重心转移至农村，而不是城镇。

表 5-6　　　　　　　　分城乡老年贫困发生率水平　　　　　　　单位:%

| 贫困线 | 贫困发生率（P₁） | | 贫困差距率（P₂） | | 贫困差距平方（P₃） | |
|---|---|---|---|---|---|---|
| | 城镇 | 农村 | 城镇 | 农村 | 城镇 | 农村 |
| 世行贫困线 | 2.74 | 54.59 | 1.13 | 27.60 | 0.64 | 16.42 |
| 全国扶贫线 | 2.13 | 47.58 | 0.83 | 21.44 | 0.44 | 11.44 |
| 城乡低保线 | 2.74 | 38.54 | 1.38 | 13.97 | 0.82 | 6.21 |

# 第三节　我国养老金的减贫效应

减少老年贫困和调节收入差距是养老金制度的两个核心目标，前文分析结果基于除家庭内部转移支付及个人储蓄收入之外的所有收入来源的贫困水平，分析结果表明，我国老年贫困问题非常严峻，而且老年贫困问题主要是农村老年贫困问题，城镇老年贫困发生率较低。那么，我国养老金制度在改善老年贫困中发挥了多大作用？即在养老金给付前，我国老年贫困发生率与现在相比有多大差距？另外，城乡老年贫困发生率的巨大差距是市场收入决定的还是养老金制度形成的？即养老金给付是缩小了城乡老年贫困差距还是扩大了差距？除了城乡差别以外，养老金减贫效应是否还存在地区、性别间的差异？本部分将基于 CHARLS 数据，对以上问题进行回答。

## 一、养老金减贫效应的评估

承袭前文贫困测量指标的选取，本书主要通过比较养老金给付前后老年人的贫困发生率、贫困差距率及贫困差距平方的变动趋势来评估我国养老金的减贫效应。在评估范围上，包括综合减贫效应、分城乡的减贫效应、分地区的减贫效应、分性别的减贫效应、分制度类型的减贫效应五种类型。

### 1. 养老金的综合减贫效应

表 5-7 为养老金给付前后我国老年贫困发生率变化情况，结果表明，我国养老金具有显著的减贫效应。由于世界银行的贫困标准相对高于全国扶贫线和城

乡低保线，因此与前文分析一致，世界银行的三项贫困测量指标都高于全国扶贫线和城乡低保线。在养老金给付前，三条贫困线的贫困发生率都高于50%，意味着如果仅靠个人劳动收入或非养老金的政府转移支付，一半以上老年人将陷入贫困。养老金给付后，贫困发生率下降了约20个百分点，减贫效果十分明显。具体以城乡低保线为例，养老金给付前后的老年贫困发生率分别为50%和28%，养老金使近一半贫困老年人脱离贫困；贫困差距的改善效果更明显，贫困差距率由养老金给付前的34.84%下降至给付后10.26%，下降了24.58个百分点，下降幅度超过60%，贫困差距平方的下降幅度更是高达80%。由此可见，虽然养老金给付后，老年贫困发生率仍然较高，但与给付前相比，养老金大大改善了老年贫困状况。对于贫困老年人而言，养老金不仅有利于部分老年人脱离贫困，而且对于无收入或收入极低的老年人缩小与贫困线的差距具有显著作用。

表 5-7　　　　　　　我国养老金给付前后老年贫困发生率变化　　　　　　单位:%

| 贫困线 | 贫困发生率（P₁） | | | 贫困差距率（P₂） | | | 贫困差距平方（P₃） | | |
|---|---|---|---|---|---|---|---|---|---|
| | 前 | 后 | 变动 | 前 | 后 | 变动 | 前 | 后 | 变动 |
| 世行贫困线 | 56.47 | 39.31 | -17.16 | 41.12 | 19.80 | -21.32 | 33.64 | 11.77 | -21.87 |
| 全国扶贫线 | 53.23 | 34.19 | -19.04 | 37.45 | 15.37 | -22.08 | 30.18 | 8.20 | -21.98 |
| 城乡低保线 | 50.40 | 27.99 | -22.41 | 34.84 | 10.26 | -24.58 | 27.79 | 4.63 | -23.16 |

**2. 养老金减贫效应的城乡差异**

由于世界银行贫困线、全国扶贫线和城乡低保线三条贫困线测量的老年贫困发生率及养老金减贫效应总体上呈现由高至低的趋势，总体差别不大，因此，考虑到数据的简便性，下文将选取其中的全国扶贫线进行分析。

表 5-8 为养老金给付前后城乡老年贫困发生率变动情况，总体上，养老金对减少城乡老年贫困具有显著作用。养老金给付后，老年贫困发生率的三项指标都大幅度下降，但城乡之间下降幅度有差异。首先，养老金对城镇老年贫困发生率的改善效果要高于农村。城镇老年贫困由养老金给付前的32%下降至给付后的2%，下降了29个百分点，下降幅度达到91%。领取养老金后，城镇老年人贫困发生率处于较低水平。在农村，养老金给付前，老年贫困发生率超过60%，贫困程度非常高，领取养老金后，仍然有48%的老年人处于贫困状态，仅下降15个百分点，贫困发生率的下降幅度小于城镇。其次，养老金对农村老年贫困深度的改善优于城镇。在农村，养老金给付前后贫困差距率和贫困差距平方分别下降了22个百分点和23个百分点，前者与城镇基本相当，后者高于城镇。由于农村老年人的生活成本要远低于城镇老年人，即使收

入的细微增加，也能有效缩小老年人收入与贫困线的差距。这也意味着，养老金待遇的适当提高，对于改善老年贫困问题将产生显著效果，这对于当前农村严峻的老年贫困问题具有重要的启示意义。

**表 5 – 8**　　　　　养老金给付前后城乡老年贫困发生率变化　　　单位:%

| 指标 | 城乡 | 养老金给付前 | 养老金给付后 | 变动 |
|---|---|---|---|---|
| 贫困发生率（$P_1$） | 城镇 | 31.86 | 2.13 | −29.12 |
| | 农村 | 62.17 | 47.58 | −14.59 |
| 贫困差距率（$P_2$） | 城镇 | 23.04 | 0.83 | −22.21 |
| | 农村 | 43.46 | 21.44 | −22.02 |
| 贫困差距平方（$P_3$） | 城镇 | 18.82 | 0.44 | −18.38 |
| | 农村 | 34.93 | 11.44 | −23.49 |

### 3. 养老金减贫效应的地区差异

表 5 – 9 为养老金给付前后东部、中部、西部地区老年贫困变化趋势。在养老金给付前，东部地区老年贫困发生率最低，贫困发生率分别比中西部低了17 个百分点和 23 个百分点，贫困差距率也低了 12 个百分点和 13 个百分点，其次是中部地区，西部地区贫困发生率最高，但贫困差距率差别不明显；养老金给付后，东部地区的老年贫困发生率仍然保持相对最低水平，而中部的贫困发生率虽然比西部低 1 个百分点，但贫困差距率和贫困差距平方约比西部高 2 个百分点，表明与西部相比，中部虽然更少的老年人低于贫困线（2300 元/年）以下，但贫困老年人的收入要更低于西部地区。换句话说，中部贫困老人比西部贫困老人更贫困。从贫困发生率变动趋势来看，西部老年贫困发生率下降幅度大于中部，中部则大于东部。表明养老金在贫困发生率较高地区的减贫效应更明显，因此要重视养老金在中西部贫困地区显著的减贫效应，积极扩宽养老金覆盖面，提高养老金待遇水平。

**表 5 – 9**　养老金给付前后东部、中部、西部地区老年贫困发生率变化　　单位:%

| 指标 | 地区 | 养老金给付前 | 养老金给付后 | 变动 |
|---|---|---|---|---|
| 贫困发生率（$P_1$） | 东 | 39.58 | 23.66 | −15.92 |
| | 中 | 56.77 | 38.30 | −18.47 |
| | 西 | 62.33 | 39.33 | −23.00 |
| 贫困差距率（$P_2$） | 东 | 28.94 | 10.83 | −18.11 |
| | 中 | 40.57 | 18.14 | −22.43 |
| | 西 | 41.87 | 16.24 | −25.63 |
| 贫困差距平方（$P_3$） | 东 | 23.92 | 5.89 | −18.03 |
| | 中 | 33.19 | 9.95 | −23.24 |
| | 西 | 32.48 | 8.19 | −24.29 |

### 4. 养老金减贫效应的性别差异

表 5-10 为养老金给付前后男、女性老年人贫困发生率变化情况，养老金对不同性别的减贫困效应存在明显差异，对男性的减贫效果要优于女性。养老金给付前，男性老年贫困程度高于女性，男性老年人的贫困发生率比女性高出近 6 个百分点，贫困差距率和贫困差距平方分别高出 4 个百分点。但是，养老金给付后，男性老年人的贫困程度则低于女性，男性老年人的贫困发生率比女性低 5 个百分点，贫困差距率和贫困差距平方分别低 2 个百分点。男性老年人的贫困发生率下降幅度都超过 20 个百分点，而女性老年人远低于男性。如第四章所分析，男性养老金待遇和覆盖面都高于女性，男、女性月平均养老金分别为 1091 元和 774 元，养老金差距导致养老金对女性老年人的减贫效应要差于男性。

**表 5-10  养老金给付前后分性别老年贫困发生率变化**　　　　　　单位:%

| 指标 | 性别 | 养老金给付前 | 养老金给付后 | 变动 |
|------|------|------------|------------|------|
| 贫困发生率（$P_1$） | 男 | 55.97 | 31.91 | -24.06 |
|  | 女 | 50.14 | 36.66 | -13.48 |
| 贫困差距率（$P_2$） | 男 | 39.40 | 14.18 | -25.22 |
|  | 女 | 35.22 | 16.65 | -18.57 |
| 贫困差距平方（$P_3$） | 男 | 31.87 | 7.55 | -24.32 |
|  | 女 | 28.26 | 8.90 | -19.36 |

### 5. 养老金减贫效应的制度类型差异

表 5-11 为不同养老金制度类型间养老金给付前后老年贫困发生率变化情况。养老金给付前，机关事业单位退休老人的贫困发生率要略低于城镇企业退休职工，前者比后者的贫困发生率低 3 个百分点，贫困差距率和贫困差距平方低 1 个百分点，两者差别不大。但在这两个制度之外的其他城乡老年人的贫困风险非常高，贫困发生率是机关事业单位和企业职工的两倍。养老金给付后，机关事业单位养老金和企业职工养老金完全消除了老年贫困现象，所有被纳入这两种养老金制度之内的老年人所获取的养老金收入都高于全国扶贫线，脱离老年贫困。城乡居民养老金使 12.75% 的老年人有效脱离贫困，但贫困发生率仍然维持在 50%。由于城乡居民养老金待遇水平过低，即使有资格领取养老金，也不能使老年人摆脱贫困，只是少量地增加老年人收入，缩小与贫困线的差距，缓解贫困深度。如表 5-11 所示，城乡居民的贫困发生率仅下了 13 个百分点，但贫困差距率和贫困差距平方分别下降了 21 个百分点和 23 个百分点。与其说城乡居民养老金有效减少了老年贫困，不如说有效缓解了老年贫困

程度。

**表 5 – 11**　　　　养老金给付前后制度类型间的老年贫困发生率变化　　　　单位:%

| 指标 | 制度类型 | 养老金给付前 | 养老金给付后 | 变动 |
|---|---|---|---|---|
| 贫困发生率（$P_1$） | 机关事业单位养老金 | 30.81 | 0.00 | – 30.81 |
| | 企业职工养老金 | 33.85 | 0.00 | – 33.85 |
| | 城乡居民养老金 | 62.26 | 49.51 | – 12.75 |
| 贫困差距率（$P_2$） | 机关事业单位养老金 | 23.29 | 0.00 | – 23.29 |
| | 企业职工养老金 | 24.71 | 0.00 | – 24.71 |
| | 城乡居民养老金 | 43.31 | 22.26 | – 21.05 |
| 贫困差距平方（$P_3$） | 机关事业单位养老金 | 19.35 | 0.00 | – 19.35 |
| | 企业职工养老金 | 20.52 | 0.00 | – 20.52 |
| | 城乡居民养老金 | 34.64 | 11.87 | – 22.77 |

## 二、养老金减贫效应的评价

前文通过比较养老金给付前后老年贫困发生率的变化趋势，较全面评估了我国养老金制度减少老年贫困所发挥的作用。结果表明，我国现有养老金在减少老年贫困方面取得了显著成效，例如，有效降低了老年贫困的广度和深度，同时缩小了不同地区间老年群体的贫困差距。但是还存在一些明显的不足之处，突出体现在养老金的减贫效应呈现非常明显的群体差异，如对男性的减贫效果高于女性，对城镇的减贫效应高于农村。另外，由于当前养老金覆盖率较低，很多老年人被排斥在制度之外，无法享受养老金待遇，减贫效果也因此被大打折扣。

### （一）养老金减贫的积极成效

#### 1. 养老金有效降低了老年贫困广度与深度

本书采用三个常用的贫困测量指标：贫困发生率、贫困差距率和贫困差距平方。第一个指标用于测量贫困广度，即有多少老年人陷入贫困；后两个指标用于测算贫困深度，即贫困老年人的贫困程度。分析结果表明，假如没有养老金（养老金给付前），我国老年人无论在贫困广度还是贫困深度上，贫困发生率都非常高。其中，以世界银行贫困线、全国扶贫线和城乡低保线三条贫困线测定的贫困发生率都超过 50%，意味着一半以上老年人仅靠家庭或个人劳动及非养老金的政府转移支付收入难以维持最低生存需要。贫困差距率处于 34% ~ 42% 之间，意味着所有贫困老年人的平均收入仅占贫困线的 1/3，另外的 2/3 的收入需求只能依靠子女给付与个人储蓄存款等。养老金给付后，这种贫困状况取得显著改善。贫困发生率下降了 20% 左右，意味着养老金给付使 1/5 的老年人摆脱贫困。即使在领取养老金后仍然贫困的老年人，也显著缩小了与贫困线的差距。贫困差距率也下降了 20% 以上，下降至 10% ~ 20% 之间，养老金有效增加了老年人的可支配收入。

**2. 养老金缩小了地区间老年贫困差距**

在肯定养老金减贫效应的基础上，必须承认，这种减贫效应在不同群体间存在显著差异，如城乡、地区、性别以及制度类型之间。在地区之间，养老金的减贫效应与贫困发生率成正比，越贫困地区，养老金的减贫效应越强。在养老金给付前，贫困程度由轻到重依次为东部、中部、西部，养老金给付后，老年贫困发生率和差距率的下降幅度最大的为西部，其次是中部和东部。地区间贫困发生率差距由 22.75% 下降至 15.67%，贫困差距率由 12.93% 降至 7.31%。如第四章所分析，养老金水平的地区差异不明显，地区间养老金水平较为均衡量，因此平等的养老金能使更贫困地区的更多老年人摆脱贫困，对于促进地区间老年收入平等具有重要意义。

## （二）养老金减贫存在的问题

### 1. 待遇水平低削弱了养老金的减贫力度

养老金是维持老年人基本生活的最主要收入来源，在欧美发达国家，养老金收入占老年收入的 80% 以上。如图 2 - 2 和图 2 - 3 所示，美国和欧盟国家养老金的减贫效应十分显著，在计入养老金收入之前，65 岁以上老年人口的贫困发生率达到 50%，是其他各年龄组的 2 倍以上，但是在计入养老金收入之后，老年人口的贫困发生率迅速下降，低于其他年龄组。发展中国家则是另外一幅图景，表 2 - 1 显示了亚非拉欧等主要发展中国家和地区在计入养老金之后的老年贫困发生率。大部分国家和地区的老年贫困发生率仍然很高，如拉美的尼加拉瓜、洪都拉斯，非洲的加纳、亚洲的吉尔吉斯斯坦等国家，老年贫困发生率接近或超过 50%。而且，即使在领取养老金之后，老年人仍然是贫困发生率最高的群体之一。同样是养老金制度，发达国家与发展中国家的巨大反差表明，养老金的减贫效应大小与养老金制度本身的差异具有重要关系，而制度差异不仅体现在制度覆盖率方面，而且表现为养老金水平的高低。与发达国家相比，发展中国家的养老金水平普遍偏低，如泰国普惠型的"B500"计划虽然覆盖了所有 60 岁以上老年人，但养老金水平不足 1 美元/天，难以帮助老年人真正脱贫。

我国养老金的减贫效应与广大发展中国家类似，由于待遇水平较低，削弱了制度效果。在 CHARLS 统计的 3730 个有效样本中，养老金平均水平只有965.56 元/月，虽然远高于三大贫困线，但是很多老年人的养老金是"被平均的"，养老金中位数仅为 801.50 元/月，低于均值，一半以上老年人的养老金收入在中位数之下。更进一步地，有 37% 的老年人的月均养老金收入在 100元以下，41% 的老年人在 200 元以下。如此之低的养老金收入，难以为老年人提供充足的收入保障。从实施效果来看，我国当前养老金水平大概能降低20% 的贫困发生率，贫困差距率下降幅度更大，超过 20%。这与我国养老金水平普遍偏低有关，因为养老金水平低导致老年人即使领取养老金之后，其收入水平仍然低于贫困线，仅是缩小了与贫困线的差距。要从根本上解决老年贫困问题，不仅需要提高制度的覆盖率，让所有老年人老有所养，而且要适度提高养老金水平，让老年人能够脱贫。

**2. 覆盖率低导致很多老年人因被排除在制度之外而陷入贫困境地**

自 20 世纪 70 年代以来，世界范围内的就业结构呈现非正规就业比例快速增长的趋势。如第二章中所分析的，在亚非拉等发展中国家，新增就业中近90% 为非正规就业；即使在发达国家，非正规就业比例也超过 30%。非正规就业部门常常被描述为拥有极少量的资本或没有资本，生产技术落后，生产效率极低，收入水平很低，工作不稳定。他们的经济活动之所以被称之为非正规的，是因为他们中的绝大部分人没有在官方统计机构登记，几乎不能进入有组织的劳务市场，得不到金融机构的资金，得不到正规的教育和培训，也得不到政府提供的服务和保护。因此，他们得不到政府的承认、支持和管理。受形势和环境所迫，他们往往在法律框架之外开展业务。尽管偶尔也在政府统计机构登记并且依法经营，但其经营场所几乎不受社会保障、劳动法规及劳动保护措施的约束（Hansenne, 1991）。这部分群体被传统缴费型养老保险制度所排斥，退休后因丧失养老金领取资格而陷入贫困境地。

我国的就业结构也表现出类似特点，非正规就业比例非常高，正呈现逐年增长的趋势。1990~2004 年，我国城镇非正规就业年均增长率是城镇总就业增长率的 3.9 倍，到 2004 年，非正规就业占城镇就业比重的 58.69%（胡鞍钢、赵黎，2006）。虽然我国已建立了覆盖各类社会群体的养老保险制度，但难以将这部分群体纳入保障范围。此外，许多社会成员虽然符合某一项养老金制度的参保资格，但由于收入、制度激励性不足或其他原因，参保积极性并不高。例如，在农村，城乡居民养老保险制度的扩面同样存在问题，主要覆盖群体为收入水平低、学历低、健康水平低、年龄偏大的人群，而对高收较高、高学历较高等人群的参保吸引力不足（穆怀中，闫琳琳，2012）。据人社部统计，到 2012 年年底，全国养老保险参保率仅为 61.5%，意味着近四成的社会成员游离于制度之外。本书使用的 CHARLS 数据库统计结果表明，养老金领取率 44.6%，低于全国养老金参保率，可能是由于随着近年我国养老金制度的不断完善与推广，更多在职职工被覆盖。分城乡来看，城镇养老金领取率为 70%，农村仅为 33%。半数以上未参保的老年人则可能因此而缺乏保障，陷入贫困。

由于传统缴费型养老金在扩大覆盖面上遇阻，国际上因此而兴起了建立非缴费养老金制度以应对老年贫困问题，而且减贫效果十分显著。虽然我国也建立了类似的制度——高龄津贴制度，但主要是部分省或市县级地方政府自主建立的，并未在全国层面建立统一的制度，据 CHARLS 社区问卷统计，只有 31.1% 的社区/村建立了高龄津贴制度。而且，这一制度存在诸多问题，如资格年龄限制太高，普遍为 80 岁；保障水平低，平均待遇为 79.76 元/月，严重削弱了这一制度的减贫效应。

**3. 制度分割导致老年贫困呈现群体性差异**

我国养老金不仅总体水平偏低，而且群体间差异大，导致减贫效应也是"冷热不均"。这不仅是由于不同养老金制度模式间导致的群体差异，而且在同一制度下不同特征性群体也存在差异，甚至是两者交叉性影响引致的差异。

第一种差异类型突出表现为机关事业单位养老金、城镇企业职工养老金和城乡居民养老金三项基本制度之间的差异。如表 5-11 所示，前两项制度完全消除了老年人的贫困，但是，城乡居民养老金的减贫效果则大为"失色"，养老金仅降低了 13% 的贫困发生率，养老金给付后，仍然有近一半老年人处于贫困线以下。导致这种差别的原因在于前两者属于职业关联型养老保险制度，目标定位并不仅在于减贫这一初级目标，而在于保障老年人正常生活。养老金水平为退休前工资的一定比例，机关事业单位养老金替代率约为 70% ~ 90%，企业职工养老金虽有所下降，但基本稳定在 50% 以上。参保者只要在退休前达到 15 年的缴费年限，退休后领取的养老金待遇完全能够满足基本生活需求。相反，城乡居民养老金自 2009 年开始试点，基础养老金和个人账户养老金共同为参保的退休老年人提供养老金。其中，基础养老金最低以 55 元/月为标准向所有符合条件的参保人发放，在 2015 年上调至 70 元/月；个人账户养老金根据个人缴费累积额确定，由于大部分老年人选择最低档的 100 元/年，假设缴费 15 年，个人累积额也不过 1500 元左右，两项养老金构成的养老金水平仍然非常低，难以使贫困老年人摆脱贫困。

第二种类型突出表现为养老金减贫效应的性别差异。在养老金给付前，女性老年贫困发生率要低于男性，但在养老金给付后，这一状况发生了逆转，女性比男性更贫困，这与女性养老金水平低于男性直接相关。社会劳动分工赋予性别因素独特的重要性。生育孩子和照顾家人的大部分职责被分配给了女性，这给女性依自己的权利积聚资源和权益的能力造成了负面影响，这决定了所能拥有的资源、权益和他的脆弱性及其今后直接和长远的保障。中国城市正式部门工资的性别差异呈现扩大化趋势，在城市正式部门，女性职工占比不到40%，在正式部门内部，女性主要从事手工作业而非高级管理工作。另外，1990～1995 年，35～50 岁之间的女性退休比率大大高于男性。这些都会影响女性退休后的养老金待遇水平（希拉里·斯坦丁，2006）。

第三种类型突出表现为养老金减贫效应的城乡差别。在城乡之间，养老金对城镇老年人的减贫效应要大大高于农村，扩大了城乡老年贫困差距。养老金使大部分城镇老年人脱离贫困，贫困发生率由 32% 下降至 2%，减贫效果十分显著。但在农村，由于养老金待遇水平普遍较低，减贫效应被削弱，农村老年贫困发生率从 62% 下降至 48%，贫困发生率仍然处于较高水平。城乡老年贫困发生率由养老金给付前的 30% 扩大至 46%。导致这一结果的根本原因在于养老金制度类型的差异。机关事业单位养老金和企业职工养老金完全能够保障老年人的基本生活需求，养老金给付后，完全消除了老年贫困。在退休前，非正规就业职工、农民工以及农村居民的收入水平要明显低于机关事业单位及企业职工，前者的个人储蓄少于后者，老年风险防范能力也必然更弱，职业、工龄及收入关联型养老金制度不仅不向弱者倾斜，而且使强者更强，富者更富。

# 第六章

养老金的收入差距调节效应

　　处于转型期的中国，虽然养老金待遇悬殊成为社会诟病养老保险制度的重要方面，如前分析，我国养老金待遇悬殊问题的确存在，城乡之间、不同养老金类型之间的差距更为明显。但是，第五章的分析结果也表明，虽然由于待遇水平低、差距大等问题，导致养老金的减贫力度受到制约，部分老年群体仍处于贫困境地，但是无论在贫困广度还是贫困深度，我国养老金都有效缓解了老年贫困问题。然而，减贫效应与收入差距调节效应不同，减贫效应评估不能代替收入差距调节效应评估。贫困是测量个体收入水平与所设定的贫困线之间的差距，而与其他人的收入水平无关，贫困线一旦确定，提高养老金必然减少老年贫困，两者之间表现为绝对的负相关关系。收入差距是每个个体之间收入水平的相对差距，与贫困线无关，收入差距不仅取决于所要分析的个体的收入水平，而且取决于所参照的个体的收入水平。如第四章所分析的，养老金的收入差距调节效应存在三种情形：正向调节效应、逆向调节效应和无显著影响。那么，我国养老金的收入调节效应是以上哪一种情形，需要进一步分析。

# 第一节　收入调节效应的理论分析与方法选择

## 一、理论分析

　　双重分配职能理论认为，财政通过收入的取得参与国民收入的初次分配，通过支出对初次分配的结果进行再次调节，进而实现公平分配的目标（胡佳妮，2009）。社会保障作为一种财政工具，是调节收入分配的综合性手段。在初次分配领域，社会保险和职业福利可以影响和改变初次分配的格局。通过构建工资、社会保险与职业福利三位一体的薪酬体系来提高劳动者报酬并适度平抑畸高的资本收益，实现初次分配领域中的调节（王延中，龙玉其，2013）。在再分配领域，为了弥补市场分配的不足，所有市场经济国家都会利用政府干预来建立再分配机制，通过对政府财政收入的分配使社会财富的分配更加合理（郑功成，2010）。养老金制度作为一项重要的社会政策，在初次分配和再分配两个环节对收入分配产生重要影响。在初次分配环节，雇主和雇员以固定费（税）率缴纳养老保险费（税），收入高的群体缴纳的保险费越高，收入低的群体缴纳的保险费越低，从而实现调节收入差距的效果；在再分配环节，老年人在退休后，国家根据特定计发办法发放养老金，计发办法中所隐含的公平因子（如社会平均工资）实现收入差距调节的效果。在特定政策环境中，养老金制度的收入差距调节效应的方向与力度取决于政策制定时的参数设置，参数设置不同，产生的实际效果千差万别。如果设计合理，养老金制度就能产生显著的正向收入差距调节效应。有很多的研究证明，社会保障在调节收入分配、缩小收入差距、促进社会公平上发挥了重要作用。荣燕（2007）的分析表明，以 1982 年英国数据为例，经过社保税和各种补贴，最高收入的 20% 的家庭与最低收入的 20% 的家庭的最初收入之比由 120∶1 下降为 4∶1。侯明喜（2007）研究认为，美国约有 7% 的社会财富，德国约有 15% 的社会财富，瑞典约有 25% 的社会财富通过社会保障实现了收入再分配。杰苏伊持和马勒（2004）对发达国家的社会保障收入分配效应的分析发现，与税收相比，社会保障对收入不平等的调节作用更为显著，平均来说，社会保障对降低收入不平等的贡献度达到 85%，而税收只占到 15%。但是，但若体制不健全，社会保障实践可能会朝着相反的方向起作用。国内很多学者注意到，由于我国社会保障体系不健全、体制不完善、结构不合理，目前的社会保障在不少层面都存在财富逆向转移的负面效应，在一定程度上扩大了收入分配的不公平。郑功成（2010）认为，正是由于社会保障制度不健全、不公平，行业之间、劳资之间、群体之间乃至城乡之间、地区之间的差距呈持续拉大趋势。刘志英（2006）注意到，低水平的社会保障转移支付不仅没有缓解我国贫富差距，在某些方面还加大了贫富差距。因此，理论上，养老金作为调节收入分配不平等的重要手段已得到国内外学者一致肯定，但在实践中社会保障的收入调节效应受到诸多因素的影响，制度设计与实施中存在缺陷也可能导致这种调节效应丧失，甚至产生逆向调节效应。那么，实践中，我国养老金与收入分配之间的关系如何，究竟是正相关关系，还是负相关关系，还需要进一步验证。同时，养老金水平与收入分配之间的关系如何？是否养老金水平越高，其调节收入不平等的力度越大？养老金的不平等与收入分配的关系又是如何？当前我国养老金巨大的不平等是调节了收入差距还是缩小了收入差距？抑或是对收入差距没有显著影响？最后，养老金的收入差距调节效应是否如减贫效应一样，存在显著的群体差异？这些问题在本章中将一一回答。

## 二、评估方法的选择

在测量养老金制度的再分配效应时，学者普遍遵循两条思路展开分析。一是基于经济学的收入分配理论，选取衡量居民收入分配差距的指标，如极差、变异系数、基尼系数、泰尔指数等，对比不同收入水平的居民在参加/领取养老金后上述指标的变动情况，从而判断养老金制度的再分配效应；二是基于保险精算学视角，分析不同养老金制度模式对不同收入阶层、年龄段等社会成员参加养老保险制度的损失和受益水平，进而衡量养老金制度的再分配效应。

何立新（2007）、王晓军（2009）等学者采用的是第二种方法。以王晓军为例，他是利用2006年中国统计年鉴的宏观数据，在一系列假设条件下计算了同一年龄的一批人的养老金收益。测量再分配程度用了两种具体方法：第一种方法是用缴费累积终值与养老金待遇给付现值之差，即净转移额来度量再分配程度。正的净转移额表明养老金给付现值大于缴费终值，养老保险具有正向再分配功能，负的净转移额表明养老金给付现值小于缴费终值，具有逆向再分配功能，净转移额的绝对值越大，表明养老金的再分配力度越大；第二种方法是用内部回报率来测定。内部回报率是使养老保险缴费终值等于给付现值时的利息率，如果内部回报率低于假定的积累利率和折现利率，意味着养老金具有逆向再分配效应；相反具有正向再分配效应。

第一种方法是基于真实数据对养老金制度的运行效果进行实证评估，反映的是"真实世界"的综合结果；第二种方法则是基于制度设计中的参数设置，模拟养老金再分配效应的"理想"结果。理论上，虽然两种方法各具特色，但都是有效的。但在我国养老金的政策环境里，前者比后者更具可行性和可信度，主要基于以下几个原因：第一，我国多种养老金制度并存，不同制度间的模式迥异，基于保险精算学的方法无法比较不同制度类型间的再分配效应；第二，我国养老金制度本身就缺乏精算设计，缴费和待遇之间缺乏精算关系，如机关事业单位职工在工作时无须缴费，城乡居民养老保险基础养老金按当地政府规定按统一标准发放，养老金损益关系的假设不成立；第三，精算学方法基于个人整个生命历程的缴费与收益情况，制度长期稳定是其根本前提；但是我国养老金政策更替频繁，各项养老金制度远未定型、定性，如即便发展相对较为成熟的城镇企业职工养老保险制度，1997年和2005年就出现两次重大改革，因此，在此背景下，基于精算学方法的评估结果毫无意义。因此，本书将采用第一种方法，通过比较养老金领取前后社会成员收入分配差距，来评估我国养老金制度的收入差距调节效应。

基于前文的分析，我国养老金待遇差距在城乡、养老金制度类型之间尤其显著，养老金在城乡、制度类型之间最有可能产生逆向调节作用，据此，本部分将从总人口、城乡、地区、制度类型等四个维度详细分析我国养老金的收入差距调节效应。总人口、城乡、地区、制度类型四个维度都遵循以下分析思路：先通过洛伦兹曲线直观比较养老金领取前后的变化情况，再通过计算养老金领取前后老年人的"绝对收入差距和相对收入差距"① 两个维度的不平等指标来评估养老金的收入调节效应，最后总结和分析发现的特点、存在的问题及其致因。还需要说明的是，在调查数据中，有些样本有非养老金收入数据，但养老金收入数据为缺失值，同样地，有些样本有养老金收入数据，但非养老金收入数据缺失。由于数据缺失可能会对评估结果产生干扰，因此本部分的分析主要基于同时具有养老金收入与非养老金收入的样本，样本量为 2226 个。

## 第二节　养老金收入调节的综合效应

根据库兹涅茨倒"U"型理论，一国或地区的经济发展水平与收入差距的关系并不是恒定的，而是在不同历史阶段会表现为两种类型：在经济发展的初级阶段，经济增长与收入差距表现为负相关关系，即随着经济增长收入差距也随之扩大；当经济发展水平达到一定高度后，政府更加注重建立和完善收入分配与再分配政策，经济增长促进了社会公平，收入差距收窄。我国各地区的经济发展相当不均衡，省区市之间经济发展的这种横向不均衡与库兹涅茨讨论的特定国家在不同历史阶段的纵向不均衡类似。将全国所有省区市养老金收入的绝对值纳入统一的分析框架内，可能忽略了经济水平这一因素对收入差距的影响，导致养老金收入差距调节效应评估存在失真问题。为了验证这一可能存在的影响，本部分采取两个方案对比分析，先采用收入（包括养老金收入和非养老金收入）绝对额为测算对象，再采用收入替代率（包括养老金收入和非

---

① 王洪亮（2010）将收入不平等测量指数划分为绝对差异和相对差异，前者指某变量偏离参照值的绝对额，具体包括极差、平均差、标准差等，后者指某变量偏离参照值的相对额，具体包括极值比、等分比、变异系数等。

养老金收入）指标作为替代性指标进行分析，比较两个方案下养老金对初次收入分配差距的影响。如果差别较大，则表明各地区经济发展水平差异较大，考虑到各地区收入购买力的差异，采用收入替代率方案进行分析更为科学；否则采用任意一方案都是可行的。

## 一、基于绝对值的养老金收入调节综合效应

本书所指的养老金收入调节的综合效应是为与后文的城乡、地区、制度类型的比较相区别，将所有老年人视为一个整体，他们获得养老金给付后的收入差距变化，不区别是否为城乡、东中西部地区或参加的养老金类型。图 6 - 1 为基于 2226 个样本的老年人养老金给付前后的洛伦兹曲线，实线 OL 为养老金给付前，虚线 OL 为养老金给付后，后者比前者更接近绝对平均线（直线 OL），但差别不大，养老金给付后，老年人的收入差距仍然悬殊，极少数人占有绝大多数收入。尤其是对提高低收入老年人的收入效果不明显，养老金给付前，人口累积占比前 50% 的老年人的收入占比为 4%，养老金给付后，这一比例为 7%，仅提高了 3 个百分点。人口累积占比为前 80% 的老年人的收入占比从养老金给付前的 31% 提高至 42%，养老金给付前和给付后分别有 69% 和 58% 的收入资源被最富有的 20% 的老年人占有。图 6 - 1 和数

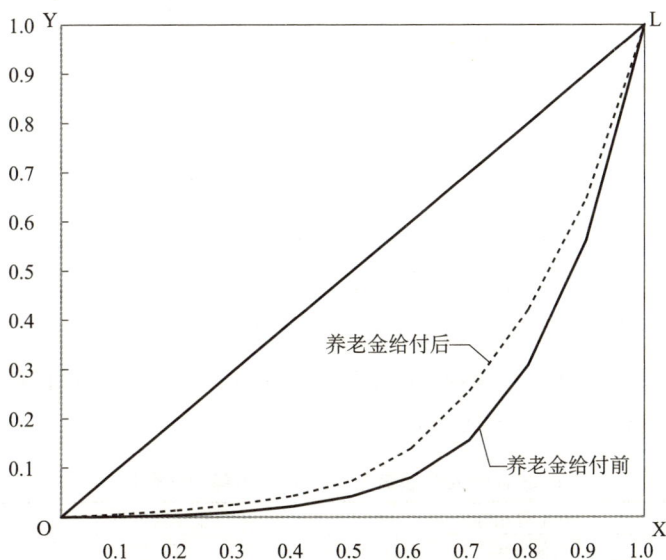

图 6 - 1　基于收入绝对值的养老金给付前后的洛伦兹曲线

据表明，当前我国养老金有助于缩小老年人的收入差距，但总体上的调节效应并不十分显著。

为进一步分析我国养老金对调节老年人收入差距的详细情况，本部分采用极差值、等分比、变异系数、基尼系数等收入不平等指数，比较养老金给付前后的变动情况，如表 6 - 1 所示。养老金不仅显著增加了老年人的收入水平，而且缩小了收入差距，但调节力度有限。具体表现为以下几个特点：

（1）养老金显著增加了老年人的收入水平。在计入养老金收入后，老年人月平均收入由 583.04 元上升至 1134.30 元，增幅达到 94.54%，而以中位数指标来衡量，养老金给付后的收入是给付前的 3 倍，但中位数仅为均值的 1/3 左右。

（2）养老金扩大了老年群体的绝对收入差距。极差值由最初的 4805.54 元扩大至 6961.67 元，扩大幅度接近 50%；养老金给付也扩大了老年人收入的方差和标准差，标准差由 821.45 扩大至 1291.33，扩大幅度超过 57%。因此，我国养老金在增加低收入老年人收入的同时，也增加了高收入老年人的收入，而且高收入老年人所增加的养老金水平要高于低收入老年人。

（3）养老金有效缩小了老年人的相对收入差距。从等分比来看，十等分比值和五等分比值都有显著下降，分别从 489.59 和 187.41 下降至 60.91 和 41.69，表明养老金给付后，最富裕的 1/10 老年人的收入是最贫困的 1/10 老年人的 61 倍，最富裕的 1/5 老年人的收入则是最贫困的 1/5 老年人的 42 倍，虽然仍然还有较大差距，但相比养老金给付前而言有了显著改善。相对均差反映了每个个体与平均收入的离散程度，表征了收入分配的所有特征，较等分比更能消除极端值的影响。相对平均差由给付前的 1.41 下降至 0.92，有较明显下降，同样，变异系数也由 1.41 下降至 1.14，虽有下降，但仍大于 1，收入差距仍然过大。基尼系数是反映收入差距最常用的指标，它的优势不仅在于对所有个体所提取的信息量高于其他指标，而且具备了一套公认的衡量标准。如表 6 - 1，我国养老金给付前的基尼系数为 0.67，收入差距远超出收入差距悬殊的国际标准（为 0.5），即使计入养老金收入后，基尼系数有较明显改善，但仍然处于较高水平，达到 0.58。

表 6 - 1　　　　　养老金计入前后老年人收入不平等变化情况

| 不平等指标 | 非养老金收入 | 总收入 |
| --- | --- | --- |
| 均值（元） | 583.04 | 1134.30 |
| 中位数（元） | 166.67 | 476.67 |

| 不平等指标 | | 非养老金收入 | 总收入 |
|---|---|---|---|
| 绝对收入差距 | 极差（元） | 4805.54 | 6961.67 |
| | 方差 | $6.75 \times 10^{5}$ | $1.66 \times 10^{6}$ |
| | 标准差 | 821.45 | 1291.33 |
| | 相对均差 | 1.08 | 0.92 |
| | 对数标准差 | 1.98 | 1.41 |
| 相对收入差距 | 最高/低10%之比 | 489.59 | 60.92 |
| | 最高/低20%之比 | 187.41 | 41.69 |
| | 变异系数 | 1.41 | 1.14 |
| | 基尼系数 | 0.6729 | 0.5808 |

注：非养老金收入表示计入养老金收入前的收入，总收入表示非养老金收入加上养老金收入后的收入。

因此，从收入绝对额来看，我国养老金具有正向的再分配功能，缩小了老年人的收入差距，但养老金调节力度十分有限，受初次分配差距较大的影响，养老金给付后的收入差距仍处于较高水平。

## 二、基于替代率的养老金收入调节综合效应

我国地区经济发展水平及居民收入水平差距非常大，2010年，全国31个省区市人均 GDP 最高与最低之比为5.80，城镇单位就业人员工资之比为2.38。理论上，在消除省区市经济发展水平差异之后，养老金收入调节效应更能反映老年人的实际生活水平。因此，为消除经济发展不平衡的影响，本书采用以省级城镇单位就业人员工资为基础的收入替代率，代替绝对收入额，非养老金与总收入替代率计算公式如下所示：

收入替代率＝非养老金收入（或总收入）/省社会平均工资×100%

基于收入替代率的养老金给付前后的洛伦兹曲线变化如图6-2所示，与基于收入绝对额的图6-1基本一致，养老金具有收入调节作用，但调节力度十分有限。同时也表明地区经济差异对养老金的收入调节效应的影响非常微弱，基于收入绝对额的分析足以反映养老金的收入差距调节效应。

相应的养老金给付前后的收入差距指标如表6-2所示，具体表现出三个明显特征：

（1）总体上，养老金大幅提高了老年人生活水平，收入替代率显著提高。老年人的平均收入替代率由非养老金收入的20.48%上升至40.35%，提高了近一倍。但是中位数衡量的替代率要显著低于平均数，养老金给付前，一半老

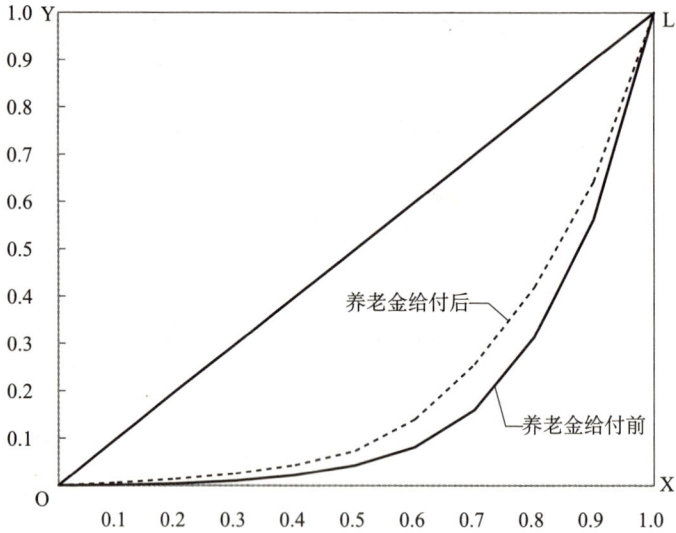

图 6-2　基于收入替代率的养老金给付前后的洛伦兹曲线

年人的收入替代率低于 6%，在养老金给付后，虽然有所提高，但仅为 16%，收入差距仍然非常大。

（2）与收入绝对额测量结果一致，养老金有效扩大了老年人的绝对收入差距，极差、方差和标准差都显著上升了。

（3）养老金缩小了老年人的相对收入差距。虽然有效缩小了最高收入与最低收入的相对差距，但总体调节力度有限。如最高 10% 与最低 10% 比值由非养老金收入的 480.71 下降至总收入的 60.51，最高 20% 与最低 20% 比值则由 179.85 下降至 40.32，下降幅度较大。然而，相对均差、变异系数等指标仍然偏高，养老金给付前后的变异系数、基尼系数甚至高于采用收入绝对额的计算的收入差距，地区经济差异不仅没有削弱养老金的收入调节效应产生，相反具有促进作用。

（4）地区间的经济发展水平对养老金的收入调节效应影响不大。在消除地区间经济发展差异之后，非养老金收入与总收入的各项不平等指数变化差别不大。

表 6-2　　基于收入替代率的养老金计入前后收入不平等变化情况

| 不平等指标 | 非养老金收入 | 总收入 |
| --- | --- | --- |
| 均值（元） | 20.48 | 40.35 |
| 中位数（元） | 5.83 | 16.48 |

续表

| 不平等指标 | | 非养老金收入 | 总收入 |
|---|---|---|---|
| 绝对收入差距 | 极差（元） | 207.92 | 277.68 |
| | 方差 | 843.70 | 2146.00 |
| | 标准差 | 29.05 | 46.32 |
| | 相对均差 | 1.08 | 0.92 |
| | 对数标准差 | 1.97 | 1.40 |
| 相对收入差距 | 最高/低10%之比 | 480.71 | 60.51 |
| | 最高/低20%之比 | 179.85 | 40.37 |
| | 变异系数 | 1.42 | 1.15 |
| | 基尼系数 | 0.6700 | 0.5821 |

注：非养老金收入表示计入养老金收入前的收入，总收入表示非养老金收入加上养老金收入后的收入。

## 三、总效应的结果分析

不论是基于收入绝对值，还是基于替代率的相对值，评估结果都表明，我国养老金具有正向收入调节效应，有效缩小了处于两个收入极端群体的收入差距，但总体调节力度较弱，养老金再分配后的收入差距仍然偏大。

首先，需要肯定我国养老金积极作用。对于部分老年群体而言，尤其是高龄老人和失能半失能老人，养老金是他们的唯一收入来源。相对其他群体，养老金对低收入群体的收入差距调节效应具有较强的弹性，即向低收入群体每增加一单位养老金所产生的收入调节效应要大于向中高收入群体。我国分别从2009年和2011年实施城乡居民养老保险制度，虽然待遇标准只有70元/月，但保障对象主要为未参加其他养老保险的城镇居民和农村居民，他们普遍工作不稳定，收入较低，退休后没有足够积蓄用以维持老年生活，向他们提供普惠式的基础养老金有助于缩小高收入群体的差距。此外，在各地区实施的高龄津贴制度，为80岁以上高龄老人每月提供50~1000元不等的收入补贴，能有效缩小贫困老年人与其他老年人的收入差距。

其次，我国养老金收入调节效应被弱化主要是基于两方面的因素，一是我国养老金水平普遍较低，二是养老金待遇差距悬殊。就养老金水平而言，我国养老金平均水平为932元/月，仅为当年城镇单位就业人员在岗平均工资的26.35%。养老金中位数则仅为700元/月，即一半以上老年人的养老金收入低于平均水平。在有养老金收入的3824个样本中，将近40.4%的老年人的收入低于100元/月，其中，有580位老人的养老金收入为55元/月，占比为 15.2%，其中有 540 位老人的养老金收入为 60 元/月，占比为 14.1%。由于养老金水平普遍过低，对老年人的增收有限，收入调节作用必然受到制约。就养老金差距而言，理论上，差距大并不是导致养老金收入调节效应弱化的必然原因，假设养老金收入与非养老金收入互补，即非养老金收入较低的群体所领取的养老金更高，将具有极大的收入调节效应。然而，如第四章所分析的，我国养老金待遇存在明显的阶层差异，职位等级越高，工作越稳定、收入越高的群体，养老金水平越高。第五章中老年收入来源及其水平分析表明，在非养老金收入来源中，家庭转移支付是我国老年人收入的主要来源，工资性收入则是所有非养老金收入中水平最高的收入。一般来说，家庭经济较好的老年人在工作期的职业等级较高，而能够在退休后成功重返劳动力市场的老年人普遍为高级知识分子和技术型人才，这部分群体的养老金水平相对较高。

因此，为提高养老金的收入调节效应，不仅需要提高养老金水平，关键在于完善面向低收入群体、职业弱势群体（如工作期为灵活就业人员、农民、农民工等）的养老金政策，提供相对较高水平的养老保障待遇，适度缩小与正规就业群体的养老金差距。

## 第三节　养老金收入调节效应的城乡差异

城乡二元结构是我国社会经济发展各方面最为显著的特征，养老金制度表现的尤其明显，从制度名称到制度模式，从筹资标准到计发办法，都凸显出明显的城乡二元痕迹。总体上，城镇养老金制度建设相对较为完善，而农村则于2009 年刚刚起步，制度还很不成熟；城乡养老金覆盖率也有所差异，还未建立城乡养老金制度之间畅通的转移接续渠道。养老金收入差距调节的综合效应忽略了城乡差异的现实存在，只能用于理论性探讨，在实际应用中作用不大。正是基于这一现实问题，本部分将从城乡视角，比较城乡养老金制度收入差距调节效应的差异。由于在总效应中基于收入替代率的收入调节效应与基于养老金绝对额的差别不是很显著，本部分及后文的地区、制度类型比较只采用养老金绝对额进行分析。

## 一、养老金给付前后城乡收入差距变化

图 6 - 3 非常直观地反映了城乡养老金给付前后的收入差距变化，其中，曲线 OAL（虚线）为农村老年人的非养老金收入分配曲线，OBL（虚线）为养老金计入后的农村老年人总收入分配曲线，OCL 为城镇老年人的非养老金收入分配曲线，ODL 为养老金计入后城镇老年人总收入分配曲线。图 6 - 3 显示：第一，养老金计入前后城乡间收入分配洛伦兹曲线变化都有所改善，城乡老年人总收入的洛伦兹曲线比非养老金更接近收入分配绝对平均线 OL，表明养老金改善了城乡老年人的收入分配差距。第二，农村老年人的收入不平等水平远高于城镇。在养老金计入前，农村老年的收入分配洛伦曲线 OAL 比对应的城镇老年人的洛伦曲线 OCL 更接近收入分配绝对不平均线 OXL；在总收入分配中，农村的分配曲线也同样位于城镇之下。而且，农村老年人总收入分配曲线 OBL 低于城镇的非养老金收入分配曲线，表明即使在农村养老金发挥收入调节效应后，农村老年人的收入差距仍然大于调节之前的城镇老年人。第三，城镇养老金制度的收入差距调节力度高于农村。农村户籍老人收入分配洛伦兹曲线 OAL 改善至 OBL，变化幅度明显小于城镇户籍老人的 OCL 改善至 ODL。

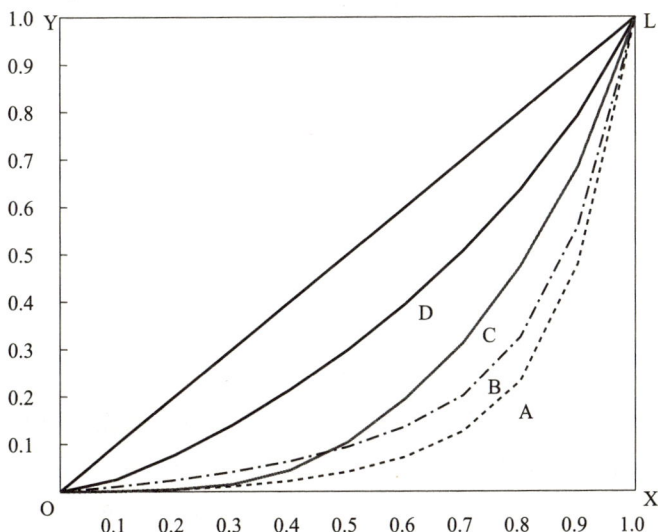

- - - OAL为农村老年人非养老金收入分配曲线 — · OBL为养老金计入后农村老年人总收入分配曲线
— OCL为城镇老年人非养老金收入分配曲线 — ODL为养老金计入后城镇老年人总收入分配曲线

**图 6 - 3 分城乡的养老金计入前后收入分配洛伦兹曲线**

表6-3采用多项收入不平等测量指标比较了城乡养老金收入差距调节力度及其差异。养老金给付提高了城乡老年人的收入水平。在农村，老年人平均收入由非养老金的437.54元/月提高至总收入的584.81元/月；但是中位收入远低于均值，近一半的老年人的养老金低于100元/月。在城镇，老年人的非养老金收入较高，平均收入是农村老年人的2倍以上；计入养老金待遇以后，平均收入达到2449元/月，占当年城镇单位在岗职工的收入的69%，增收幅度较大，能够保障老年人的退休生活。尤其对于无其他收入来源的老年人而言，养老金收入是其唯一收入，可以使其免于贫困，保障基本生活所需。同时，城镇老年人的非养老金收入与总收入的均值与中位数差别较小，收入较为均等。

**表6-3　　　　　　分城乡的养老金计入前后收入不平等变化情况**

| 不平等指标 | | 农村 | | 城镇 | |
|---|---|---|---|---|---|
| | | 非养老金 | 总收入 | 非养老金 | 总收入 |
| 均值（元） | | 437.54 | 584.81 | 931.25 | 2449.30 |
| 中位数（元） | | 103.33 | 206.67 | 700.00 | 2197.25 |
| 绝对收入差距 | 极差（元） | 3999.58 | 4970.42 | 4805.54 | 6937.08 |
| | 方差 | $5.12 \times 10^5$ | $6.38 \times 10^5$ | $8.94 \times 10^5$ | $1.68 \times 10^6$ |
| | 标准差 | 715.44 | 798.95 | 945.47 | 1296.06 |
| | 相对均差 | 1.16 | 1.00 | 0.82 | 0.42 |
| | 对数标准差 | 1.89 | 1.18 | 1.97 | 0.70 |
| 相对收入差距 | 最高/低10%比 | 475.77 | 41.17 | 411.54 | 8.16 |
| | 最高/低20%比 | 183.03 | 27.83 | 118.90 | 4.81 |
| | 变异系数 | 1.64 | 1.37 | 1.02 | 0.53 |
| | 基尼系数 | 0.713 | 0.618 | 0.607 | 0.287 |

与总人口的综合效应相似，养老金扩大了城镇/农村内部的绝对收入不平等。表6-3中的极差、方差和标准差三项指标均显示，总收入的对应项要高于非养老金收入的对应项（如极差值），农村总收入极差值比非养老金收入的高近1000元，城镇则高出2000元以上，表明养老金扩大了最富有群体与最贫困群体的绝对差距。但是，养老金显著改善了城镇和农村内部的收入相对不平等问题。与图6-3反映的特点相一致，表6-3反映了我国当前的养老金在城镇和农村都具有正向的收入调节作用。在农村，十等分比值从再分配前的476迅速下降至41，虽然仍处于较高水平，但下降幅度相当可观。在城镇，这一指标变化情况更为明显，总收入的十等分比值下降至8，处于较为合理的区间。五等分比、相对均差、变异系数、对数标准差、基尼系数等指标均反映出养老金的正向调节效应。

城镇养老金的收入调节效应要明显优于农村。城镇老年人的平均总收入超过当年城镇人均可支配月收入 632 元，收入水平较高，而且收入差距明显缩小，基尼系数由非养老金收入的 0.607 下降至 0.287，处于国际公认的收入差距较小标准线以内。在农村，养老金收入平均只增加 147 元/月，在计入养老金之后，总收入与当年农村人均纯收入基本相当。在计入养老金收入后，基尼系数下降至 0.618，下降了 0.1，仍处于收入悬殊范围，下降幅度远低于城镇。同时值得注意的是，这一结果仅包括同时具有非养老金收入和养老金的老年人，但农村养老金覆盖率仅为 32.88%[①]，如果将覆盖率纳入分析范围，农村养老金的收入调节力度会更小。

## 二、城乡差异的结果分析

城乡比较分析表明，养老金对城镇居民的调节效应要远高于农村居民，城镇养老金不仅显著增加了城镇老年人的收入水平，而且使收入差距由悬殊缩小至较为均等化水平。在农村，不仅再分配前居民的收入差距高于城镇，而且再分配后的收入差距与城镇相比更大。养老金收入调节效应的城乡差异与我国养老金政策理念及改革进程有关。一般而言，养老金收入调节水平高低取决于三个方面的因素，即养老金覆盖率、养老金待遇水平以及不同群体间的养老金差距。首先，养老金覆盖率是收入调节的前提和基础，养老金只能对有资格领取养老金收入的老年人进行调节，未被养老金覆盖的群体被排斥在体系之外。本书的分析也是基于有养老金收入的样本。其次，养老金水平决定收入调节力度，养老金水平越高，调节力度越大，反之，养老金水平越低，对非养老金收入的增收效果越不显著，调节力度也就越小。最后，不同群体之间的养老金待遇差距是决定收入调节的正向效应或负效应的重要因素。即使覆盖面较广，养老金水平较高，但如果不同群体之间的养老金待遇差距较大，高收入群体养老金水平更高，低收入群体养老金水平更低，将导致养老金逆向调节效应，扩大了而不是缩小了原有收入差距。

（1）城镇养老金覆盖率高于农村。1951 年的《劳动保险条例》就开启了城镇职工养老保险制度建设，虽然在 1986 年以前主要是以国家—单位保险为主，但经过几十年的宣传与推广，社会保险理念深入人心，保险意识较强，大

---

① 根据本书的数据计算得出。

部分城镇正式就业人员（机关事业单位职工、国有企业职工、其他企业职工）都被养老保险制度所覆盖。到 2012 年，我国城镇企业职工养老金领取人数达到 7445.7 万人，城镇居民养老金领取人数为 4460.4 万人，覆盖了大部分城镇户籍老人。农村则长期处于制度缺失状态，1992 年民政部出台的《县级农村社会养老保险基本方案（试行）》是我国历史上第一个农村社会养老保险方案，但由于老农保主要是农民个人缴费，多数地方的村集体经济和政府财政没有投入，保障水平较低，农民参保的积极性不高，并逐步趋于萎缩。2009 年国务院发布《关于开展新型农村社会养老保险试点的指导意见》之后，才正式建立起较为稳定的新型农村养老保险制度。农民保险意识较低，加之保障待遇水平较低，参保积极性不高。另外，采用试点后逐步推广的政策实施计划，最初计划 2020 年在全国普及，问卷调查时期的 2011 年，很多地方还未实施这一制度，导致很多老年人还未被覆盖进来，也一定程度上弱化了农村养老金的收入调节效应。据本次调查的社区问卷，在 454 个社区中，除了 151 个缺失值外，只有 51 个社区在 2011 年调查时建立了新农保制度，有效百分比为 16.8%。

（2）城镇养老金水平高于农村。在保险待遇上，城镇养老金水平普遍较高，有效提高了养老金的再分配力度。从 2005 年起，我国城镇企业职工已连续 13 年提高养老金待遇，由 2005 年 700 元/月提高至 2014 年的 2000 元/月以上。2013 年，东部地区的北京、上海、江苏、浙江等省市分别达到 2773 元、2636 元、2025 元、2321 元、2094 元，西部地区与东部经济发达省份差别不大，如青海、陕西、甘肃、贵州等省份的养老金月标准分别为 2285 元、2046 元、2052 元和 1632 元。机关事业单位养老金虽然没有官方公布的确切数据，据学者估计，机关事业单位是企业职工养老金待遇的 2~3 倍（郑金灿，2014）。但实际差距可能更小，如根据 CHARLS 数据库计算的机关事业单位养老金与企业职工养老金分别为 2191.29 元/月和 1507.15 元/月，前者仅为后者的 1.5 倍。然而，农村养老金标准相对较低。新型农村养老保险制度坚持"保基本、广覆盖、有弹性、可持续"原则，"保基本"是四个原则之首，中央规定 55 元/月的最低基础养老金，2015 年调整至 70 元/月，且个人缴费档次相对较低（主要为 100 元/年），难以形成有效的积累。同时，在"有弹性、可持续"原则下未建立可操作的量化标准，什么是有弹性？如何实现有弹性？什么是可持续？可持续仅指财务可持续吗？财务可持续是否意味着养老金待遇标准越低越好？如何平衡养老金待遇水平与财务可持续之间的关系？养老金待遇调整机制如何建立？这些机制的缺位导致养老金待遇调整更随意，缺乏连贯性，需要依靠官员的个人推动才能保障农民权益。农村较低的养老金待遇严重弱化了收入差距调节力度。

（3）城镇养老金的内部差异小于农村。国家机关工作人员养老金包括由退休前工资、工龄、职务等级等因素确定，城镇企业职工养老金则依据缴费工资、社会平均工资、缴费年限等因素确定，老年人之间的养老金水平差异主要是由于个体因素的差异（如个人工资，缴费年限、工龄、职务等级），这种差异远低于新型农村养老金的非个人因素差异。新型农村养老保险的基础养老金与个体差异无关，完全取决于统筹地区的经济发展水平和政治因素（如执政者的重视程度）。统筹范围内所有老年人的基础养老金待遇完全一致，呈现绝对平均化的特点。但是，各统筹地区之间的养老金待遇则差别悬殊。目前我国新型农村养老保险主要以地市级统筹为主，即使如浙江省等少数省份达到了省级统筹，但统筹范围内各地市的基础养老金标准由本级政府确定，各地差别非常大。湖南省基础养老金最低标准为 60 元/人·月，长沙市则为 105 元/人·月；辽宁省基础养老金为 70 元/人·月，但大连市则达到 180 元/人·月；福建省规定全省基础养老金标准为 70 元/人·月，但厦门市达到了 230 元/人·月。省际之间的差别更加明显，自 2009 年新型农村养老保险制度实施以来至 2014 年，全国 31 个省级行政区划单位中有 24 个提高了基础养老金标准，不过各地提高的幅度差别非常大。目前最高的是上海，为每月 540 元/人·月，北京、天津也已经分别提高至 430 元和 220 元。相比之下，部分省区市的基础养老金却五年未涨，如吉林、河北、安徽等，目前仍执行 70 元标准，最高的是最低的近 8 倍。可见，农村居民的养老金标准省际省内差距比较明显，并呈现逐步扩大趋势，对农村养老金的收入调节效应无疑具有弱化作用。

# 第四节　养老金收入调节效应的地区差异

在养老金再分配研究中，很多学者（如香伶，2008；侯慧丽，2011）都强调地区差异问题，认为我国养老金存在显著的地区不平等，东部地区养老金制度普遍较为完善，待遇水平较高，而中西部地区则制度残缺，保障水平普遍较低。然而，本书采用的 CHARLS 数据库计算结果表明，东部、中部、西部三大地区的养老金水平差别不大，月标准分别为 1095 元、814 元和 885 元。在养老金不平等的泰尔指数分解中,地区差异对养老金总体不平等的贡献率只有1.98%。但为了与学者的研究结论相呼应,本书有必要进行分析,所使用的方法是按照前文城乡比较的方法来比较不同地区间养老金收入调节效应的差异。

## 一、养老金给付前后地区间收入差距变化

图6-4为分东、中、西三大地区的养老金计入前后老年居民的收入分配洛伦兹曲线。其中,曲线OAL和OBL分别为东部地区养老金计入前后的收入分配曲线,曲线OCL和ODL分别为中部地区养老金计入前后的收入分配曲线,曲线OEL和曲线OFL则分别为西部地区养老金计入前后的收入分配曲线。由图6-4可知,总体上,在养老金计入前,收入差距由小至大分别为东、中、西,养老金计入后并没有改变收入分配状态,仍然是东部优于中部,中部优于西部。但是这种优势只是相对总体而言,然而不同地区的不同收入组的占比存在明显差异。在养老金计入前,东部地区的收入分组的前20%人口的收入累积占比低于中部地区,而东部地区的收入分组的前40%人口的收入累积占比低于西部地区,中西部相比,中部地区的收入分配的前70%人口的收入累积

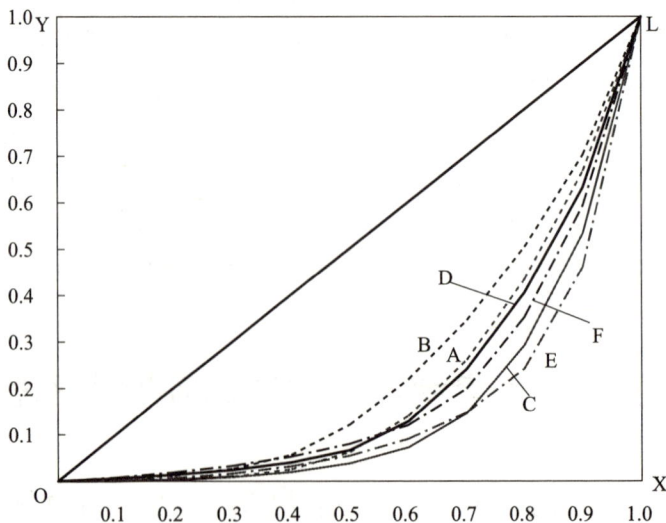

- ---OAL为东部地区养老金计入前的收入分配曲线 · ···OBL为东部地区养老金计入后的收入分配曲线
- ——OCL为中部地区养老金计入前的收入分配曲线 ——ODL为中部地区养老金计入后的收入分配曲线
- -·OEL为西部地区养老金计入前的收入分配曲线 -·OFL为西部地区养老金计入后的收入分配曲线

**图6-4 分地区的养老金计入前后收入分配洛伦兹曲线**

占比都低于西部地区，但由于最后 30% 的高收入群体的收入占比较高，导致总体上西部的收入差距大于中部。在养老金计入后的总收入中，中西部的最低收入组的收入累积占比都高于东部，可见，虽然东部地区总体差距小于中西部，但东部低收入组与高收入组的相对差异要明显大于中西部，处于相对弱势地位。

表 6-4 为分东、中、西三大地区的养老金收入调节效应，各地区养老金的调节效应存在显著差异。首先，养老金有效增加了各地区老年人的收入绝对额，但增收效果的地区差异明显，东部高于中西部，中部高于西部。东部地区老年人每月平均增加养老金 655 元，对应的中西部地区则分别为 525 元和 482 元，就中位数而言，东部与中西部差别更加明显，东部地区的养老金为中位收入增加了 791 元，对应的中西部则分别只有 270 元和 176 元。可见，由于东部养老金水平较高，养老金事实上扩大了各地区之间的收入差距。均值与中位数的差距反映了收入分布的特点，如果均值大于中位数，表明收入分布呈现左偏的正态分布，即大部分老年人的收入较低，少数老年人的收入较高，差值越大，表明两极分化更严重，相反，差值越小，表明收入分布比较均匀。表 6-4 中的老年收入分布表现为均值大于中位数，即大多数老年人的收入水平较低，且低于平均收入。在各地区内部，从均值与中位数比较来看，在养老金分配前，东部地区的非养老金均值与中位数之差要高于中西部，但在养老给付之后，这一现状发生了根本逆转，中部最大，西部次之，东部最小。因此，养老金缩小了东部地区内部的收入差距，而扩大了中西部地区内部的收入差距。其次，养老金扩大了东部的绝对收入差距，加剧了两极分化，且这种扩大化效应高于中西部。如再分配前后东部地区的极差、方差、标准差都要高于中西部，且再分配前的差值要高于再分配后，反映了东部非养老金和养老金的收入水平较高，同时最高收入与最低收入的差距要大于中西部。最后，就相对收入差距而言，东部的收入调节效果要弱于中西部。虽然东部地区的十等分比和五等分比下降幅度要远高于中西部，但等分比容易受到极端值的影响，难以评估整体的收入分配情况。变异系数、基尼系数等能较为全面反映收入分配的变化情况，这两项指标都反映出以下特征：虽然东部地区在养老金给付前后这些指标都要优于中西部，但改善幅度前者要小于后者。也可以这样认为，即东部地区在养老金再分配后虽然收入差距小于中西部，更主要的是因为在再分配前，东部地区的收入差距本身就要小于中西部，而非养老金的调节效果。

表6－4 分地区的养老金计入前后收入不平等变化

| 不平等指标 | | 东部 | | 中部 | | 西部 | |
|---|---|---|---|---|---|---|---|
| | | 非养老金 | 总收入 | 非养老金 | 总收入 | 非养老金 | 总收入 |
| 均值（元） | | 849.59 | 1504.36 | 528.13 | 1052.86 | 386.22 | 868.04 |
| 中位数（元） | | 416.67 | 1207.64 | 129.79 | 400.00 | 108.96 | 284.52 |
| 绝对差距 | 极差（元） | 3999.58 | 6945.83 | 4805.04 | 6411.67 | 3999.98 | 5160.84 |
| | 方差 | $8.76 \times 10^5$ | $2.01 \times 10^6$ | $6.28 \times 10^5$ | $1.56 \times 10^6$ | $4.21 \times 10^5$ | $1.25 \times 10^6$ |
| | 标准差 | 935.63 | 1417.14 | 792.41 | 1250.19 | 648.85 | 1117.18 |
| | 相对均差 | 0.92 | 0.77 | 1.11 | 0.95 | 1.13 | 1.01 |
| | 对数标准差 | 2.12 | 1.39 | 1.98 | 1.43 | 1.74 | 1.30 |
| 相对差距 | 最高/低10% | 615.96 | 66.81 | 508.42 | 60.45 | 313.29 | 51.78 |
| | 最高/低20% | 206.92 | 40.49 | 206.88 | 43.06 | 112.61 | 34.38 |
| | 变异系数 | 1.10 | 0.94 | 1.50 | 1.19 | 1.68 | 1.29 |
| | 基尼系数 | 0.585 | 0.508 | 0.688 | 0.597 | 0.697 | 0.619 |

## 二、地区差异的结果分析

综合以上分析，养老金收入调节效应的地区差异可总结为以下三点：一是东部地区养老金平均水平高于中部、西部，对老年人的增收效果要明显优于中部、西部，但它同时扩大了东部地区最高收入群体与最低收入群体的差距，即东部的绝对收入差距要远高于中部、西部地区；二是东部地区收入差距要小于中部、西部，但这主要是因为养老金再分配前东部、中部、西部地区收入差距较小，而非养老金的调节作用，恰恰相反，东部养老金的收入调节效应要低于中部、西部；三是东部、中部、西部养老金调节效应差别较小，远不如城乡、制度类型等的差异。基于以上结果，本书认为可能的原因包括以下几个方面。

（1）东部地区养老金水平普遍高于中部、西部，但与此同时，内部差异也较大，弱化了东部地区的收入调节效应。根据2005国发第38号文，基础养老金月标准以当地上年度在岗职工月平均工资和本人指数化平均缴费工资的平均值为基数，缴费每满1年发给1%［计算公式为：（个人退休时上年度全市在岗职工月平均工资＋本人指数化月平均缴费工资）÷2×个人缴费年限×1%］。养老金待遇反映了统筹地区的经济发展水平，又反映了缴费职工的工资、缴费年限等个体差异，东部经济发展水平普遍高于中部、西部，前者养老金整体水平必然也高于后者，而缴费职工的个体差异性也决定了东部地区的个体养老金水平的差异要高于中部、西部。城乡居民养老保险的养老金待遇虽然与个体差异无关，完全由地方政府确定统一的标准，但各地区差异极大。而且，东部地区的城乡居民养老保险的省内差异要远于中部、西部的省内差异。如前文城乡差异的比较分析中，福建、辽宁和浙江等东部省份差异非常大，既有全国最高养老金标准，也有全国最低或较低的养老金标准。相反，中部、西部地区虽然养老金水平普遍不高，但差别也不大。

（2）地区间养老金较为均衡，使养老金收入调节效应的地区差异较小。如表6-2所示，在消除地区经济发展水平差异后，基于省际收入替代率的调节效应与未消除地区经济发展水平时的差别并不十分显著，由此反映出我国养老金收入调节的地区差异并不大，本部分的地区比较再一次证明了这一结论。导致这一结果的可能根源之一在于养老金地区差异较小，没有学者所担心的这么大。本书第四章中的养老金地区差异比较分析表明，地区间的不平等对养老金总体不平等的泰尔指数贡献率并不高，不到2%，当前养老金不平等主要来自地区内部。表6-5为2014年我国东、中、西部31个省区市城镇企业职工养老金水平，养老金水平并没有呈现地区差异，养老金最高的是西部地区的西藏，另外青海、新疆、甘肃等地都在2000元以上，并不比东部地区低；东部地区的福建、辽宁等省份在2000元以下；中部地区整体较低，但与中西部差别不大，如最低的吉林与最高的西藏之比低于1∶2，远低于城乡之间的差距。

**表6-5　　2014年我国31个省区市城镇企业职工基础养老金月标准**　　单位：元

| 东部 | 养老金 | 中部 | 养老金 | 西部 | 养老金 |
|---|---|---|---|---|---|
| 北京 | 2773 | 山西 | 2060 | 西藏 | 2960 |
| 上海 | 2636 | 河北 | 1919 | 青海 | 2285 |
| 浙江 | 2321 | 湖北 | 1868 | 新疆 | 2178 |
| 山东 | 2143 | 河南 | 1765 | 甘肃 | 2052 |
| 广东 | 2094 | 安徽 | 1722 | 陕西 | 2046 |
| 天津 | 2085 | 江西 | 1672 | 重庆 | 1980 |
| 江苏 | 2025 | 湖南 | 1636 | 宁夏 | 1971 |
| 福建 | 1970 | 吉林 | 1550 | 内蒙古 | 1955 |
| 辽宁 | 1829 | | | 云南 | 1730 |
| | | | | 广西 | 1720 |
| | | | | 四川 | 1698 |
| | | | | 黑龙江 | 1670 |
| | | | | 海南 | 1661 |
| | | | | 贵州 | 1632 |

资料来源：根据各省人力资源和社会保障厅网站的数据整理而成。

# 第五节　养老金收入调节效应的制度类型差异

正如第四章所分析的那样，除了城乡不平等，制度类型间待遇不平等也是我国养老金制度的重要特征，在减贫效应方面，同样存在城乡与制度类型显著差异，那么，是否也同样存在收入差距调节效应的制度类型差异呢？收入调节效应的差异是否如减贫效应一样显著？如果存在差异，那么从调节的方向来看，哪一种养老金制度类型具有正向调节效应，哪一种制度类型却产生了逆向调节？从调节的力度来看，哪一种制度类型的调节力度最大，哪一种类型的调节力度相对最小？鉴于以上问题，比较和分析养老金收入调节效应的制度类型间差异与城乡差异一样不可或缺。与收入不平等的划分标准一样，本节分为机关事业单位养老金、城镇企业职工养老金与城乡居民养老金三种制度类型，采用城乡、地区差异比较方法进行分析。

## 一、养老金给付前后制度类型间收入差距变化

首先描绘出三种制度类型养老金再分配前后的收入分布洛伦兹曲线。如图6-5所示，实线 OAL 和 OBL 分别为机关事业单位退休人员非养老金收入与总收入的洛伦兹曲线，虚线 OCL 与 ODL 分别为企业退休职工养老金再分配前后的洛伦兹曲线，虚线 OEL 与 OFL 表示城乡居民养老金再分配前后的洛伦兹曲线。总体上，三种养老金制度都显著改善了退休老年人的收入不平等状况，总收入曲线均比非养老金收入曲线更接近收入分配绝对平均线 OL。但是，就再分配力度而言，企业职工养老金优于机关事业单位养老金，而机关事业单位养老金则要优于城乡居民养老金。在非养老金收入分配中，企业退休职工的收入不平等大于机关事业单位退休职工，但在计入养老金收入之后，前者的不平等状况则要小于后者。城乡居民养老金制度覆盖下的老年人的非养老金收入和总收入曲线都位于机关事业单位和企业职工的曲线之下。

图6-5还呈现一个明显特征，即机关事业单位与企业养老金再分配前后内部的不平等水平差异不大。但这并不代表机关事业单位退休职工与企业退休职工的收入水平相当，相反，两种养老金水平差距较大，月平均待遇标准分别为2262元和1498元。这一现象根源在于机关事业单位退休职工的非养老金收

入和养老金收入都普遍高于企业职工，但两种制度类型内部分配较为平等。

此外，城乡居民养老金再分配后的总收入曲线（OFL）与机关事业单位和企业职工再分配前的收入曲线（OAL、OCL）存在交叉。在人口累积百分比为50%以内，曲线 OFL 位于曲线 OAL 和曲线 OCL 之上，表明在计入城乡居民养老金之后，收入最低的那一半老人所获取的收入与总收入之比高于再分配前的机关事业单位与企业职工。意味着虽然总体上城乡居民养老金的再分配效应并不理想，与机关事业单位和企业职工养老金制度相比还有较大差距，但对于提高收入处于最底层老年群体的收入具有重要作用。

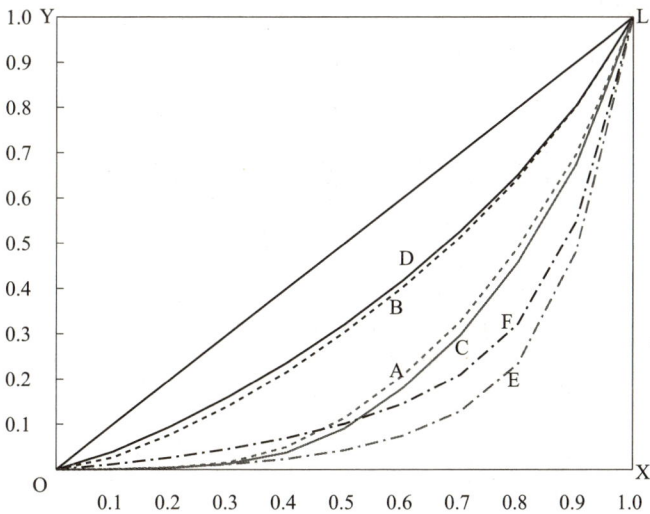

- - - OAL为机关事业单位退休老人非养老金收入分配曲　- - OBL为机关事业单位退休老人总收入分配曲线
—— OCL为企业退休职工养老金再分配前曲线　　　　—— ODL为企业退休职工养老金再分配后曲线
- · OEL为城乡居民养老金再分配前曲线　　　　　　- · OFL为城乡居民养老金再分配后曲线

**图 6 – 5　分制度类型的养老金计入前后收入分配洛伦兹曲线**

表 6 – 6 更为详细和精确地反映了不同养老金制度类型收入差距调节效应的差异。除了与图 6 – 5 所反映出的共同特征外，还可以从表 6 – 6 中得出以下结论：

（1）养老金扩大了机关事业单位职工、企业职工和城乡居民的绝对收入差距，且机关事业单位养老金的这种逆向调节力度大于企业职工养老金，而企业职工养老金大于城乡居民养老金。这主要体现在极差、方差和标准差三个指标上，三种养老金制度类型的总收入绝对差距的这三个指标值都对应地大于非养老金收入的这个三个指标值，且机关事业单位养老金的各指标在养老金计入前后的变化幅度都明显大于另外两种养老金类型。

（2）企业职工养老金的相对收入调节效应最大，但与机关事业单位养老金差距不大，而远高于城乡居民养老金。在养老金再分配前，城乡居民养老金覆盖下的老年群体最高 10% 的平均收入与最低 10% 的平均收入之比要小于机关事业单位和企业职工，但在再分配之后，这一比例显著高于后两者，表明城乡居民养老金对于调节处于两个极端的收入差距效果不如机关事业单位和企业职工养老金，这与城乡居民养老金水平低和统筹区内待遇标准绝对平均化有直接关系。机关事业单位和企业职工养老金的收入再分配效果十分显著，再分配后的基尼系数下降至 0.3 以下，收入差距达到比较平均水平；而在城乡居民养老金再分配之后，虽然降低了老年人的收入不平等，但基尼系数仍超过机关事业单位和企业职工养老金再分配前的水平，收入差距处于极端不平等水平。

表 6 - 6　　　　分制度类型的养老金计入前后收入不平等变化

| 不平等指标 | | 机关事业单位 | | 企业职工 | | 城乡居民 | |
|---|---|---|---|---|---|---|---|
| | | 非养老金 | 总收入 | 非养老金 | 总收入 | 非养老金 | 总收入 |
| 均值（元） | | 935.43 | 2965.00 | 903.99 | 2326.66 | 435.64 | 528.35 |
| 中位数（元） | | 775.63 | 2805.06 | 625.00 | 2100.00 | 102.38 | 193.33 |
| 绝对差距 | 极差（元） | 3999.98 | 6795.42 | 4805.54 | 6100.00 | 3999.58 | 4131.67 |
| | 方差 | $8.37 \times 10^5$ | $2.28 \times 10^6$ | $9.13 \times 10^5$ | $1.21 \times 10^6$ | $5.07 \times 10^5$ | $5.35 \times 10^6$ |
| | 标准差 | 914.86 | 1510.92 | 955.37 | 1098.60 | 712.29 | 731.27 |
| | 相对均差 | 0.80 | 0.85 | 1.16 | 0.41 | 0.37 | 0.99 |
| | 对数标准差 | 2.05 | 0.63 | 2.04 | 0.49 | 1.87 | 1.14 |
| 相对差距 | 最高/低 10% | 389.03 | 7.78 | 508.44 | 5.07 | 204.33 | 16.94 |
| | 最高/低 20% | 134.67 | 5.02 | 151.39 | 3.71 | 174.06 | 25.52 |
| | 变异系数 | 0.98 | 0.51 | 1.06 | 0.47 | 1.64 | 1.38 |
| | 基尼系数 | 0.528 | 0.286 | 0.556 | 0.256 | 0.714 | 0.613 |

## 二、制度类型差异的结果分析

综合前文的分析表明，我国各类养老金制度类型都具有显著的正向收入调节效应，但不同制度类型之间的收入差距调节效应存在显著的差别。其中，企业职工养老金中的调节力度最大，其次是机关事业单位养老金，力度最小的是城乡居民养老金，但前两者的差异不大，较好地调节了老年人的收入差距，而城乡居民养老金的调节力度较低，老年收入差距仍处于较高水平。究其原因，主要包括两个方面：一是企业职工养老金与机关事业单位养老金水平普遍较高，而城乡居民养老金相对较低，抑制了后者的调节力度。二是企业职工养老金与机关事业单位养老金水水内部差别较小，相反，城乡居民养老金水平在统筹区内完全相等，而统筹区之间的差异较大。

首先，较高的企业职工养老金与机关事业单位养老金有效促进了收入调节。在第四章的养老金水平分析中，机关事业单位职工、企业职工、城乡居民的平均养老金水平分别为 2191.29 元/月、1507.15 元/月、116.47 元/月，制度间差异非常明显，其中，机关事业单位养老金与企业职工养老金远高于城乡居民养老金。如表 6-5 所示，到 2013 年，各省企业职工养老金水平普遍在 2000 元左右，近年增长率较高。而城乡居民养老保险待遇还未建立完善的增长机制，各地增长速度不一，部分地区仍然还在执行 2009 年的 55 元/月的最低标准。

其次，相对均等的企业职工养老金与机关事业单位养老金有效发挥了收入调节效应。当前被社会广泛批评的养老金不平等问题主要是指不同制度类型之间的不平等，而在制度体系内部，各老年个体之间的养老金差距较小，尽管地区经济发展水平差距较大，但各省养老金水平差别远低于经济发展水平，机关事业单位养老金也是如此。然而，城乡居民养老金差距要远高于前两者，而这种差距要体现在统筹地区之间，最高与最低之比达到近 8 倍。城乡居民养老金待遇完全取决于地区经济发展水平，越是贫困的地区，养老金水平越低，经济越发达的地区，养老金水平越高，弱化了收入调节效应。

# 第七章

## 养老金的收入阶层流动效应

# 第一节　社会分层与阶层流动理论

## 一、社会分层

如第一章文献综述中所梳理的文献，福利体制的分层化效应是政治经济学研究的重要领域，虽然社会学学者很少研究福利制度对社会分层的影响，但就社会分层或阶层流动本身而言，则是社会学研究中的一个重要分支。考虑到本书主要探讨养老金制度对收入阶层的影响，首先需要就社会分层及相关概念和理论进行简要介绍，因此这里主要采用社会学而不是政治经济学的视角。

在介绍社会分层之前，首先需要理解社会不平等。社会不平等通常指人们在获取有价值的资源、服务、地位时拥有的不平等途径的状况。而社会分层则是被固定化或制度化了的不平等，并存在一种社会关系的体系，能够决定谁得到什么，为什么（哈罗德·克博，2012）。社会分层体系这一概念同时也意味着规则建立起来了，这些规则解释了资源是如何分配的以及为什么以这样的方式来分配。社会分层意味着资源的不平等已成为学术共识，然而关于社会分层应沿着哪一个维度是最为重要的还存在很大争议。其中，职业结构、科层的权威结构以及财产结构（或收入结构）是阶层定位最重要的三个客观因素。如中国社科院出版的《当代中国社会阶层研究报告》，以职业分类为基础，以组织资源、经济资源和文化资源的占有状况为标准，将我国劳动者分为十大阶层。李强将不平等内容界定为社会资源，包括政治资源、经济资源、文化资源等。但他同时强调，在社会资源中最核心的还是包括财产、收入等在内的经济资源（李强，2010）。而在本书的研究中，则以养老金制度为规则，以养老金收入为资源，即分析养老金对收入阶层的影响。

那么，社会中某个个体所属的社会阶层是如何获得的呢？根据获取的途径不同，学者通常分为两种类别：先赋（ascription）和后致（或自致）（achievement）。所谓先赋，是指人们在社会分层体系中的地位来自他们不可控制的特质（例如种族、性别、出身等）；所谓后致，是指人们获得相应的社会地位是因为他们的优点，因为他们追求理想，因为他们遵循某种成功法则。从人类社会形成之初，先赋性因素不但数量巨大，而且在社会分层中一直占据着重要位置，甚至起着决定作用。一般来说，社会越落后，先赋性因素对社会分层的影响越大。随着资本主义社会中强调个人的主体性地位，后致性因素才在社会分层中逐渐发挥越来越重要的作用。后致性因素强调通过个人后天努力，开辟了从低社会阶层向高社会阶层的流动通道，有利于促进社会公平。

当然，在现代社会，大多数社会成员的阶层地位获得都是先赋和后致因素综合作用的结果，且后致因素的作用愈加凸显。例如，就中华人民共和国成立以来的阶层流动而言，学者普遍认为，1978 年以前，特别是到了"文化大革命"后期，中国社会整体上趋于封闭，先赋性规则成为社会流动的主要规则；改革开放以后，整个社会变得越来越开放，后致性规则逐步成为社会流动机制的主要规则。改革开放前，中国实际上形成了一种多维二元身份等级体系，在这种体系中，先赋性因素是决定人们的社会地位的主要因素，以致社会流动率很低，整个社会几乎成为一潭死水。例如，1980 年以前，代际总流动率只有41.4%，其中上升流动率为32.4%，高达58.6%的不流动率，即父亲是什么职业，60%的子女也还是这个职业。改革开放以后，中国逐步放弃了那种身份等级体系，社会流动渠道逐渐开通。例如，农民可以到城镇务工经商，社会成员可以自谋职业、自主创业，高等学校恢复了统考招生制度……所有这些变化，都使得后致性规则逐渐成为社会流动机制中的主导规则，由制度安排和政策规定直接界定人们的社会阶层地位的格局基本被打破，新的社会流动模式开始形成，因而，社会流动率明显提高了，社会活力显著增强了。但是，仍然存在流动渠道还不畅通的问题，比如计划经济时代留下来的一些制度性障碍（如户籍制度、就业制度、人事制度、社会保障制度等）仍阻碍着人们向上流动以获得更高社会地位，社会流动模式呈现出新老社会流动机制并存的两重性特点。

## 二、阶层流动

如果说阶层划分是社会分层研究的表，那么阶层流动则是社会分层研究的里。前者是对社会结构中各阶层的静态描述，后者则侧重于阶层运行机制，社会成员在各阶层中或固化或流动的趋势和特点。那么如何定义阶层流动呢？根据社科院的定义，阶层流动是指社会成员从某一种社会阶层转移到另一种社会阶层的现象。在一个既定的社会结构里，如果转移流动的方向是由较低社会阶层流动到较高社会阶层，称为上升流动，反之，则称为下降流动，这种流动统称为垂直流动。有些社会成员从一种职业转到了另一种职业，但其收入、声望、社会地位却基本相同（如大学的讲师调到研究单位任助理研究员），是在同一水平线上流动，则称之为水平流动（陆学艺，2014）。

一个开放、和谐、稳定的社会，应该是以后致性因素为主要推动力，不同阶层的成员彼此之间通过无障碍或少障碍途径进行自由流动的社会。各社会阶层之间存在着一定的梯度结构，但阶层之间的梯度差不宜过大，且位于梯度上下两端的高社会阶层和低社会阶层群体数量控制在一定范围之内，而绝对大多数群体从属于中间社会阶层。一般而言，中间阶层占到总人口的40%或以上，这个社会才是稳定的。为了获得或维持既得利益，不同社会阶层的流动路径各不相同。上层阶层天然地具有先赋性倾向，通过设置多种资格认证和选拔规则来限制较低阶层的社会成员向上流动（王仲，2008），实现代际的继承性；中间阶层则具有向上流动倾向，并向较低阶层的群体提供向上流动的机会和空间，相对上层群体而言，中间阶层向下流动的风险更大；而下层阶层向上流动的愿望最为强烈，但却很少有向上流动的机会。

目前的阶层流动研究普遍沿用以下两种方法。

（1）一种方法是流动表分析，通过职业或阶级阶层的组别划分，对父辈职业地位与子女职业地位进行交互分析，或者对本人最初职业地位与当前职业地位进行交互分析，考察代际的和代内的职业地位或阶级位置的变化，在此基础上，采用一系列的对数线性模型，对流动机会、流动规则和流动模式进行分析。这类分析的主要目的是估计阶层地位的继承程度、阶层之间的距离（差距有多大）以及阶层是由哪些职业构成的，并由此判断一个社会的机会分配模式和结构的开放程度。近年来，这一分析方法开始将视角转向经济地位的流动研究（收入变化研究），并得出了正面和负面两种不同的结论。正面结论是：经济地位流动率（不同收入水平的群体之间的流动）有所提高，缓和了收入不平等的增长（Gottschalk，1997）；负面结论是：当今社会的贫困现象越来越难以消除，而且还形成了一个永久性的底层阶层（Corcoran & Adams，1997）。

（2）另一种方法是布劳-邓肯开创的地位获得模型，它主要是考察和比较先赋性因素（如家庭背景）和后致性因素（如个人能力、进取心、教育水平等）对个人的职业地位获得所产生的影响。原来的地位获得模型大多采用路径分析，后来的学者对此加以修正，多采用多元回归、事件史分析和结构方程等方法。

本书采用第一种方法进行分析，即构造养老金给付前后各收入阶层的流动表来评估养老金的阶层固化或流动效应。

# 第二节　养老金收入阶层流动效应的理论分析

## 一、概念界定

如第六章所分析，养老金对收入分配不平等的影响可以通过比较养老金支付前后洛伦兹曲线及基尼系数的变化来判断。当养老金支付后洛伦兹曲线凹度变小，对应的基尼系数也随之变小，则表明养老金有利于减少收入差距，反之则具有逆向再分配功能。图7-1为经典的收入分配洛伦兹曲线，若OAL为养老金支付前的洛伦兹曲线，OBL为养老金支付后的洛伦兹曲线，后者比前者更接近绝对平均线OL，凹度更小，后者计算的基尼系数必然比前者小，表明养老金具有正向再分配功能。

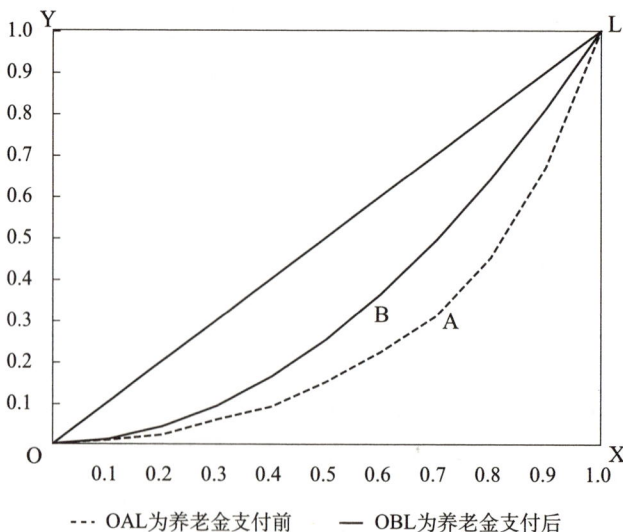

图7-1　经典的洛伦兹曲线

但是，不管是经典的洛伦兹曲线及其基尼系数等常见指标，还是能够进行分解的泰尔指数，只能反映养老金再分配的结果，而无法描绘出再分配过程。因为洛伦兹曲线凹凸程度及基尼系数大小的变化只能说明整个社会收入不平等变化后的结果，但不能识别出导致这种结果的多种路径。例如，养老金使得洛伦兹曲线由 OAL 变为 OBL，但以下两种情况都有可能产生这一结果：一是穷人和富人的收入差距趋于缩小，但各类群体的收入的相对位置保持不变；二是穷人和富人的收入差距趋于缩小，同时各群体或个人的收入排序的相对位置所有改变，如最穷的人在领取养老金之后可能变为中上层。前者意味着养老金制度虽然缩小了社会收入差距，但并没有改变原有各社会阶层的地位，具有社会阶层固化效应；后者则不仅有利于缩小收入差距，而且促进了社会阶层流动。如图 7-2 所示，改进后的洛伦兹曲线 OCL 则体现了养老金支付后各等分群体收入的相对排序变化情况。

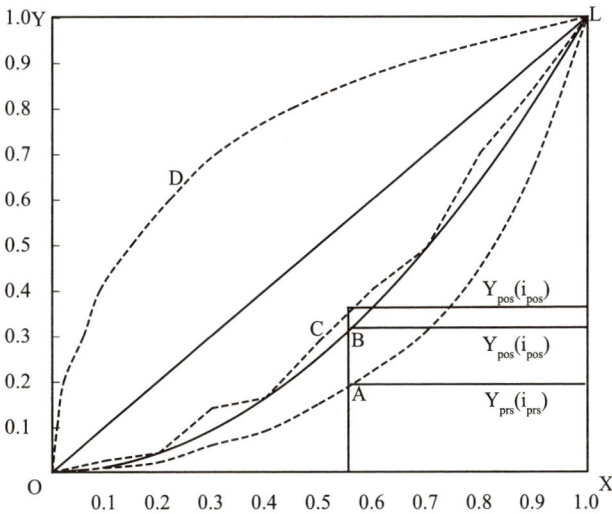

图 7-2　改进的洛伦兹曲线

曲线 OAL 为养老金再分配前按收入从低至高排序后人口百分比所对应的收入累积百分比，以 A 点为例，表示按非养老金收入升序排列后，前 55% 的老年人口的收入累积额占所有老年人口收入累积额的 15%。曲线 OBL 为养老金再分配后重新按总收入从低至高排序后的人口百分比所对应的收入累积百分比，以 B 点为例，表示在非养老金收入基础上计入养老金收入后，按总收入重新将所有老年人进行升序排列，前 55% 的老年人口的总收入累积额占所有老年人口总收入累积额的 30%。虽然由曲线 OBL 知道养老金增加了收入底层老年人的收入占比，但无法了解各阶层老年人的收入位置排序是否发生变化。曲线 OCL 为将养老金再分配前所有老年人的收入排序位置固定不变，计算养老金再分配后各人口百分比所对应的收入累积百分比。如果各收入阶层在养老金再分配前后的相对位置没有发生任何变化，则曲线 OCL 与曲线 OBL 重合；如果养老金再分配前后的相对位置完全被转置换，即最高收入阶层变成最低收入阶层，最低收入阶层变成最高收入阶层，则曲线 OCL 与曲线 ODL 重合；如果再分配后相对位置发生了变化，但不是完全被置换，即相对位置置换幅度介于无置换和完全转换之间，则曲线 OCL 位于曲线 OBL 与曲线 ODL 之间，位置变动幅度越大，越接近曲线 ODL，相反，则越接近曲线 OBL。如果将十等分的人口视为十个收入阶层，那么相对位置排序变化则可视之为阶层流动，养老金对收入排序的影响则可称之为养老金的阶层流动效应。

曲线 OCL 的这一性质与肖罗克斯（Shorrocks，1978）所定义的"时间依赖"（time-dependence）概念和伯利安特和施特劳斯（Berliant & Strauss，1985）、阿伦森和兰伯特（Aronson & Lambert，1994）等所提出的"横向不平等"（horizontal inequality）概念的思想基本一致，只是学者所研究的领域有所差别。肖罗克斯用"时间依赖"概念来研究长期时间范围内收入分配的流动性，将此定义为一个衡量个人、家庭或地区现在福利由过去决定的程度。公式表示为收入从 x→y 转变的转换矩阵 P（x，y）= [$p_{ij}$（x，y）]，其中 x，y 分别表示起始年和结束年的收入分配，x→y 表示收入分配从起始年的 x 转变到结束年的 y，$p_{ij}$（x，y）表示在起始年的分配 x 中处于第 i 组的个人在结束年的分配中转变为第 j 组的概率，m 是收入分配从低到高的组别数量（如常见的五组或十组）。国内学者王洪亮（2010）用这一概念对我国 1997～2003 年的收入流动状况进行了分析。马库斯·C. 伯利安特（Marcus C. Berliant）等则用"横向不平等"概念来研究税收对劳动要素分配的再分配效应，他们用"横向平等"概念的反向意思来定义"横向不平等"。按照学者的定义，如果征税没有改变原有收入排序，则表示税收具有横向平等性质，否则属于"横向不平等"。

不论是收入分配的起始年份与结束年份的比较，还是税收对初始市场收入的影响，其基本思路都是两次关系紧密的收入分配不平等的变化状况，只不过前者是自然时间的先后关系，后者是税收征收的前后关系。如果用养老金领取前后关系代替前面的两个关系，则可以借鉴这一思路来分析养老金领取前后对非养老金收入分配差距格局的变化。但是，与"时间依赖"以时间为分析"工具"不同，本书的养老金再分配效应中非养老金收入的获得与养老金收入的领取同时发生，没有时间差，同时，与征税性质不同，养老金作为政府保障老年人基本生活的转移性支付，属于社会福利范畴，政府向贫困人口支付更多养老金不能称之为不公平，而是福利增进。因此，本书将这一效应称之为养老金的"收入阶层流动效应"，即如果养老金支付改变了个体或群体的收入位置排序，则表示养老金具有收入阶层流动效应，否则则表示不具有收入阶层流动效应，称之为具有"阶层固化效应"。

## 二、测量方法

### 1. 阶层流动转换矩阵

假设养老金再分配前记为 $t$，再分配后记为 $t+1$，把两列收入数据由低到高分成五等份，可建立一个 $5 \times 5$ 的阶层流动的转换矩阵。转换矩阵的第 $i$ 行第 $j$ 列的元素 $p_{ij}$，表示收入在再分配前排序为第 $i$ 等的阶层在再分配后上升或下降至第 $j$ 等的比例。如表 $7-1$ 的转换矩阵中 $P_{11}$ 表示在再分配前收入排序处于最低阶层的老年人在再分配后仍处于最低阶层的老年人口占再分配前最低阶层所有人口的比例，$P_{12}$ 表示在再分配前收入排序处于最低阶层的老年人在再分配后上升至第二阶层的老年人口占再分配前最低阶层老年人口的比例，依此类推。从左上角至右下角的对角线上的数值表示再分配前与再分配后收入排序没有发生变化的比例。

表 7-1　　　　　　　　　　阶层流动转换矩阵

| 再分配前收入排序 | 再分配后收入排序 | | | | |
|---|---|---|---|---|---|
| | 1 | 2 | 3 | 4 | 5 |
| 1 | $P_{11}$ | $P_{12}$ | $P_{13}$ | $P_{14}$ | $P_{15}$ |
| 2 | $P_{21}$ | $P_{22}$ | $P_{23}$ | $P_{24}$ | $P_{25}$ |
| 3 | $P_{31}$ | $P_{32}$ | $P_{33}$ | $P_{34}$ | $P_{35}$ |
| 4 | $P_{41}$ | $P_{42}$ | $P_{43}$ | $P_{44}$ | $P_{45}$ |
| 5 | $P_{51}$ | $P_{52}$ | $P_{53}$ | $P_{54}$ | $P_{55}$ |

如果养老金完全没有阶层流动效应，即再分配前后所有组别的收入位次没有发生任何变动，则转换矩阵为单位矩阵，从左上角到右下角的对角线上的所有 $P_{ij}$ 值都为 1，其余为 0。

$$P_1 = \begin{vmatrix} 1 & 0 & 0 & 0 & 0 \\ 0 & 1 & 0 & 0 & 0 \\ 0 & 0 & 1 & 0 & 0 \\ 0 & 0 & 0 & 1 & 0 \\ 0 & 0 & 0 & 0 & 1 \end{vmatrix} \text{（无阶层流动效应）}$$

相反，如果养老金具有完全的阶层流动效应，在领取养老金之前，最贫困的老年群体在领取养老金之后，变成最富裕的群体，而原先最富裕的阶层在领取养老金之后变成最贫困阶层，转换矩阵为从右上角到左下角的对角线上的所有 $P_{ij}$ 值都为 1，其余为 0 的单位矩阵。

$$P_2 = \begin{vmatrix} 0 & 0 & 0 & 0 & 1 \\ 0 & 0 & 0 & 1 & 0 \\ 0 & 0 & 1 & 0 & 0 \\ 0 & 1 & 0 & 0 & 0 \\ 1 & 0 & 0 & 0 & 0 \end{vmatrix} （完全阶层流动效应）$$

但是，在完全转换矩阵中，只是将最贫困阶层与最富裕阶层进行对调，而越靠近中间的阶层其收入排序位置越趋于稳定，如五等分组中第三阶层的收入排序并没有发生变动，因此并非最优效果。最优阶层流动效应是介于无阶层流动效应与完全流动效应之间的另一种特殊的阶层流动效应，即是每个阶层的收入排序都产生了流动，即再分配前的第 $i$ 组在再分配后平均流动到五个阶层之中（即 1/5），相应的转换矩阵的各项即为 0.2。

$$P_3 = \begin{vmatrix} 0.2 & 0.2 & 0.2 & 0.2 & 0.2 \\ 0.2 & 0.2 & 0.2 & 0.2 & 0.2 \\ 0.2 & 0.2 & 0.2 & 0.2 & 0.2 \\ 0.2 & 0.2 & 0.2 & 0.2 & 0.2 \\ 0.2 & 0.2 & 0.2 & 0.2 & 0.2 \end{vmatrix} （最优阶层流动效应）$$

为了综合反映养老金再分配的阶层流动效应，首先要确立一个参照系，然后将社会中实际的转换矩阵与之进行比较，通过计算相关指数来判断阶层流动效应的大小。以五等份为例，可计算两个参照指数。一是固定在同一五等分组的比率，为与前面称呼相对应也可称阶层固化比率，其计算公式为：$F = \frac{1}{5} \sum_{i=1}^{5} p_{ii}$。F 取值范围为 [0，1]，F 取值越大，表明固定在同一五等分组的比率越大，当 F = 1 时，表明完全没有阶层流动。二是转换矩阵的 chi-square（$\chi^2$）值。计算公式为：$\chi^2 = \sum_{ij} \frac{(P_{ij} - 0.2)^2}{0.2}$，其理论原理在于将养老金实际再分配的转换矩阵与最优阶层流动的转换矩阵进行比较，与最优阶层流动的转换矩阵越接近，表示养老金再分配的阶层流动效应越好，$\chi^2$ 值用来度量两者的接近度，取值范围为 [0，20]，$\chi^2$ 越大，表明两者越远，再分配的阶层流动效应越低；相反，

$\chi^2$ 越小，表示养老金再分配的阶层流动效应越大。从测量指标的计算原理来看，$\chi^2$ 值与阶层固化比率呈正相关，指数越大，表明养老金再分配的阶层流动效应越微弱。

### 2. 阶层流动指数

虽然阶层流动转换指数能够反映不同收入阶层的收入变动情况，也是收入流动研究中非常流行的一种方法[1]。但是，这一方法也存在明显的不足之处，它将不同群体分为少量等分组（如常见的五等分、十等分），只有当个体收入发生了从一个组向另一个组跨越的时候，才被认为产生了阶层流动，如果个体在同一组内部产生流动，这一方法无法测量出来。但是，菲尔茨和奥克（Fields & Ok，1996）等学者认为，个人只要偏离了其初始位置，就发生了收入阶层流动。学者王洪亮（2010）也发现了这一问题，他为此而提出了收入流动指数，基于本书的研究，使用阶层流动指数能更进一步观察出养老金对每一个老年人收入排序的细微变动。

将所有个体在再分配后和再分配前的收入位置排序相减并取绝对值，可以得到阶层流动程度的度量，该指数反映的所有个体的阶层流动性的绝对水平，未与任何其他阶层流动的可能性进行比较，所以可将该指数称之为绝对阶层流动指数（absolute class mobility index，ACMI），其计算公式要表示为公式（7-1）。

$$ACMI = \sum_{i=1}^{n} |q_{i,t+1} - q_{i,t}| \tag{7-1}$$

其中，$n$ 为计算个体数量，$q_{i,t}$ 表示养老金再分配前第 $i$ 位老年人的收入排序，$q_{i,t+1}$ 表示养老金再分配后收入第 $i$ 位老年人（与再分配前是同一个人）的收入排序。ACMI 取值范围为 $[0, n^2/2$ 或 $(n^2-1)/2]$[2]，ACMI 越大，表明养老金再分配的阶层流动效应越大，反之越小。由于绝对阶层流动指数存在最大值，如果将绝对阶层流动指数除以其最大值，可以得到相对阶层流动指数（relative class mobility index，RCMI），其计算公式如公式（7-2）和公式（7-3）所示。

$$RCMI = \frac{\sum_{i=1}^{n} |q_{i,t+1} - q_{i,t}|}{n^2/2}，当 n 为偶数时 \tag{7-2}$$

---

① 如著名的收入不平等研究专家 A. B. 金森（Atkinson）在《收入分配经济学手册》使用了这一方法。

② 当 $n$ 为偶数时，取 $n^2/2$；当 $n$ 为奇数时，取 $(n^2-1)/2$。

$$RCMI = \frac{\sum\limits_{i=1}^{n} |q_{i,t+1} - q_{i,t}|}{(n^2 - 1)/2} , \quad 当\ n\ 为奇数时 \qquad (7-3)$$

公式中的参数设置与公式（7-1）相同，RCMI 的取值范围为 [0，1]，RCMI 取值越大，表示养老金阶层流动效应越强，当 RCMI = 0 时，表示养老金无阶层流动效应，当 RCMI = 1 时，表示阶层流动效应最大。

# 第三节　养老金收入阶层流动效应实证分析

## 一、老年社会分层概况

随着我国人口老龄化越来越严重，老年人口数量激增，2012 年 65 岁以上老年人口达到 1.27 亿人，占总人口比重的 9.4%，老年群体将成为一个庞大而特殊的社会阶层。当前学者普遍以职业为依据划分的社会阶层主要是针对在岗职工，然而老年群体与在岗职工存在显著差别，这种划分方法不适用于老年阶层研究。此外，他们在丧失职业身份的同时，也丧失了权威等级和职业声望等体现社会地位的资源，由贡献者转变为纯受领者。他们所享受的最主要的公共经济资源即为养老金，因此，养老金制度是形塑老年阶层最为重要的社会政策之一。

虽然近年来关于老年群体的学术成果很多，但将老年群体作为社会分层中的一个阶层的研究很少。朱光磊（2007）是目前学术界较少在当代中国社会阶层分析中将退休人员作为一个独立的阶层进行分析的学者，遗憾的是他只仅将机关事业单位及企业职工等依法领取退休金的老年人纳入分析，而不包括农村老年人和城镇未领取养老金的其他老年人。由于在他写作之时，我国还未建立起覆盖面较广的城乡居民养老金制度，机关事业单位养老金及城镇企业职工养老金只覆盖了较少老年群体，因此，大部分老年人被排除在他的研究之外。他认为，老年人作为一个庞大的社会阶层，其内部并非毫无差别，相反，同样存在"社会结构"性差异，退休人员已发生了明显的分层变化。总体上，大多数退休人员的分层主要取决于退休前所属阶层，绝大多数退休人员来自并附着于劳动者各阶层，是劳动者阶层中的一个"附属阶层"，如表 7-2 为按退休前的阶层划分的 1995 年和 2004 年我国退休人员各阶层的人口规模变化情况，各阶层的人口都有显著增加，但蓝领工人仍然是占绝大多数，官员、知识分子等精英阶层占比有所下降。可见，朱光磊（2007）仍然延续其他社会分层学者的划分标准，从职业角度将老年群体划分为不同阶层，只不过是依据退休人员退休前的职业。

表 7－2　　　　　　1995 年和 2004 年退休人员阶层属性及其变化　　　　单位：万人

| 时间 | 蓝领工人 | 白领工人 | 官员 | 知识分子 | 合计 |
|------|----------|----------|------|----------|------|
| 1995 | 1950 | 470 | 190 | 480 | 3090 |
| 2004 | 2960 | 760 | 270 | 680 | 4670 |

资料来源：朱光磊. 当代中国社会各阶层分析［M］. 天津人民出版社，2007：190.

除受退休前的职业影响外，部分退休人员在退休后又实现"二次就业"，这有利于阶层流动，通过开办诸如私人诊所、企业等，由医生、农民阶层流动至个体工商户和私营企业主阶层。然而，退休后实现"二次就业"的人数毕竟占少数，难以对整个退休群体的阶层变动产生实质性影响。如图 7－3 所示，2000～2011 年的 11 年间，我国离退休人员总体再就业比例较低，并且呈现逐年下降趋势（如图中的长条虚线），在 2005 年以前，已退休人员中 8% 以上的老年人实现了"二次就业"，但这一比例在近年持续下降，至目前的 6% 左右。

此外，6%～8% 的再就业老年人口内部还呈现显著差异，以家庭收入为标准，由低至高划分为低收入家庭、中低收入家庭、中高收入家庭和高收入家庭，已退休老年人再就业率呈现显著的收入结构差异，如图 7－3 所示，收入越高的家庭，其老年人再就业率越高，相反，收入越低的家庭，老年人再就业比例越低。在 2007 年以前，最低收入家庭的老年人再就业率最低，约为 4%，近年来略有增长；中低收入家庭呈逐年下降趋势，直到目前的最低水平，但与最低收入家庭差别非常小，表明低收入家庭的老年人很难实现再就业。而中高收入家庭的老年人口再就业率显著高于低收入家庭，与平均水平大致相当，且变化趋势也基本一致，处于中等水平；高收入家庭的退休老年人再就业率一枝独秀，过去 11 年间虽有较大波动，但一直保持在 12% 以上，是低收入家庭的 3 倍之多，在 2001～2006 年间，更是高达 16%。可见，低收入老年人要想在退休后通过"二次就业"实现向上阶层的流动是非常困难的，普遍情况是，家境越好的老年人实现再就业的概率越大，此外，受资源占有优势的影响，家境越好的老年人获得的工作质量也要明显高于家境较差的老年人。

对于离退休老人而言，对他们影响最大的仍然要属养老金制度。养老

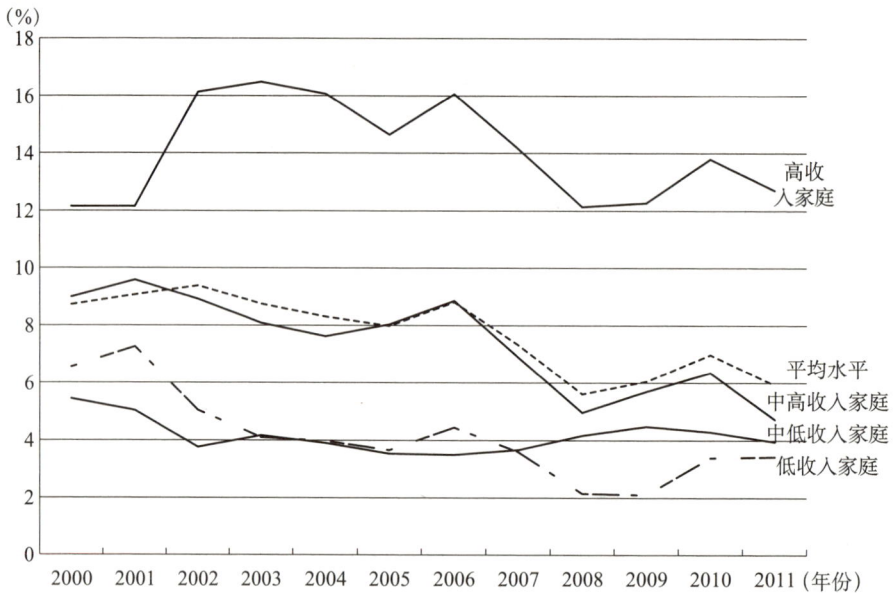

**图 7 - 3　2000～2011 年我国离退休老人的再就业率**

资料来源：2001～2012 年《中国城市（镇）生活与价格年鉴》。

金在减少老年贫困、调节收入差距的同时，是否会对老年人原来所处的收入阶层产生促进或固化效应？朱光磊（2007）认为存在固化效应，约占全部退休人员80%的企业退休蓝领和白领工人生活状况在1995～2004年的十年间改善较慢，不少退休老人已处于相对贫困和绝对贫困的生活之中，而退休官员及知识分子的养老金水平及生活水平较高。梁宏（2010）尝试性地从生活来源、社会保障状况与居住状况三个方面对老年群体进行社会分层，但很遗憾的是，作者仅是简单地从人口学性质上比较三者之间的差异。总体而言，现有相关研究比较匮乏，因此，分析老年人的阶层属性，探讨当前我国多轨制下养老金制度对老年人阶层固化或流动的影响具有重要的理论和现实意义。基于此，本部分将以收入分层为视角，分析我国养老金收入对不同老年群体的阶层分化效应。

本书关于老年阶层的划分，以收入为依据，对老年人的收入由低至高进行排序，将所有样本平均分为5等分组，第1～5等分组分别为最低收入阶层、中低收入阶层、中等收入阶层、中高收入阶层和最高收入阶层。比较老年人在领取养老金前后所属组别的变化，并以此来判断老年人收入阶层流动。例如，如果某一位老年人在领取养老金前属于第2等分组（即中低收入阶层），当他在领取养老金后，跳至第 3 等分组或第 3 以上的等分组，那么就认定他产生了向上的阶层流动；如果变化方向正好相反，则认定他产生了向下的阶层流动；如果养老金领取前后所属组别没有发生变化，则表示他没有发生阶层流动。同时，采用绝对阶层流动指数和相对阶层流动指数评估老年人在等分组内部及等分组之间的综合流动效应。

## 二、养老金阶层流动的综合效应

表 7-3 为养老金计入前后 5 等分组阶层的收入排序变化矩阵，第 i 行第 j 列的数值表示养老金计入前排名第 i 组的老年人在计入养老金后排名变化至第 j 组的老年人口数占养老金计入前第 i 组的老年人口的比例。例如，第 1 行第 1 列为 76.46%，表示养老金计入前排在第 1 组（最低收入阶层）的老年人口中有 74.46% 的人在计入养老金后仍然固化在第 1 组。

表 7-3　　　　　　　　养老金再分配的阶层转换矩阵

| 再分配前收入排序 | 再分配后收入排序 | | | | |
|---|---|---|---|---|---|
| | 最低收入阶层 | 中低收入阶层 | 中等收入阶层 | 中高收入阶层 | 最高收入阶层 |
| 最低收入阶层 | **76.46** | 0.45 | 12.11 | 10.99 | 0.00 |
| 中低收入阶层 | 23.60 | **59.10** | 0.00 | 17.30 | 0.00 |
| 中等收入阶层 | 0.00 | 40.45 | **41.57** | 17.75 | 0.22 |
| 中高收入阶层 | 0.00 | 0.00 | 46.29 | **26.29** | 27.42 |
| 最高收入阶层 | 0.00 | 0.00 | 0.00 | 27.64 | **72.36** |

表 7-3 显示，总体上，我国养老金显示出一定的收入阶层流动效应，但对不同群体的影响存在显示差异，且总体上固化效应要大于阶层流动效应。具体来说，主要呈现以下特点。

（1）养老金对最低收入阶层向上流动的推动效应不明显，相应的固化效应较为明显。再分配前处于最低阶层的老年人中有 76.46% 的收入排序没有发生变化，仍然处于收入最低层，具有明显的固化效应。另外 23.54% 的老年人产生了向上流动，分别上升至第 2~4 组，其中，分别有 12%、11% 的老年人在领取养老金后收入处于第 3 和第 4 组，而第 2 等组的人数较少，没有老年人上升第 5 组。

（2）中间收入阶层的流动性较大，但向上流动效应较弱，而向下流动效应较强。在再分配前处于第 2 组的老年群体中，59.10% 的老年人固化在原有位置，而在 40% 的流动比例中，23.60% 产生了向下流动，下降至再分配后的最低收入阶层，只有 17.30% 的老年人产生了向上流动，意味着 80% 以上的老年人在再分配后仍处于收入较低层或更差，这一比例甚至高于再分配前处于最底层的老年人。在再分配前处于第 3 组的老年群体中，只有 41.57% 的老年人固化在原有位置，流动性较大，但是，流动阶层中 70% 的老年发生了向下流动，只有 30% 向上流动。同样地，在再分配前处于第 4 组的老年群体中，虽然具有较强的流动性，固化效应较弱，但是大部分老年人是向下流动而不是向上流动。但是，与前 3 个等级相比，第 4 组的老年人向上流动的比例更高。

（3）养老金对高收入阶层的固化效应明显，保持了其非养老金收入分配中的优势地位。在再分配前收入最高阶层中，72.36% 的老年人在再分配后仍然处于收入最高阶层，只有 27.64 的老年人产生了向下流动，且只向下变换一个组别。

（4）养老金的阶层流动性跨度较小，主要是向相邻阶层流动。例如，在再分配前的组别排序中，第 4、第 5 两个组只产生了相邻阶层间的流动，向第 1 ~ 2 组或第 1 ~ 3 组的流动性为 0。在再分配后，第 1 组仅由再分配前的第 1 组和第 2 组的老年人组成，相应地，第 5 组主要是由再分配前的第 4 组和第 5 组组成，其他组也具有类似特征。

由转换矩阵计算的 $\chi^2$ 值和阶层固化率 F 分别如表 7 - 4 所示，其中，阶层固化效应达到 0.5516，意味着 55.16% 的老年人在养老金再分配前后的阶层位置没有发生任何变动。$\chi^2$ 值为接近 7，与最优阶层流动效应的 0 值相比，差距较大，流动性较弱。

从个体收入排序变动来看，绝对阶层流动指数 ACMI 和相对阶层流动指数 RCMI 分别为 576682 和 0.2328。表明我国养老金具有阶层流动效应，但影响效果较小，仅 23.28% 的老年人发生了向上或向下的阶层变动。

表 7 - 4　　　　　　　　养老金阶层流动效应指数

| F | $\chi^2$ | ACMI | RCMI |
| --- | --- | --- | --- |
| 0.5516 | 6.8639 | 576682 | 0.2328 |

### 三、养老金阶层流动效应的单位性质

前文的阶层转换矩阵与阶层流动指数分析表明，我国养老金具有阶层流动

效果，但总体效果不显著，仅有 23.28% 的老年人发了向上或向下的阶层变动。读者可能会问，将所有老年人作为一个整体进行分析，是否忽略了不同老年群体之间的差异，很多人被"平均了"？另外，社会阶层分析的学者认为，不同阶层所占有的资源存在显著差别，阶层流动是否也存在阶层差异呢？即并不是所有阶层向上或向下流动都是等概率的。如农民阶层与私营企业主阶层，他们不仅分属于不同的阶层，而且这两个阶层向其他阶层流动的概率也不一样，很明显，前者向上流动的概率要远远小于后者。在本书中，对于老年群体而言，以经济资源（即收入）占有量为标准划分的阶层，养老金的阶层流动效应是否存在群体性的结构差异？基于以上问题，本部分综合当前阶层划分的职业特点，通过构建以收入阶层为基础，以职业为分解标准，探讨老年人退休前的职业差异对收入阶层流动的影响。

参考中国社科院十大阶层划分标准，结合 CHARLS 问卷的问题设置，本书将我国退休人员退休前职业划分为七大阶层，即政府部门职工、事业单位职工、国企/集体企业职工、私营企业职工、自雇者、农业劳动者、无业人员①。本书的阶层划分优势在于符合本书的研究情境，因为我国养老金水平差异不仅取决于个体差异（如工龄、缴费工资基数等），更主要取决于制度差异或职业差异，而这种职业差异不是指技术等级的高低，而是指单位性质的差异，如体制内与体制外、机关单位与事业单位、国企与私企等的差异。例如，中国社科院十大阶层中的专业技术人员包括教师、医生等事业单位职工和企业中的工程技术人员，但在养老金待遇上，这两类群体分属截然不同的养老金体系，前者的养老金待遇显著高于后者。因此，根据单位性质划分的职业分层，更符合本书的研究要求。

### 1. 收入阶层占比的单位性质差异

首先，简要对比养老金给付前后 7 大职业阶层在 5 个收入组别中的占比变化情况，可以直观反映出养老金对老年群体阶层流动的综合影响。如表 7-5 所示，在领取养老金之前，有 19.1% 的政府部门退休职工的收入处于最低收入组，在领取金收入之后，这一比例下降至 6.7%。

---

① 这里的无业人员是指职业生涯期内从未工作过，或累积工作未满 3 个月的人员，这里的工作包括务农、挣工资工作、从事个体、私营活动或不拿工资为家庭经营活动帮工等。

表7-5　　　　　　养老金给付前后不同职业群体的收入组占比变化　　　　单位:%

| 职业阶层 | 养老金给付 | 最低收入组 | 中低收入组 | 中等收入组 | 中高收入组 | 最高收入组 |
|---|---|---|---|---|---|---|
| 政府部门职工 | 前 | 19.1 | 8.6 | 13.3 | 29.5 | 29.5 |
| | 后 | 6.7 | 2.9 | 11.4 | 33.3 | 45.7 |
| 事业单位职工 | 前 | 16.5 | 11.9 | 5.5 | 27.5 | 38.5 |
| | 后 | 0.9 | 10.8 | 5.5 | 22.9 | 66.1 |
| 国/集企职工 | 前 | 10.4 | 10.8 | 6.0 | 32.1 | 40.6 |
| | 后 | 1.2 | 1.2 | 4.4 | 38.6 | 54.6 |
| 私企职工 | 前 | 22.5 | 25.0 | 17.5 | 12.5 | 22.5 |
| | 后 | 27.5 | 15.0 | 12.5 | 22.5 | 22.5 |
| 自雇者 | 前 | 16.6 | 19.3 | 12.4 | 18.6 | 33.1 |
| | 后 | 17.2 | 13.8 | 16.6 | 26.9 | 25.5 |
| 农业劳动者 | 前 | 22.1 | 23.3 | 24.8 | 16.8 | 13.0 |
| | 后 | 25.5 | 26.4 | 24.9 | 14.8 | 8.4 |
| 无业人员 | 前 | 26.8 | 9.8 | 19.5 | 24.4 | 19.5 |
| | 后 | 29.3 | 22.0 | 22.0 | 19.5 | 7.3 |

如表7-5所示，不同职业群体不仅在领取养老金前后在不同收入阶层中的占比存在显著差异，而且流动的方向也明显不同。以养老金给付前后不同收入组别的占比变化为标准，可将不同职业群体划分为三个差异显著的群组：

（1）最高收入群组，包括政府部门职工、事业单位职工、国有/集体企业职工三大职业阶层，这一群组最大的特点是养老金给付前后，其所属阶层较高，而且养老金促进了这一阶层的向上流动。

（2）中高收入群组，包括私营企业职工和自雇者，这一群组的特点是非养老金收入较高，养老金相对较低，产生了向下流动效应，但相比其他低收入阶层而言，这一阶层又属于中高收入阶层。

（3）低收入群组，包括农业劳动者和无业人员两类职业阶层，这一阶层的特点是非养老金收入水平较低，属于低收入阶层，同时养老金进一步固化了他们的阶层地位。

表7-5中各职业群体的阶层流动情况证实了前文的分析，即退休前的职业对老年人的影响主要是通过养老金制度发挥作用。在养老金给付前，各职业群体的收入组别占比的差别并不十分明显，甚至有些低收入组的职业类别在高收入占比非常高，而有些高收入组的职业类别在低收入组中占比较高。例如，作为高收入组的典型代表，政府部门职工在养老金给付前，有19.1%的人属于最低收入组，事业单位职工养老金给付前最低收入组与中低收入组两项之和也达到28.4%；而在低收入组中，无业人员在养老金给付前中高收入组和最高收入组之和接近一半，占比达到43.9%之多。

　　但养老金完全改变了这一现状，对不同职业群体的收入组别占比产生了重要影响。在养老金给付后，不同职业群体的收入组占比开始分化，并形成三大群组，即高收入群组、中高收入群组和低收入群组。在高收入群组中，低收入及中等收入占比迅速下降，而中高收入和最高收入占比显著上升。以国有/集体企业职工为例，养老金使得这一职业阶层在最低收入组由最初的10.4%迅速下降至1.2%，中低收入组由最初的10.8%下降至1.2%。相应地，中高收入组则由32.1%提升至38.6%，而最高收入组增幅更加明显，由40.6%上升至54.6%，意味着养老金再分配后，一半以上国有/集体企业职工的收入位于最高收入组行列。在低收入群组中，养老金给付则极大地弱化了收入排序。养老金给付前，低收入群组在各收入组中的占比相对较为均匀，但在养老金给付后，高收入组占比明显下降，相应地，低收入组占比显著增加。以农业劳动者为例，养老金给付使得这一群体在中高收入组和最高收入组中的占比都下降了，分别从16.6%下降至14.8%，从13.0%下降至8.4%。

### 2. 收入阶层转换矩阵的单位性质差异

　　养老金给付前后各职业群体在各收入阶层占比的变化反映了养老金对收入阶层流动的影响，更具体地讲，是养老金收入阶层流动的增量效应，即特定职业群体领取养老金后在某一收入阶层的占比比领取养老金之前是提高了还是下降了，抑或是保持不变。不管是提高还是下降，都表明发生了阶层流动，如果占比没有变化，则表示没有产生阶层流动。但这一测量方法存在明显地致命之处，如果流出量与流动入量正好相等，两者正好相互抵消，表现的结果是占比保持不变，从而掩盖了阶层的实际流动。即使流出量与流入量不等，只要同时存在流入和流出，这一方法就会低估实际的阶层流动情况。为了克服这一不足，本书采用前文的阶层流动转换矩阵方法，制作收入阶层流动表。如前文所述，阶层流动转换矩阵能深入刻画每一个体从一个阶层流动到另一阶层或停留在原有阶层的详细路径。

　　借助转换矩阵方法，表7-6为七大职业群体的养老金收入阶层流动转换矩阵，与表7-3一样，从左上至右下的斜对角线为养老金再分配前后属于同一收入阶层的人数占养老金再分配前该收入阶层人数之比，对角线右上侧表示向上的阶层流动比率，对角线左下侧表示向下的阶层流动比率。但与表7-3有所不同的是，每一个$P_{ij}$被分解成了7个职业类别，由此可以比较不同职业群体的收入阶层流动差异。我国养老金对不同职业群体的收入阶层流动的影响表现在以下几个方面。

表7-6

**分职业的养老金收入阶层转换矩阵**

| 再分配前收入排序 | 再分配后收入排序 | | | | |
|---|---|---|---|---|---|
| | 最低收入阶层 | 中低收入阶层 | 中等收入阶层 | 中高收入阶层 | 最高收入阶层 |
| 最低收入阶层 | 25.0 0.0 7.7<br>88.9 66.7<br>74.4 90.9 | 5.0 11.1 0.0<br>0.0 8.3<br>9.4 0.0 | 25.0 22.2 11.5<br>0.0 16.7<br>6.9 0.0 | 35.0 38.9 76.9<br>11.1 8.3<br>7.8 9.1 | 10.0 27.8 3.8<br>0.0 0.0<br>1.6 0.0 |
| 中低收入阶层 | 22.2 7.7 3.7<br>30.0 32.1<br>38.9 50.0 | 11.1 7.7 3.7<br>40.0 46.4<br>45.7 50.0 | 22.2 7.7 14.8<br>30.0 10.7<br>7.4 0.0 | 22.2 53.8 63.0<br>0.0 10.7<br>7.4 0.0 | 22.2 23.1 4.8<br>0.0 0.0<br>0.6 0.0 |
| 中等收入阶层 | 0.0 0.0 0.0<br>0.0 0.0<br>0.0 0.0 | 7.1 33.3 13.3<br>28.6 27.8<br>55.0 87.5 | 14.3 0.0 6.7<br>28.6 38.9<br>38.3 12.5 | 64.3 33.3 53.3<br>42.9 27.8<br>4.2 0.0 | 14.3 33.3 26.7<br>0.0 5.6<br>2.5 0.0 |
| 中高收入阶层 | 0.0 0.0 0.0<br>0.0 0.0<br>0.0 0.0 | 0.0 0.0 0.0<br>0.0 0.0<br>0.0 0.0 | 9.7 3.3 3.8<br>0.0 37.0<br>72.1 80.0 | 38.7 26.7 55.0<br>80.0 44.4<br>23.4 10.0 | 51.6 70.0 41.3<br>20.0 18.5<br>4.5 10.0 |
| 最高收入阶层 | 0.0 0.0 0.0<br>0.0 0.0<br>0.0 0.0 | 0.0 0.0 0.0<br>0.0 0.0<br>0.0 0.0 | 0.0 0.0 0.0<br>0.0 0.0<br>0.0 0.0 | 16.1 2.4 6.9<br>11.1 35.4<br>49.5 75.0 | 83.9 97.6 93.1<br>88.9 64.6<br>50.5 25.0 |

注：每个矩阵内的数字从左至右、从上至下分别对应政府部门职工、事业单位职工、私企职工、国有/集体企业职工、自雇者、农业劳动者、无业人员。

首先，养老金的阶层流动效应作用于不同单位性质职工，分别通过固化、向上流动或向下流动的方式，加剧了而不是缓和了阶层分化，并最终形成三个主要收入群组。与表 7-5 一样，七大职业类别的养老金收入阶层流动效应存在显著差异，可明显划分为三大群组，即最高收入群组，包括机关单位职工、事业单位职工和国有/集体企业职工三种职业类别；中高收入群组，包括私营企业职工和自雇者；低收入群组，包括农业劳动者和无业人员。不同群组之间的阶层流动各有特点，表现为每一个小矩阵内的 $P_{ij}$ 比率差异极大，但同一群组内的 $P_{ij}$ 比率具有相同的变化规律，阶层流动表现出一致性。例如，养老金再分配前位于中低收入阶层的老年人在再分配后向下流动至最低收入阶层的（$P_{21}$），政府部门职工等最高收入群组的占比非常小，私企职工等中高收入组次之，农业劳动者等低收入群组的比例最高。其他矩阵也表现出这一特征。

其次，斜对角线的数据表明，不同职业群体的养老金收入阶层固化效应既呈现出相同特点，又呈现出显著差异。共同之处表现为所有职业群体位于收入阶层两端的阶层固化效应要明显高于位于中间收入阶层的老年人。所有老年人在最低收入阶层或最高收入阶层的固化比率都达到 60% 以上，虽然有些职业类别的老年人并不同时在两个收入阶层的固化比率都很高，但至少在其中一个阶层是非常高的。例如，事业单位职工在最低收入阶层的固化比率为 0，即在养老金领取前位于最低收入阶层的老年人在领取养老金后全部向上流动到其他较高收入阶层，但这类职业群体在最高收入阶层的固化比率却达到 97.6%，养老金使这部分群体中绝大多数老年人保持了最高收入阶层地位。而自雇者群体各阶层的固化比例则相对较为均衡，但位于收入阶层两端的阶层固化率仍然要高于中间收入阶层。不同职业群体的差异主要表现为高收入群组（包括政府单位职工、事业单位职工、国有/集体企业职工）在最高收入阶层上的固化效应非常高，而其他低收入阶层的固化效应非常低；中高收入群组（包括私企职工、自雇者）在各收入阶层的固化效应都较为均衡；低收入群组（包括农业劳动者、无业人员）则在低收入阶层的固化效应非常高，在高收入阶层的固化效应较低。

再其次，在所有职业群体中，向上阶层流动长度要显著大于向下的阶层流动长度，养老金再分配前属于最低或中低收入阶层的群体都或多或少产生了跨阶层的向上流动，流动到中高收入阶层或最高收入阶层，而向下流动主要是向相邻阶层流动，并未产生跨阶层流动。如表 7-6 中的右上角部分，再分配前属于最低收入阶层的老年人在领取养老金后，分别有 35.0% 和 10.0% 的机关部门退休职工跨阶层流动到中高收入阶层和最高收入阶层，事业单位退休职工的这一比例分别为38.9%和27.8%，也有近10%的私营职工、自雇者、农民等低收入群组的老年人流动到中高收入阶层。而表7-6的左下角部分，所有职业群体都没有产生跨阶层的向下流动，有6个矩阵的取值全部为0。养老金再分配后的最低收入阶层的人员构成全部由再分配前的最低收入阶层和中低收入阶层两个阶层的老年人组成。这两种流动趋势意味着，养老金在推动老年群体向上流动的同时，使低收入阶层产生了分化，少部分老年人获得了向上流动的机会，但大部分老年人仍然固化在原有阶层或向下流动到最低收入阶层。

最后，最高收入群组显示出强劲的向上阶层流动效应，而下向阶层流动效应则非常弱；而低收入群组阶层流动效应与最高收入群组正好相反，表现出强劲的向下阶层流动效应，相反，向上流动效应较弱；中高收入群组的阶层向上或向下的阶层流动较为均衡。即使在养老金再分配前，最高收入群组在低收入阶层占比较高，但养老金发放以后，通过向上的跨阶层流动，极大提高了在中高收入阶层和最高收入阶层中的占比，相应地降低了在低收入阶层中的占比。例如，养老金再分配前属于最低收入阶层的最高收入群组的老年人中，政府部门职工、事业单位职工和国有/集体企业职工分别只有25.0%、0和7.7%的老年人固化在原有阶层上，其他人员全部发生了向上的流动，而且大部分人员流动到了中高收入以上的阶层当中，如从最低收入阶层流动到中高收入阶层和最高收入阶层的占比之和分别达到45.0%、66.7%和80.7%。低收入群组向上流动效应就明显弱很多，而是产生了强劲地向下流动，例如，养老金再分配前处于中等收入阶层的低收入群组的老年人中，分别有55.0%和87.5%产生了向下流动，向上流动的比例只有6.7%和0。即使是这一群组中的最高收入阶层，养老金再分配后，仍然有49.5%和75.0%的老年人产生了现下流动。中高收入群组的阶层流动较为均衡，例如，在养老金再分配前，位于中低收入阶层的老年人中，分别有30.0%和32.1%的人产生了向下的阶层流动，而有30.0%和21.4%的人产生了向上的阶层流动，其他收入阶层也是如此。

### 三、不同养老金制度间的阶层流动比较

由于我国老年人被划入不同的养老金制度类型，不同养老金制度之间的运行机制存在根本差别，因此，将所有老年人汇总进行分析只能从宏观上测量我国养老金的收入阶层流动的综合效应，对每个具体的养老金制度而言，需要在

特定制度体系下进行分析。根据前文分类，本书将主要从机关事业单位养老金、城镇企业职工养老金及城乡居民养老金三种制度类型进行比较。

### 1. 三种养老金制度的阶层转换矩阵分析

计算的三种养老金制度的五等分收入阶层转换矩阵如表 7 – 7、表 7 – 8、表 7 – 9 所示，不同养老金制度下老年人的收入阶层都产生了一定流动，但流动效应具有明显差别，总体上是机关事业单位养老金优于企业职工养老金，企业职工养老金优于城乡居民养老金。

表 7 – 7　　　　　　　机关事业单位养老金的阶层转换矩阵

| 再分配前收入排序 | 再分配后收入排序 | | | | |
|---|---|---|---|---|---|
| | 最低收入阶层 | 中低收入阶层 | 中等收入阶层 | 中高收入阶层 | 最高收入阶层 |
| 最低收入阶层 | 0.5143 | 0.2571 | 0.2286 | 0.0000 | 0.0000 |
| 中低收入阶层 | 0.3429 | 0.3714 | 0.1143 | 0.1143 | 0.0571 |
| 中等收入阶层 | 0.1176 | 0.2059 | 0.3235 | 0.2353 | 0.1176 |
| 中高收入阶层 | 0.0294 | 0.0882 | 0.2941 | 0.4412 | 0.1471 |
| 最高收入阶层 | 0.0000 | 0.0882 | 0.0294 | 0.2059 | 0.6765 |

表 7 – 8　　　　　　　企业职工养老金的阶层转换矩阵

| 再分配前收入排序 | 再分配后收入排序 | | | | |
|---|---|---|---|---|---|
| | 最低收入阶层 | 中低收入阶层 | 中等收入阶层 | 中高收入阶层 | 最高收入阶层 |
| 最低收入阶层 | 0.5385 | 0.2885 | 0.1346 | 0.0385 | 0.0000 |
| 中低收入阶层 | 0.4038 | 0.3365 | 0.1442 | 0.0962 | 0.0192 |
| 中等收入阶层 | 0.0583 | 0.3301 | 0.4660 | 0.1165 | 0.0291 |
| 中高收入阶层 | 0.0000 | 0.0485 | 0.2524 | 0.5728 | 0.0291 |
| 最高收入阶层 | 0.0000 | 0.0000 | 0.0000 | 0.1748 | 0.8252 |

表 7 – 9　　　　　　　城乡居民养老金的阶层转换矩阵

| 再分配前收入排序 | 再分配后收入排序 | | | | |
|---|---|---|---|---|---|
| | 最低收入阶层 | 中低收入阶层 | 中等收入阶层 | 中高收入阶层 | 最高收入阶层 |
| 最低收入阶层 | 0.8149 | 0.1299 | 0.0195 | 0.0357 | 0.0000 |
| 中低收入阶层 | 0.1851 | 0.6526 | 0.0877 | 0.0747 | 0.0000 |
| 中等收入阶层 | 0.0000 | 0.2182 | 0.7101 | 0.0684 | 0.0033 |
| 中高收入阶层 | 0.0000 | 0.0000 | 0.1824 | 0.7883 | 0.0293 |
| 最高收入阶层 | 0.0000 | 0.0000 | 0.0000 | 0.0326 | 0.9674 |

（1）固化在原有收入阶层的老年人中，机关事业单位养老金最低，其次是企业职工养老金，城乡居民养老金最高。在机关事业单位养老金中，只有养老金再分配收入前处于第二位的老年人仍然固化在原有位置的比率大于企业职工养老金（即 $P_{22}$），其他比例都低于后者；而城乡居民养老金所有固化在原有收入位置的老年人占比都高于其他两种制度类型。例如，机关事业单位养老

金中最低收入组 $P_{11}$ 和较低收入组 $P_{22}$ 分别为 0.5143 和 0.3714，表明分别有 51.43% 和 37.14% 的老年人在领取养老金后仍然处于最低和较低收入组，这一比例在企业职工养老金中分别为 53.85% 和 33.65%，城乡居民养老金中则分别为 81.49% 和 65.26%。

（2）收入处于两个极端阶层的固化率要高于收入中间阶层，但制度间存在程度差异，城乡居民养老金要高于企业职工养老金，企业职工养老金则又高于机关事业单位养老金。例如，在机关事业单位中，养老金再分配前处于第 1 等分组中向其他等分组流动的比例为 48.57%，位于第 5 等分组的向其他收入分组流动的比例为 32.35%，都低于 50%；然而，再分配前位于第 2 等分组和第 3 等分组的老年人向其他收入组流动的比例分别达到 62.86% 和 67.65%，都高于 50%。在企业职工和城乡居民中也是如此，而且收入处于两个极端阶层的流动效应非常微弱，如城乡居民最高收入组中只有 3.26% 的老人发生了阶层流动，在企业职工中最高收入组的比例为 17.48%。

（3）由低向高的阶层流动效应要显著高于由高向低的阶层流动效应，各制度之间的差别同样表现为机关事业单位养老金要优于企业职工养老金，企业职工养老金要优于城乡居民养老金。例如，在机关事业单位养老金中，作为低收入组的第 1 等分组和第 2 等分组，分别有 48.57% 和 28.57% 发生了向上流动，而作为高收入组的第 5 等分组和第 4 等分组，分别只有 32.35% 和 41.17% 的老人发生了向下的阶层流动。如果说这一差异在机关事业单位养老金中并不明显，那么在企业职工养老金和城乡居民养老金中十分明显，而且总体流动率较小。在企业职工养老金中，第 1 等分组和第 2 等分组在领取养老金后分别有 46.16% 和 25.95% 的老年人产生了向上的阶层流动，而第 5 等分组和第 4 等分组则分别只有 17.48% 和 30.09% 产生了向下的阶层流动。在城乡居民养老金中，第 1 等分组和第 2 等分组在领取养老金后分别有 18.51% 和 16.24% 的老年人产生了向上的阶层流动，而第 5 等分组和第 4 等分组则分别只有 3.26% 和 18.24% 产生了向下的阶层流动。

（4）流动的距离较短，绝大多数是向相邻阶层流动，跨阶层流动的比例较小，而且越靠近收入排序的两个极端，跨阶层流动比例越低。其中，机关事业单位养老金相邻阶层流动比例要小于企业职工养老金，企业职工养老金要小于城乡居民养老金；相应地，机关事业单位养老金跨阶层流动的比例要大于企业职工养老金，而企业职工养老金要大于城乡居民养老金。例如，在机关事业单位养老金中，第 3 等分组虽然有 67.65% 的老年人产生了阶层流动，但是，

44.12%属于向上或向下的相邻阶层流动，只有23.53%产生了跨阶层流动。在企业职工养老金和城乡居民养老金中，第5等分组的阶层流动中，全部向下流动到第4等分组，跨阶层流动比例为0。

### 2. 三种养老金制度的阶层流动指数

根据阶层转换矩阵计算的五等分组养老金阶层流动指数（F值和$\chi^2$值）和基于个体收入位置排序的阶层流动指数（ACMI和RCMI）如表7-10所示。表中三种养老金类型中机关事业单位养老金的F值最小，城镇企业职工养老金次之，城乡居民养老金最大，表明机关事业单位养老金阶层固化率最低，其次为企业职工养老金，城乡居民养老金的阶层固化效应最强。例如，城乡居民养老金的阶层固化指数达到0.79，意味着领取城乡居民养老金的老年人中将近80%的老年人仍然固化在原有收入阶层，一般为最低收入阶层。这与城乡居民养老金水平低直接相关。对于低收入老年群体而言，每个月70元左右的养老金的增收效果非常有限，无法从根本上改变他们的弱势地位。转移矩阵的$\chi^2$值则体现了阶层流动现状与最优效果之间的差距，$\chi^2$越大，表明与最优效果之间差距越远，再分配的阶层流动效应越弱，反之，则与最优效果之间的差距越近，再分配的阶层流动效应越强。与阶层固化效应指数一样，三类养老金类型的$\chi^2$值也表现出机关事业单位养老金的阶层流动效应要优于城镇企业职工养老金，而城镇企业职工养老金要优于城乡居民养老金。

表7-10　　　　　　　　分养老金制度类型的阶层流动指数

| 制度类型 | F | $\chi^2$ | ACMI | RCMI |
|---|---|---|---|---|
| 机关事业单位养老金 | 0.4654 | 3.5900 | 5034 | 0.3403 |
| 城镇企业职工养老金 | 0.5478 | 5.9443 | 33048 | 0.2473 |
| 城乡居民养老金 | 0.7867 | 11.5249 | 126402 | 0.1070 |

如果说基于五等分的阶层流动转换矩阵和流动指数忽略了同一阶层内部的流动而只关注阶层与阶层之间的流动现象，那么基于每一个体相对位置排序变化的阶层流动指数则解决了这一问题。只要养老金再分配后的位置排序发生了变动，阶层流动指数就能测量出来，而不需要必须是出现跨阶层流动。基于个体收入排序测算的绝对阶层流动指数（ACMI）和相对阶层流动指数（RCMI）如表7-10所示。由于ACMI没有进行标准化处理，容易受到每一养老金类型下的样本数量（n）的影响。在本研究中，各养老金类型的样本数量不一样，差别较大，所以ACMI不具有直接的可比较性，仅作参考。RCMI则进行了标准化处理，能够直接进行比较。结果表明，机关事业单位养老金的RCMI值高

于城镇企业职工养老金，城镇企业职工养老金高于城乡居民养老金，只有约10%的领取城乡居民养老金的老年人发生了收入排序位置的变动，机关事业单位养老金达到34%。

因此，不论是基于五等分收入分组的阶层流动，还是基于个体收入排序的阶层流动，机关事业单位养老金的效应最为明显，其次是城镇企业职工养老金，而城乡居民养老金最弱，相应的阶层固化效应最强。

# 第八章

结论与政策建议

国际社会保障协会（ISSA）认为，一个设计良好和完整的养老金制度应该包括五大政策目标：一是减轻老年人贫困风险；二是保障充足的养老金收入；三是通过收入再分配实现代际间和代际内的和谐和公平；四是保障养老金长期的财务可持续性；五是通过减少不利的劳动力市场激励以实现成本效率。前三项目标可以综合为收入再分配功能，通过向老年人提供充足的养老金收入，以减少老年贫困和调节收入差距。政治经济学同时认为，包括养老金制度在内的社会保障制度在对失衡的收入分配进行干预和矫正时，其本身亦是一个分层化体系，将社会成员分化为不同社会阶层。因此，养老金的再分配效应可以分解为三个方面：减少老年贫困，调节收入差距和阶层分化。本书运用这一理论框架，对我国养老金制度的再分配效应进行了实证评估。

自 1950 年政务院发布《关于退休人员处理办法的通知》开始，我国开启了具有中国特色的养老金制度的创立、改革、发展与完善的艰辛历程。到 2011 年，国务院颁布实施《国务院关于开展城镇居民社会养老保险试点的指导意见》（国发〔2011〕18 号），标志着我国完全建立了覆盖各类群体的养老保险制度，实现了制度全覆盖目标，同时也标志着我国养老金制度由“从无到有”的创建阶段转向“从有到优”的改革与完善阶段。虽然第一阶段任务的完成为第二阶段目标的实现奠定了坚实基础，但毋庸置疑，第二阶段的任务更加艰巨，任重而道远。其中，我国养老金再分配过程中存在的主要问题包括：第一，养老金体系“多轨制”现状导致制度之间的养老金差距极大，很大程度上制约了收入再分配目标的实现；第二，各制度的设计理念与技术差异导致不同制度的收入再分配效应存在天壤之别，不同制度覆盖下的群体“同人不同命”；第三，养老金水平过低，难以有效防范老年贫困风险；第四，养老金待遇差距大，但并不是基于需求差异而产生，而是基于社会声望、职业类别、经济地位等因素而产生，导致养老金产生显著的阶层固化效应，穷者愈穷，富者愈富。在第一阶段任务完成，第二阶段任务开始之际，有必要对我国养老金制度存在的以问题进行全面化、科学化、精细化地评估与分析。这既有利于客观地认识现实，为后期改革成效的评估提供基础性参照；同时有利于发现问题，找出原因，推动养老金制度朝着更加公平正义的方向改革和完善。

基于对以上问题的回答与论证，本书利用由北京大学国家发展研究院主持的中国健康与养老追踪调查（CHARLS）2011 年的全国调查数据库进行实证分析。该调查参考了很多享有盛誉的国际老龄化问题调查的经验，包括美国健康与退休调查（HRS）、英国老年追踪调查（ELSA）以及欧洲的健康、老年与退休调查（SHARE）等，且项目的研究团队由国际一流学者组成，得到由国内、国际老龄化问题顶尖学者组成的顾问委员会的指导，使得本数据库有了高质量的保证。本数据库适合本研究的另一个优势在于，本次调查样本量非常大，覆盖全国 28 个省区的 450 个村级单位，共收集 17708 份问卷信息，以 45 岁以上中老年人为调查对象，达到法定退休年龄的样本数为8368 个，是目前养老金调查范围最广的一个项目，代表性非常高。在具体分析中，本书通过采用贫困测量指标（贫困发生率、贫困差距率、贫困差距平方）、收入不平等指标（极差、分位数、相对平均离差、方差、标准差、变异系数、对数标准差、洛伦兹曲线、基尼系数、泰尔指数等）、收入阶层流动指数（转换矩阵、阶层固化指数 F、$\chi^2$、ACMI、RCMI 等）、社会流动表等丰富的测量指标，对我国养老金的收入再分配效应（减贫效应、收入差距调节效应、收入阶层化效应）进行全面化、科学化、量化性的评估。评估结果呈现复杂性特点，详细结论在本章中的第一节进行论述。在此基础上，本书基于福利经济学理论和底线公平理论，参考养老金改革的国际趋势，在我国现有养老金体系架构的基础上提出完善我国养老金制度的方案构想和政策建议，首次提出在我国建立三层次的养老金结构体系，第一层次为财政资助的基础普惠型的非缴费养老金计划，第二层为单位缴费形成的缴费关联型的养老保险计划，第三层为由个人缴费形成的完全积累制的个人账户计划。最后，通过构建相关计量模型，利用现有数据对设计的三层次养老金制度构想进行可行性分析论证，以此作为全文的结束部分。

# 第一节　本研究的主要结论

根据本书的章节安排，本部分分别从养老金不平等、养老金的减贫效应、养老金的收入差距调节效应和养老金的收入阶层化效应四个方面简要总结本书的主要发现和结论。

## 一、养老金不平等的主要结论

### 1. 我国养老金存在严重的纵向和横向分配失衡问题

对养老金的不平等测量，本书从纵向不平等和横向不平等两个维度展开。

研究结果表明，我国养老金在纵向和横向两个维度都存在严重的分配失衡问题。首先，养老金纵向不平等相当严重。我国养老金基尼系数达到 0.563，已大幅超出国际警戒线，甚至超过我国总人口的 0.47，达到收入差距悬殊程度。在所有老年人口中，养老金最低 40% 的老人的养老金标准低于 100 元/月，养老金占比低于 1%，养老金最低 50% 的老人所获得的养老金金额占养老金总额的 7.32%；而最高 20% 的老年人口获得了 50% 以上的养老金资源。其次，在横向分配方面，不同群组之间的收入差距较大。其中，户籍之间和养老金类型之间的差异十分显著，泰尔指数组间不平等对总体不平等贡献率分别达到62% 和 77%；而性别、地区之间的差异较小，组间不平等的贡献率分别只有3% 和 2%。总体而言，男性、城镇户籍老人、东部地区居民、机关事业单位退休老人、城镇企业退休职工在养老金分配中处于优势地位。

### 2. 影响养老金不平等的因素主要来自制度分割与参数设计不合理

养老金的影响因素分析结果表明，当前我国养老金不平等并不是基于科学的制度设计所致，而是由很多历史的、现实的不合理因素综合形成的，其中最主要是由于覆盖各类群体的养老金制度分割以及参数设计不合理两方面。回归分析表明，应当体现养老金待遇差距的因素影响不显著，而不应当体现待遇差距的因素却对养老金不平等具有显著影响。在不合理的因素中，首要的也是最重要的因素是制度改革的非协调性。自 1991 年国务院颁布实施《关于企业职工养老保险制度改革的决定》（国发〔1991〕33 号）开始，城镇企业职工养老金制度单兵推进，而其他养老金制度改革则相对缓慢。机关事业单位养老金制度直到 2015 年才进行结构性变革；农村则长期处于制度空白期，2009 年才开始试点，起步较晚。其次是制度模式的差异。经过多年的改革，城镇企业职工养老金制度基本确立了多方缴费、共同负担的现代社会保险模式，城乡居民养老金则属于另外一种模式，低缴费与低保障，缴费与养老金无关联的独特模式。由于制度差异，不同制度间的个人缴费负担与养老金待遇水平悬殊。再其次是体现在制度参数的个体因素，包括年龄、学历、退休前工资、工龄、退休类型等。理论上，收入关联型或缴费关联型养老金制度为体现制度的激励性，学历越高、退休前工资越高以及工龄越长的老年人应获得更高的养老金。但在我国的养老金制度中，这些因素过度分化了不同群体的养老金差距。例如，大学学历与比中学学历的养老金高出 700 多元/月，比小学学历高出 1000 多元/月；退休前未连续缴费 15 年以上，无法领取统筹账户养老金，这类群体主要是灵活就业人员等低收入人员；跨统筹地区就业群体的养老金只能携带个人账户养老金，统筹账户养老金只能部分转移，这类群体主要是农民工。然而，年龄、退休类型等应该体现养老金水平差距的个体因素却不显著。例如，由于高龄老人的收入低于低龄老人，而支出却更高，因此养老金待遇应该体现年龄差异，养老金水平应随着年龄增长而提高。但我国养老金并未体现这一特点，养老金水平的年龄差异不明显。另外，理论上，提前退休等非正常退休的养老金应低于正常退休，以防止提前退休的道德风险。但在我国养老金制度中，提前退休与正常退休的养老金水平差别非常小，平均仅相差17元/月。

### 3. 养老金不平等是制约我国养老金收入再分配效应的根本因素之一

理论上，养老金不平等并不能直接推导出养老金收入再分配效应低这一结论，因为养老金的再分配效应不仅取决于养老金不平等程度本身，而且取决于养老金给付对象，即谁获得更高养老金待遇，谁获得更低的养老金待遇。如果高收入群体在退休时获得更高的养老金待遇，低收入群体对应的养老金待遇也更低，则不仅不能调节收入差距，而且将导致逆向再分配；相反，虽然养老金不平等水平较高，但低收入群体获得更高的养老金待遇，而高收入群体养老金待遇较低，则养老金有利于调节收入分配，发挥正向再分配功能。我国养老金不平等分析表明，养老金不平等主要是制度分割和制度参数导致的，社会权势阶层获得更高的养老金待遇，而工作不稳定的灵活就业人员、农民工、农民等群体的养老金普遍较低，甚至被排斥在制度之外。也就是说，我国养老金向收入低群体倾斜以缩小收入差距的特点并不明显，公平理念缺失，严重弱化了制度的收入再分配功能的发挥。

## 二、养老金减贫效应的主要结论

### 1. 养老金有效降低了我国老年贫困的广度与深度

本书采用国际通行的老年贫困测量指标，即贫困发生率、贫困差距率和贫困差距平方，前者主要用来测量贫困的广度，后两个指标主要用于测量贫困的深度。我国养老金再分配前后的老年贫困发生率变化表明，我国养老金减贫效应非常显著，有效降低了老年贫困。养老金给付前，我国老年人无论是贫困广度还是贫困深度，相关指数都非常高。例如，用世界银行贫困线、全国扶贫线和城乡低保线三条贫困线测定的贫困发生率都超过50%，一半以上老年人仅靠家庭或个人劳动及非养老金的政府转移支付收入难以维持最低生存需要；贫困差距率处于34%~42%之间，意味着所有贫困老年人的平均收入仅占贫困线的1/3。养老金给付后，这种贫困状况取得显著改善，贫困发生率下降了20%左右，即使在领取养老金后仍然贫困的老年人，也显著缩小了与贫困线的差距，贫困差距率下降了20%以上，下降至10%～20%之间。但是，养老金的减贫效应呈现出明显的群体差异，总体而言，城镇老年人、男性老年人的减贫效果要远高于农村老年人、女性老年人，这与养老金的城乡、性别不平等有必然联系。

### 2. 城乡居民养老金水平低制约了减贫效应

分析结果表明，机关事业单位养老金和城镇企业职工养老金水平较高，完全消除了老年贫困。例如，经过13年的养老金待遇调整，城镇企业职工基础养老金有了很大提高，到2015年，各省平均标准普遍在2000元/月以上，远高于贫困线，这部分群体已完全脱离贫困。但对于享受城乡居民养老金的老年人而言，他们可就没那么"幸运"。与其他两类养老金制度完全消除老年贫困相比，城乡居民养老金只降低了约10%的老年贫困发生率和20%左右的贫困差距率，即使领取养老金后，老年贫困发生率仍然达到近50%。这主要是由于城乡居民养老金水平非常低所导致的。虽然31个省区市中有24个省区市提高了基础养老金标准，但普遍不高，且各地差别较大。目前最高的是上海，为每月540元，北京、天津等发达城市分别为430元和220元。相比之下，部分地区的基础养老金却五年未涨，如吉林、河北、安徽等，目前仍执行2015年的70元/月的标准。即使在发达地区，城乡居民养老金标准都低于当地最低生活保障标准，例如，2013年北京、上海、厦门等东部经济发达地区城乡居民养老金月标准与低保标准之比分别为66%、84%和46%，难以满足老年人的基本生活需要，减贫力度必然大打折扣。

### 3. 养老金覆盖率低制约了减贫效应

虽然城乡居民养老金水平过低制约了减贫效应的发挥，但可以作为其他收入的补充，增强老年人的风险防范能力。然而，对于很多老年群体而言，目前仍然被排斥在任何一项养老金计划之外，他们将面临更高的贫困发生率。根据CHARLS数据计算，2011年我国各类养老金老年人口综合覆盖率为45%，一半以上老年人没有任何养老金收入，而且，养老金覆盖率呈现性别、地区、城乡差异。就性别而言，男性略高于女性，男女覆盖率分别48%和44%；就地区而言，东中部比西部高出10个百分点；城乡差异最大，城镇平均养老金覆盖率达到70%，农村仅为33%。因此，与城镇老年人相比，农村老年人不仅待遇水平低，而且有更多的老年人没有被制度所覆盖，仅依靠自我储蓄和家庭成员的转移支付维持老年生活。在本书的分析中，并未将未享受养老金待遇的老年人纳入分析范畴，但这部分老年人恰恰是最弱势群体，可以肯定的是，养老金制度覆盖之外的老年人比其他老年人收入更低，贫困发生率更高。因此，养老金覆盖率低直接剥夺了部分老年群体的社会保障权益，从而制约了减贫效应。

## 三、养老金收入差距调节效应的主要结论

### 1. 我国养老金正向收入差距调节效应的"时间窗口"已开启

由于我国养老金体系不健全、体制不完善、结构不合理，目前国内很多学者担心我国养老金存在逆向收入调节效应，认为养老金不仅不能缩小收入差距，而且进一步拉大了行业之间、劳资之间、群体之间、城乡之间、地区之间的收入差距。由于不同学者使用的方法、数据差异，由此得出的结论值得进一步探讨和确认。本书所使用的数据质量高、样本量大、代表性强，结论具有较强的可靠性。本书对比了养老金再分配前后老年人口的收入差距变化，其结论是养老金发挥了正向的收入差距调节效应。基尼系数由再分配前的 0.67 下降至再分配后的 0.58，五分位比、十分位比、相对均差、对数标准差、变异系数等指标在再分配后都有所下降。即使在消除地区经济发展差距之后，以上指标同样表现出明显的下降趋势。因此，可以肯定的是，随着养老金制度的逐步完善，养老金水平的不断提高，养老金调节收入差距的"时间窗口"已经出现。

### 2. 养老金收入调节效应被严重弱化

虽然我国养老金表现出积极的收入差距调节效应，但不置可否的是，这种调节效应较弱，并未真正起到"二次分配"作用。例如，即使养老金使基尼系数降低了，但降幅只有 0.1，并不理想，基尼系数还保持在 0.5 以上。此外，养老金调节之后，最高 20% 人口的平均养老金水平是最低 20% 的 40 倍；变异系数由 1.42 下降至 1.15，仍旧在 1 以上。养老金收入差距调节指标都表明，养老金调节之后的收入差距依然很大。根据前文的进一步分析，笔者认为，以下两个因素是导致我国养老金收入差距调节效应被严重弱化的根本因素。一是养老金水平普遍偏低。2011 年，我国养老金平均水平仅为 932 元/月，仅为当年城镇单位就业人员在岗平均工资的 26%；而养老金中位数为 700元/月，意味着一半以上老年人的月养老金标准低于 700 元。养老金水平低对

老年人增收效果不显著,削弱了再分配的力度。二是养老金不平等,不同群体之间的待遇差别非常大,养老金不平等是制约我国养老金再分配效应的重要因素之一。虽然我国养老金水平普遍不高,但内部差异非常大。例如,近40%的老年人的养老金收入低于100元/月,而最高10%的老年人的养老金收入达到3171元/月。这种巨大差别主要体现为制度差异,月均养老金标准低于100元的主要是城乡居民养老保险制度覆盖下的参保居民,而月均养老金标准最高的群体主要是机关事业单位退休职工或部分企业职工。养老金的严重不平等严重弱化了养老金对收入较低群体的再分配力度,从而制约了总体的再分配效应。

**3. 养老金收入调节效应呈现明显的城乡、制度差异,但地区差异不明显**

在对养老金收入差距调节综合效应分析的基础上,本书进一步比较了城乡、地区、制度类型之间的差异。研究结果表明,地区之间的差异非常小,而城乡、制度类型之间的差异较大。

(1) 地区差异之所以较小,根本原因在于养老金水平的地区差异不明显。根据CHARLS数据库计算的2011年东、中、西三大地区的月平均养老金分别为1095元、814元、885元,地区间的不平等对养老金总体不平等的泰尔指数贡献率仅为2%,其余98%来自地区内部的差异。不同养老金制度下的养老金地区差异也不显著。以城镇企业职工养老金为例,全国31个省区市的月平均养老金在2000元左右,最低为吉林的1550元,最高为西藏的2960元,两相差不到2倍。而且经济普遍较为落后的西部地区的养老金并不低,如青海、新疆、甘肃等省区都在2000元以上,比东部的辽宁、福建,中部的江西、湖南还高。较为均等化的养老金水平极大地缩小了地区的收入差距。

(2) 养老金收入调节效应的城乡差异表现在农村调节力度弱,城镇调节力度强;制度差异则表现为城乡居民养老金调节力度弱,机关事业单位养老金和企业职工养老金调节力度强。由于农村户籍人口主要由城乡居民养老金制度所覆盖,养老金水平非常低,必然弱化制度的调节效应;除少量城镇户籍人口被城乡居民养老金制度所覆盖外,大部分城镇人口主要由机关事业单位养老金和城镇企业职工养老金所覆盖,保障水平较高,能较好地调节收入差距。

## 四、养老金收入阶层化效应的主要结论

### 1. 我国养老金具有阶层流动效应，但中间阶层的流动大于两端的阶层

阶层流动反映的是养老金对老年人收入排序位置变化的影响，阶层流动有助于低收入老年人摆脱"贫困陷阱"或"低收入陷阱"，提高他们的相对社会地位，而不仅仅是增加绝对收入本身。研究结果表明，我国养老金具有收入阶层流动效应，但十分微弱，相应的阶层固化效应非常明显。根据测算，基于收入五等分的阶层划分，我国养老金使45%的老年人产生了向上或向下的阶层流动，另外55%的老年人固化在原有收入阶层；基于个体收入排序的阶层流动测算结果表明，相对收入阶层流动（RCMI）为0.23，处于较低水平。此外，我国养老金的阶层流动效应呈现显著的收入差异，即中间收入阶层的老年人流动率高于低收入阶层和高收入阶层老年人。最低收入阶层和最高收入阶层在获得养老金后，分别有76%和72%的老年人固化在原来的收入阶层，而中间阶层的这一比例仅为42%，中高收入阶层更低，只有26%。也就意味着，最低收入群体虽然获得了少量养老金，但并不能改变他们的弱势地位，而高收入群体借助养老金固守住了相对优势地位。

### 2. 养老金阶层流动效应呈现出非常明显的三大职业差异

在传统阶层分析中职业的重要性和我国养老金单位性质分割的特点背景下，本书在综合分析的基础上进一步探讨了退休前职业对养老金的阶层流动效应是否产生影响。第四章的养老金不平等的影响因素分析表明，不同职业特点对养老金水平具有显著影响，那么不同职业将有何差异？分析结果表明，养老金的阶层流动呈现三大职业群组：第一类包括机关部门职工、事业单位职工、国有/集体企业职工，这类群组的特点是借助养老金产生了向上流动或阶层固化，并最终成为最高收入阶层；第二类包括私营企业职工、自雇者，这类群组的特点是借助养老金同时产生向下或向上的阶层流动，最终形成了中高收入阶层；第三类包括农民、未就业者，这类群组的特点是通过向下的阶层流动或阶层固化，最终形成了低收入阶层。

### 3. 不同养老金制度内部的阶层流动效应呈现明显差异

多轨制是我国养老金制度最突出的特点之一，多轨制不仅体现了政策目标、运行机制、管理体制的差异，最根本的差异在于导致不同群体的养老金水平不平等以及由此而引发的诸如养老金再分配效应差异的连锁反应。在本书的

再分配效应分析中，笔者分别在减贫效应、收入差距调节效应以及阶层流动效应中都进行了制度差异比较。如前所述，在减贫效应和收入差距调节效应中，机关事业单位养老金与城镇企业职工养老金都要明显优于城乡居民养老金。在收入阶层流动效应中同样存在显著的制度差异，不论基于何种测量方法，机关事业单位养老金要优于城镇企业职工养老金，城镇企业职工养老金则优于城乡居民养老金。例如，基于五等分收入分组的阶层流动中，三项养老金制度的阶层流动率比例分别为 53%、45% 和 21%；基于个体收入排序的阶层流动中，三者分别为 34%、25% 和 11%。

# 第二节　完善我国养老金制度的政策建议

面对我国养老金再分配效应存在的诸多问题，迫切需要对现有养老金制度体系进行调整和改革。在改革过程中应遵循"理念优于制度，制度优于技术"的基本理念。首先应坚持公平正义的制度改革理念，这就需要在改革中以一套符合公平正义理念的基础理论为指导，而福利经济学理论和底线公平理论符合这一要求，能够为我国养老金制度朝着公平正义方向的改革提供重要理论基础；其次需要在公平正义理念基础上对我国养老金制度结构进行合理设计和改革；最后采用科学的技术方法对制度改革的实施进行可行性论证。本书的余下部分正是基于这一逻辑思路展开陈述。

## 一、改革的指导理论

中西方学者对社会保障与收入分配的关系做了深入的探讨，发展出丰富的基础理论，如福利经济学、凯恩斯主义、瑞典学派、剑桥学派、公共选择学派、货币主义、新自由主义、底线公平理论等不一而足。但对于本书所要求的符合公平正义理念而言，其中两个理论具有重要的指导作用：一是福利经济学理论，它论证了一国进行收入再分配的必要性，包括养老金在内的社会保障是实现收入分配的政策工具；二是底线公平理论，它论证了如何安排社会保障制度以更好地实现收入再分配，特别是政府在收入再分配中的作用与责任边界。

### 1. 收入再分配的必要性：福利经济学理论

在社会保障与收入分配的理论研究中，福利经济学是从经济学视角研究社会效用的最大化以及社会的物质生产与分配的重要理论体系。它试图在西方主流经济学之外开辟社会分配研究的新领域，它主要研究如何进行资源配置以提高效率，如何进行收入分配以实现公平，以及如何进行集体选择以增进社会福利（郑功成，2000）。福利经济学是试图明确地表达一些命题的研究分支，我们根据这些命题来判断一种经济状态对应的社会福利比另一种经济状态对应的社会福利是高还是低（黄有光，1991），福利经济学对于理解和指导收入分配政策建立与改革具有重要意义。

福利经济学作为收入分配政策的基础理论，形成于20世纪初的英国，后来在美国、瑞典、德国等得以传播。其产生的历史背景正是资本主义国家日益激化的社会经济矛盾和持续扩大的收入差距。因此，一些经济学家提出要通过社会经济福利政策来改善社会状况，调节收入差距，缓和国内的阶级矛盾。如英国经济学家韩讷（Lewis H. Haney，1926）曾对福利经济学评价指出：英国的社会问题——庞大的财富和大众贫困的对比——非常严重，并且由于世界大战而变得尖锐起来。因此有思想家以建立社会福利的一种标准概念作为目标，推动了经济学研究社会政策以达到社会福利目标的理论的发展。这种研究趋势可以叫做"福利经济学"。

庞古（A. C. Pigou）既是福利经济学的创始人，也是旧福利经济学的代表人物。庞古将福利定义为个人对财物的占有而产生的满足，他认为，社会经济福利等于一国的国民收入，影响经济福利的因素包括：一是国民收入总量，二是个人收入分配状况。任何引起国民收入份额变动的因素，如果并不同时引起国民收入量的减少或收入分配均等化程度的下降，都意味着经济福利的增加。由此可以推断出，在国民收入一定的条件下（在短期内，国民收入总量保持稳定），提高收入分配的均等化将有助于增加社会总福利。进一步地，旧福利经济学家运用基数效用论和边际递减规律，论证了国民收入分配均等化如何增加社会总福利。根据基数效用论，商品对人的效用或福利可以用商品的单位价格来计量，个人与社会的效用可以进行计算和比较；根据边际递减规律，随着收入的增加，个人从新增加的每一单位收入中所获得的效用是递减的，一个人收入愈多，货币收入的边际效用愈小，收入愈少，则货币收入的边际效用就愈大，因此，同样一英镑，穷人和富人获取的效用是不同的，它给穷人带来的效用总是大于给富人带来的效用。这就证明了庞古关于收入均等化有利于增加社会总福利的理论假设，即：在国民总收入既定的条件下，如果把富人收入的一部分转移给穷人，穷人所获得的效用大于富人所损失的效用，社会的福利就会增加，直到富人不比其他任何人富裕时，社会福利达到最大水平。

因此，旧福利经济学的理论分析为政府干预社会经济、调节收入分配差距、减少收入贫困等提供了理论基础和合法性依据。同时，庇古在赞赏英国已实施的一系列福利措施的同时（如当时英国政府已经利用赋税所得以增加养老金、举办失业保险、实行义务教育等），提出了若干政策建议。对于富人，可以鼓励其自愿转移，即富人通过慈善的方式，自愿将一部分财富转移给穷人；与此同时，政府应通过强制征收累进所得税和遗产税。对于穷人，通过两种方式增加其福利水平：一类是直接的转移，例如举办一些社会保险或社会服务设施（如养老金制度、医疗卫生制度等）；另一类是间接的转移，例如，对于穷人最迫切需要的食品（如面包、马铃薯等）的生产部门和生产单位，政府给予补贴，促使这些部门和企业降低这些食品的售价，使穷人受益；或者由政府对工人提供住房补贴，对政府垄断行业实施价格补贴，以降低商品价格等（如公共交通补贴）（厉以宁，吴易风，1984）。

虽然以罗宾斯（L. Robbins）、卡尔多（N. Kaldo）、希克斯（J. R. Hicks）等为代表的新福利经济学家对旧福利经济学的收入分配均等化进行了批评并修正，主张通过效率来增进社会福利，但是，新福利经济学也不完全忽视收入分配公平问题，因为在现实社会中，收入分配的调节在使一部分人受益的同时，总会使另一部分人受损。他们由此提出补偿原则理论，即当社会变革使一部分人受益而另一部分人受损时，受益人可以对受损人进行补偿，只要收益大于补偿就说明社会福利增加了。这正是政府通过社会保障等"二次再分配"的手段以实现收入分配公平的理论基础所在。不论是旧福利经济学，还是新福利经济学，都是围绕如何实现社会福利最大化这一目标，但两个理论的价值导向与实现途径却是不一样的，在公平与效率这对矛盾中，旧福利经济学更强调公平，认为收入分配公平实现了社会福利最大化，而新福利经济学则更强调效率，认为只有在不损害效率基础上对收入分配的适当调节才是合理的。新旧福利经济理论基本思想及其争论对我国养老金制度改革的指导意义在于：收入分配均等化有利于实现社会福利效应最大化，而养老金制度是实现收入分配均等化的重要政策工具，在借助养老金制度实现收入再分配时，需要正确处理好公平和效率之间的关系。

### 2. 如何实现收入再分配：底线公平理论

福利经济学边际递减效应论证了政府通过建立社会保障以实现收入再分配的必要性，但根据福利经济的推理，要实现社会福利最大化，其理想的制度是实现收入分配平均化，即所有社会成员的收入是相等的。很明显，这一推论在现实生活中是不可能实现的，根本原因在于它过度强调公平而忽略了效率。虽然新福利经济学也意识到这个问题，提出公平是价值问题，福利经济应该是价值中立的，应该更多地关注效率问题。然而，新福利经济学走向了另一个极端，过度关注效率而忽略了公平。因此，不论是旧福利经济学还是新福利经济学，都未能很好地处理公平与效率的关系，在指导一国社会保障制度的建立时必然有一定局限。基于此，本书在福利经济学理论基础上，借助底线公平理论指导我国养老金制度的改革与完善。底线公平理论是国内学者景天魁等首次提出的一个社会保障基础理论（景天魁，2004；景天魁，2006；高和荣，2009），对于我国如何建立公平公正的养老金制度具有重要的现实指导意义，该理论包括以下核心要点。

第一，底线公平强调的是社会公平，而不是个体之间的公平。根据景天魁的界定，所谓社会公平，是指社会为了实现已经确定的目标（例如社会的正常运行、社会可持续发展等）而制定一系列规定，这些规定得到执行，目标就实现了，就实现了社会公平。这一"已经确定的目标"是基于社会公共价值、基本人权而确定的，社会保障权是国际国内普遍承认的基本人权。例如，《世界人权宣言》和《经济、社会、文化权利国际公约》都承认享有社会保障权是基本人权，国际劳工组织自1919年成立之初，就将寻求实现社会保障人权视为核心任务。国际劳工组织目前已颁布并实施了与社会保障有关的31项国际公约和23项建议书。就养老金而言，1952年《社会保障（最低标准）公约》（第102号）和1967年《残疾、老年和遗属津贴公约》（第128号）对老年人的收入保障作了专门规定。在国内法方面，我国的根本大法——《中华人民共和国宪法》（以下简称《宪法》）确立了我国应建立相应的社会保障制度，以保障老年人生活的权利。《宪法》第四十五条规定："中华人民共和国公民在年老、疾病或者丧失劳动能力的情况下，有从国家和社会获得物质帮助的权利，国家发展为公民享受这些权利的社会保险、社会救助和医疗卫生事业"。另外，《老年权益保障法》《社会保险法》等法律法规也确立了"公民在年老、疾病"等情况下依法从国家和社会获得物质帮助的权利。社会公平与个体公平不同，因为在实现社会公平时必然会损害个体利益。对个体来说，公平是相互比较的结果，有社会保障待遇的人与无社会保障待遇的人相比，前者会觉得公平，后者会觉得不公平；同理，高社会保障待遇的人与低社会保障待遇的人相比，前者会觉得公平，而后者会觉得不公平。因此，底线公平中的公平不是个体之间的公平，而是社会公平，是社会共同认可的，必须得以实现的目标。那么，个体的损失则体现为必须履行的义务，而个体的获益则体现为可以享受的权利。

第二，底线公平强调的是保障项目的基础性，而不是最低水平。根据学者的观点，所谓底线，它是社会除去个人之间的差异之外，共同认可的一条线，这条线以下的部分是每一个公民的生活和发展中共同具有的部分——起码必备的部分，其基本权利必不可少的部分。一个公民如果缺少了这一部分，那就保证不了生存，保证不了温饱，保证不了为谋生所需的基本条件（景天魁，2014）。但这并不意味着保障水平是最低的，比如基础义务教育、公共基础卫生并不能用保障水平来衡量，财政投入可能也不低。底线公平的底线强调的是保障项目的基础性，根据景天魁的设想，底线公平所包括的项目主要为最低生活保障、公共卫生和大病医疗救助、公共基础教育（义务教育）三个方面。就本书所研究的对象——老年人而言，底线公平是为老年人提供维持生存的基础养老金，以防止其陷入贫困，并缩小与富裕者的收入差距，共享改革发展成果。

第三，底线公平是划分政府责任边界的重要基准。底线以下部分是政府必须承担的责任，是政府义不容辞的义务。特别是在转型期，经济整体发展的同时，收入差距持续扩大，贫困发生率显著上升，政府应优先满足在市场经济发展中处于弱势地位群体的需求，重点解决在普遍走向富裕时更为突出的贫困问题，以及解决对个人未来发展产生根本影响的教育与医疗健康问题。而底线以上的部分可以由市场、企业、社会组织或个人承担，政府可以通过政策引导、严格监管等手段保障市场的规范运行。从长远来看，底线公平还可以化解"福利刚性"给政府带来财政负担加重的问题。底线公平强调政府只对底线以下的社会保障项目负责，而与保障水平无必然联系。在经济发展水平较低时，政府要守住底线，以确保每一个公民都有基本的生活保障，过上体面尊严的生活；随着经济发展水平的提高，政府仍然要守住底线，以防止社会保障水平无节制地攀升。通过财政收入与转移支付，不仅能有效防止贫困，而且有利于缩小最低收入群体与其他群体的收入差距。

## 二、改革的基本思路

为增强养老金制度的再分配效应，根据底线公平理论，养老金制度可分为两大部分，一部分是位于底线以下部分，另一部分是位于底线以上的部分。底线以下部分强调公平，是权利一致性的体现，由政府负责；而底线以上部分强调效率，是个体差异的体现，由市场、个体和社会组织等多元主体共同承担，政府主要在政策、监管等方面起作用。根据前文的分析，对我国养老金制度而言，机关事业单位养老金和城镇企业职工养老金主要覆盖正规就业群体，养老金水平普遍较高，能够完全消除老年贫困，并使内部收入差距显著缩小，因此，这两项养老金制度属于底线以上部分。而城乡居民养老金主要覆盖被前面两项养老金所遗漏的非正规就业人员、城镇无业人员及农村居民。由于职业特点，这部分老年人无法获得稳定的职业关联型养老金，收入不稳定，且收入水平低，如果缺乏政府的转移支付，他们将可能陷入贫困境地。因此，城乡居民养老金是属于底线公平以下的保障项目。此外，高龄津贴制度是面向 80 岁以上高龄老人的兼具社会救助与社会福利性质的老年收入保障计划。在各地实施过程中，部分地区主要针对领取低保的特殊贫困老年人。对于高龄老年人而言，不仅因为生活支出更高而更容易陷入贫困，而且高龄老人是社会进步的象征，更应获得体面的生活。鉴于此，本书将高龄津贴归为底线以下部分，是社会保障的基础性项目，是政府的基本责任。

## 1. 三层次基础养老金制度体系构想

养老金制度改革的国际趋势表明，为了有效地预防老年贫困，很多国家（既有高收入国家，也有中等收入国家，还有一些低收入国家）在缴费型养老金制度之外，往往建立了各种形式的非缴费型养老金制度，为那些低收入劳动者、在非正规部门就业的劳动者、自雇职业者以及农民提供最低水平的老年收入保障。尽管非缴费养老金制度不是世界养老金制度的主流，但是在人口老龄化加快、经济全球化影响加深、传统家庭保障不断遭到削弱的状况下，非缴费养老金制度在保障老年生活、缓解老年贫困方面仍然发挥了不可忽视的作用。在非缴费养老金基础上，各地建立了传统俾斯麦模式的缴费型养老金制度，以覆盖大部分正规就业群体，满足老年人更高的需求。事实上，政府通过财政转移支付形式建立非缴费养老金制度提高低收入老年人的收入水平，有效缩小了与其他老年人的收入差距，自然有利于调节收入差距，促进阶层流动。

因此，在结合我国现实养老金制度建设现状与国际有益经验的基础上，本书提出建立三层次的基础养老金制度体系的构想：第一层次为非缴费养老金计划，第二层次为职业关联型养老金计划；第三层次为收入关联型个人账户。

（1）将城乡居民养老金的基础养老金部分和高龄津贴两项制度合并为非

缴费养老金计划。非缴费养老金计划的保障对象为未享受城镇企业职工养老金与机关事业单位养老金的城乡老年人；保障水平为基础水平，即保障老年人吃、穿、住等基本生活。非缴费养老金计划属于底线以下部分，政府负有完全责任，表现为非缴费养老金完全由财政负担。此外，底线以下部分应当体现公平，财政资助型的非缴费养老金应确定全国统一的最低标准，各地区可根据当地经济发展水平和老龄化程度适当提高养老金待遇。但在现实中，贫困往往呈现年龄差异。众多研究表明，年龄与贫困之间呈"U"型关系，即处于年龄两端的儿童和老年人的贫困发生率最高。老年贫困的特点在于劳动能力丧失，收入中断，但支出较高，而且贫困发生率随着年龄的增长而提高。全国统一的最低标准应当体现年龄差异，即根据不同年龄层次适当调整最低标准额度，这种差异主要通过高龄津贴来实现。例如，根据现行的城乡居民养老金制度在全国建立统一的非缴费养老金计划，为所有 60 岁以上的老年人提供基础养老金，高龄津贴则针对不同年龄层次（如 80 岁以上）的老年人提供标准不同的津贴，满足了养老金需求的年龄差异。至于应该划分多少年龄档次，不同年龄档次之间的养老金待遇差别等具体问题将在下文的可行性论证中做进一步地探讨。

（2）以城镇企业职工养老金模式为标准，整合企业职工基本养老金制度和机关事业单位养老金制度，将两项制度中雇主（企业和政府）缴费部分整合为第二层次，即职业关联型养老金计划。之所以这样划分，是希望尽量在现有制度上进行整合，而不是推倒重建，以实现成本最小化。2005 年，国务院颁布了《关于完善企业职工基本养老保险制度的决定》（国发〔2005〕38号），规定"从 2006 年 1 月 1 日起，个人账户的规模统一由本人缴费工资的 11％调整为 8％，全部由个人缴费形成，单位缴费不再划入个人账户"。这就意味着，企业缴费部分组成了统筹账户，而个人缴费部分组成了个人账户，形成了两条界限明晰的资金流，为制度整合提供了便利。雇主缴费形成的统筹账户可以建立为第二层次，即职业关联型养老金。职业关联型养老金兼具了公平与效率特征，根据 2005 国务院的 38 号文，这一部分的养老金待遇取决于社会平均工资水平，以及个人缴费工资水平、个人缴费年限等个人因素。

（3）将城乡居民个人账户与企业职工个人账户，以及改革后的机关事业单位职工个人账户整合为第三层次，即收入关联型的个人账户。个人账户的特点在于完全由个人缴费形成，产权明晰，可携带性强，个人账户的养老金属于DC 型，待遇水平完全取决于个人在职业生涯期内缴费额的终值，完全体现了效率原则。根据 2005 年国务院 38 号文规定，企业个人账户由个人按本人月工资的 8% 缴费组成。根据国务院 2015 年颁布的《关于机关事业单位工作人员养老保险制度改革的决定》（国发［2015］2 号），机关事业单位工作人员与企业职工一样，按个人工资的 8% 进行缴费。根据 2014 年国务院 8 号文规定，城乡居民养老金个人账户由居民按照每年 100 元、200 元、300 元、400 元、500 元、600 元、700 元、800 元、900 元、1000 元、1500 元、2000 元 12 个档次的标准缴费组成，省（区、市）政府可根据实际情况增设缴费档次，最高缴费档次原则上不超过当地灵活就业人员参加职工基本养老保险的年缴费额。不论个人缴费多少，将个人缴费完全纳入个人账户，形成完全基金积累制的第三层次，有助于应对未来人口老龄化风险。

**2. 具体设计方案**

图 8-1 将我国当前条块分割的养老金体系整合为三层次的有机整体，具有无可比拟的优越性

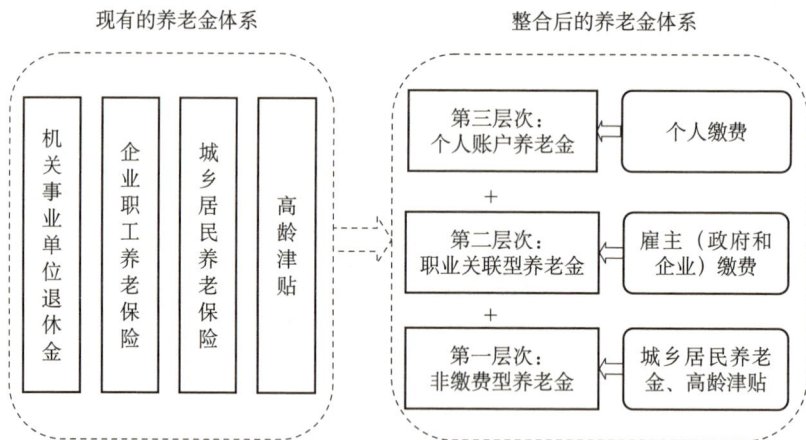

**图 8-1　三层次养老金体系构想**

（1）各层次定位明确。第一层次的非缴费养老金主要保障对象为未被城镇企业职工养老金和机关事业单位养老金所覆盖的城乡居民，他们因为缺乏正规养老金而可能陷入贫困，因此第一层次养老金的目的在于解决老年贫困，是实现老有所养的最后一道安全网。第二层次的职业关联型养老金保障对象为有雇主的城镇职工，包括企业职工和机关事业单位职工，目的在于通过社会保险的形式调节社会群体之间的收入差距。第三层次的个人账户由包括所有缴费的个体成员，个人缴费部分全部纳入完全积累的个人账户，目的在于平滑个人生

命周期的收入波动。

（2）效率与公平相协调。三层次养老金体系是兼具公平与效率的有机整体。首先，第一次层是底线以下部分，保障了所有有需要的社会成员的基本生存权，这一层次的养老金完全由政府财政负责，且最低标准完全一致，体现了社会公平。其次，第二层次既体现了公平，又体现了效率。雇主通过缴费形成养老保险基金，为老年人提供收入保障，体现了雇主的社会责任。每个人的职工养老金水平取决于当地社会平均工资和个人缴费工资、缴费年限等因素，前者体现了公平，后者体现了效率。最后，第三层次的个人账户完全体现了效率。虽然个人账户具有完全的产权界定，不具有互济功能，也就丧失了社会再分配功能，但是，它的效率性质有利于激励个体的缴费动机，为防范老年收入中断而进行储蓄。

（3）对现有制度影响最小。由当前的条块分割整合为三层次体系，没有创设新的制度，基本上是按照现有制度进行优化整合，破坏性最小，使改革成本实现最小化。机关事业单位养老金制度的调整，向企业职业养老金靠拢也是大势所趋，至于改革过程中遇到的难度，并不是本书所独有的，只要涉及机关事业单位养老金改革，这一问题就必然存在，后文也将进一步分析。

## 三、改革路径的可行性分析

虽然三层次养老金体系具有众多优势，但在整合中还面临一些技术问题和公众的质疑。其中，第一层次最大问题是由财政完全负担的非缴费养老金的政府负担能力，以及非缴费养老金的非缴费性质是否会对缴费型养老金产生负激励效应。第二层次最大的难点在于如何消除机关事业单位养老金改革的阻碍。第三层次的改革难点在于个人账户如何与第二层次的统筹账户分离，消除当前"混账管理"现象，以及个人账户如何实现保值增值。下文将尝试对以上问题作一一论证。

### 1. 非缴费养老金的财政负担能力

非缴费养老金保障对象为未领取机关事业养老金和企业职工养老金的城乡老年人，即主要是被城乡居民养老金覆盖的这部分社会成员。从 2009 年新型农村养老保险试点以来，城乡居民养老保险参保人数和待遇领取人数呈几何上升趋势，分别由 2010 年底的 1.03 亿人和 0.29 亿人增加至 2013 年底的 4.98 亿人和 1.38 亿人，短短 3 年就增加了 4 倍之多。而且，随着我国人口老龄化呈加速趋势，很多人可能由此担心财政长期的可持续性问题。为此，本书将通过构建科学的精算模式，预测未来我国非缴费养老金支出额及财政负担水平。

（1）预测模型的构建。

本书以财政负担率作为非缴费养老金财政可持续能力的衡量指标，财政负担率为非缴费养老金的财政支出占财政总收入的比重，即财政收入中需要多少份额用于非缴费养老金。财政负担率越高，表明财政可持续性能力越差，财政负担率越低，表明财政可持续性能力越强。非缴费养老金财政负担率计算公式为：

$$\rho = \frac{T_k}{\mathrm{CZSR}_k} \times 100\% \qquad (8-1)$$

其中，$T_k$为第 $k$ 年的非缴费养老金的财政支出额，$\mathrm{CZSR}_k$为第 $k$ 年财政总收入。根据公式（8-1），本书需要分别构建非缴费养老金财政补助支出和财政总收入预测模型。

模型一：非缴费养老金财政补助支出预测模型。

以特定养老金标准为基础，假设开始领养老金的年龄（男女相同）为 $x$ 岁，$x$ 岁以上老年人只要未被机关事业单位养老金和城镇企业职工养老金所覆盖都可以领取非缴费养老金，其总支出计量模型为：

$$T_k = \sum_{n=x}^{\omega} [\, l_{n,t}^k \, y_{n,t}^k + l_{n+t+1,s}^k \, y_{n+t+1,s}^k + \cdots ] \qquad (8-2)$$

其中：$\omega$ 为极限年龄；$l_{n,t}^k$为第 $k$ 年 $n$ 岁至 $n+t$ 岁的老年人数；$y_{n,t}^k$为第 $k$ 年 $n$ 岁至 $n+t$ 岁老年人领取养老金的标准；同理，$l_{n+t+1,s}^k$为第 $k$ 年 $n+t+1$ 岁至 $n+t+1+s$ 岁的老年人数，$y_{n+t+1,s}^k$为第 $k$ 年 $n+t+1$ 岁至 $n+t+1+s$ 岁老年人领取养老金的标准。根据对不同年龄段设置的不同待遇标准档次，以此类推。

但考虑到我国城乡收入和生活成本差距较大，本书将分别设置农村和城镇的待遇标准，则计量模型可进一步写成：

$$T_k = T_{农村} + T_{城镇} \qquad (8-3)$$

模型二：财政收入预测模型。

国内外学者从不同角度，建立了多种财政收入预测模型，如通过国民经济与财政收入的变动趋势，建立 GDP 与财政收入的简单线性回归方程和 AR 模型预测未来财政收入，有学者则结合财政收入的构成内容及其结构特点，采用因果分析方法进行预测。收入预测是对未来财政收入的数量推算，其准确性是政府制定相关社会经济政策的基础和前提，因此，准确性是选取财政收入预测模型的核心标准。很多学者讨论了基于时间序列的理论模型在预测财政收入中具有精确性和有用性的优势。自回归移动平均模型（auto-regressive and moving average model，ARIMA）及单指数平滑模型的预测准确度较高。基于此，本书采用时间序列的自回归移动平均模型，为消除异方差问题，本书对财政收入作自然对数处理（lnCZSR）。

$$\text{ln}CZSR = \varphi_1 \text{ln } CZSR_{t-1} + \cdots + \varphi_P \text{ln } CZSR_{t-P} + \varepsilon_t - \theta_1 \varepsilon_{t-1} - \cdots - \theta_q \varepsilon_{t-q}$$

$$(8-4)$$

式（8-4）中，前部分为自回归（autoregressive，AR）模型，非负整数 p 为 AR 的阶数，$\varphi_1$，$\cdots$，$\varphi_P$ 是 AR 的回归系数，后半部分为移动平均（moving average，MA）模型部分，q 为 MA 的阶数，$\theta_1$，$\cdots$，$\theta_q$ 为 MA 模型的系数，$\varepsilon_t \sim N(0, \delta^2)$。预测时，首先检验 lnCZSRt 的平稳性，若不平稳，则对序列进行差分处理，直到平稳。对于平稳化的序列，接下来进行零均值检验，若通过检验，则可计算出序列的自相关系数（ACF）与偏相关系数（PACF）值，并生成相应图形，从而确定式（8-4）中 $p$ 与 $q$ 的阶数。最后运用选定的回归估计方法来确定出 AR 模型回归系数与 MA 模型回归系数。从而将历年的 lnCZSR 数据代入方程中，最终得出其未来年份的预测值。

（2）参数设置及数据来源。

本书的测算时间为 2013~2050 年。根据 2014 年国务院 8 号文规定，领取城乡居民养老金的法定年龄为 60 岁，男女相同，据此本书设定非缴费养老金的领取年龄为 60 岁，且男女相同。将年龄划分为三个档次，即低龄老人、中龄老人和高龄老人，并以低龄老年人的养老金标准为基础，适当提高中龄老人和高龄老人的待遇标准。本书假设，中龄老人和高龄老人的标准分别为低龄老人的 1.25 倍和 1.5 倍。2013 年起始年份的非养老金待遇标准根据扩展线性支出系统模型（ELES）来确定。扩展线性支出系统模型是以吃、穿、住、行等基本生活支出为基础确定基本生活需求，具有客观性、可操作性、适用性和灵活性等优点，也是学者最常用的方法之一。考虑到经济发展水平和通货膨胀率的影响，需要建立养老金正常调整机制，以保证实际购买力不下降。为测量财政支出负担的弹性，本书分别设置低、中、高三种养老金增长机制，对应的年增长率分别为 $i=3\%$、$i=6\%$、$i=9\%$。

两个模型中所涉及的数据包括 2013~2050 年各年龄段分城乡的老年人口、

2012 年城乡居民吃、穿、住、行等基本生活支出、历年财政收入等。其中，老年人口数据来自联合国 2012 年世界人口预测方案中的中档方案，城乡人口比依据国务院发展研究中心课题组 2006 年关于全国城乡人口比例的预测数据，假定老年人口的城乡比例与总人口一致；用于 ELES 模型的 2012 年城乡居民吃、穿、住、行等基本生活支出来自 2013 年的《中国统计年鉴》；财政收入来自历年的《中国统计年鉴》。

（3）测算结果与分析。

随着我国人口老龄化程度的加深，老年人口占比越来越高，60 岁以上老年人口占比由 2013 年的 13% 上升至 2050 年的 33%，增长了一倍还多。老年人口绝对规模也是呈递增趋势，由 2013 年的 1.8 亿人快速增加到 2050 年的 4.5 亿人。我国人口老龄化进程中还表现为高龄化特点，80 岁以上高龄老年人口绝对规模与相对占比都呈现快速增长趋势。高龄老年人增加必然加大国家财政支出，是影响财政负担能力的重要因素。此外，我国老年人口的结构转变还呈现城镇化特点，即老年人口增长在城镇和农村中呈现较大差异。随着我国城镇化水平越来越高，城镇人口超过农村人口。据国务院发展研究中心预测，2013 年，我国城镇人口占比为 48.89%，到 2050 年达到 72.47%。以此比例计算，2050 年城镇 60 岁以上老年人口规模达到 3.3 亿人，相应的农村为 1.3 亿人。

但是，根据前文的制度设计，非缴费养老金主要针对未参加城镇企业职工养老金和机关事业单位养老金的城乡居民，所以应在老年人口总数中扣除这一部群体。由于缺乏相应统计数据，只能采用灵活处理。自 2009 年和 2011 年城乡居民养老保险试点改革以来，养老金覆盖率快速增加，计划到 2012 年底实现全覆盖。制度实施时年龄已达到或超过 60 岁的老年人无须缴费，直接领取基础养老金待遇。人力资源和社会保障部的统计公报显示，2012 年和 2013 年城乡居民养老金待遇领取人数分别为 13075 万人和 13768 万人，占当年 60 岁以上老年人口比分别为 71.00% 和 71.39%，增长幅度较少。综合以上因素可以判定，到 2013 年年底，城乡居民养老金基本实现了 60 岁以上老年人的人口全覆盖。随着近年来我国城镇企业职工基本养老保险的逐步完善，2014 年 12 月 23 日全国人大常务会议决定的机关事业单位养老金制度向城镇企业职工养老保险并轨，以及城镇化水平的逐步提高，城镇企业职工养老金的覆盖面将迅速扩大，未来领取企业职工养老金的老年人口将越来越多。因此，本书使用略低于 2013 年领取城乡居民养老金的人口占当年老年人口比来计算 2013～2050 年非缴费养老金的覆盖人口，约为 60%（即有领取城镇企业职工基本养老金的老年人口占总老年人口的40%)。那么,在划分非缴费养老金给付对象中的城乡差别中,本书假定,农村所有60岁以上老年人口都应享受非缴费养老金,且待遇标准为农村标准,71.39%的老年人口中扣除农村老年人口即为非缴费养老金的城镇人口,待遇标准为城镇标准。2013~2050年低、中、高三个年龄段的分城乡的非缴费养老金应覆盖人口数量如下表8-1所示。

表8-1    2013~2050年各年龄段分城乡的非缴费养老金应覆盖人口    单位:万人

| 年份 | 农村 | | | 城镇 | | |
|------|--------|--------|--------|--------|--------|--------|
| | 60~69岁 | 70~79岁 | 80岁以上 | 60~69岁 | 70~79岁 | 80岁以上 |
| 2013 | 5843.66 | 2858.76 | 1154.63 | 1016.44 | 497.25 | 200.83 |
| 2014 | 6087.85 | 2858.54 | 1154.19 | 1191.36 | 559.40 | 225.87 |
| 2015 | 6275.19 | 2881.33 | 1141.50 | 1366.61 | 627.49 | 248.60 |
| 2016 | 6378.49 | 2892.91 | 1174.70 | 1533.63 | 695.57 | 282.44 |
| 2017 | 6440.75 | 2915.71 | 1196.56 | 1698.36 | 768.84 | 315.52 |
| 2018 | 6474.40 | 2962.24 | 1204.94 | 1861.74 | 851.80 | 346.49 |
| 2019 | 6498.47 | 3049.60 | 1198.16 | 2025.98 | 950.75 | 373.54 |
| 2020 | 6523.35 | 3182.64 | 1176.91 | 2195.76 | 1071.28 | 396.15 |
| 2021 | 6516.03 | 3323.30 | 1199.17 | 2357.37 | 1202.30 | 433.83 |
| 2022 | 6503.52 | 3496.51 | 1209.56 | 2520.79 | 1355.26 | 468.83 |
| 2023 | 6508.97 | 3679.67 | 1210.70 | 2693.15 | 1522.50 | 500.94 |
| 2024 | 6559.72 | 3841.85 | 1206.64 | 2887.79 | 1691.30 | 531.20 |
| 2025 | 6664.36 | 3967.22 | 1199.84 | 3114.60 | 1854.09 | 560.75 |
| 2026 | 6780.68 | 4024.35 | 1241.62 | 3354.87 | 1991.12 | 614.32 |
| 2027 | 6940.93 | 4058.30 | 1273.56 | 3623.65 | 2118.72 | 664.89 |
| 2028 | 7113.49 | 4078.64 | 1300.84 | 3915.17 | 2244.83 | 715.97 |
| 2029 | 7269.06 | 4102.65 | 1335.83 | 4205.39 | 2373.51 | 772.82 |
| 2030 | 7385.42 | 4138.16 | 1381.60 | 4481.89 | 2511.27 | 838.43 |
| 2031 | 7430.47 | 4138.28 | 1482.32 | 4724.06 | 2630.99 | 942.41 |
| 2032 | 7453.76 | 4145.89 | 1584.67 | 4955.39 | 2756.26 | 1053.51 |
| 2033 | 7441.04 | 4175.59 | 1673.82 | 5163.77 | 2897.69 | 1161.56 |
| 2034 | 7372.07 | 4243.20 | 1734.38 | 5331.09 | 3068.46 | 1254.22 |
| 2035 | 7237.85 | 4352.57 | 1763.01 | 5445.30 | 3274.60 | 1326.38 |
| 2036 | 7012.56 | 4447.69 | 1815.51 | 5483.83 | 3478.11 | 1419.74 |
| 2037 | 6742.97 | 4569.95 | 1842.64 | 5468.86 | 3706.45 | 1494.47 |
| 2038 | 6450.07 | 4701.12 | 1853.58 | 5421.22 | 3951.26 | 1557.92 |
| 2039 | 6170.20 | 4823.87 | 1861.94 | 5366.48 | 4195.52 | 1619.40 |
| 2040 | 5923.19 | 4926.51 | 1874.14 | 5326.93 | 4430.58 | 1685.48 |
| 2041 | 5682.04 | 4966.21 | 1942.81 | 5273.05 | 4608.74 | 1802.97 |
| 2042 | 5465.57 | 4997.78 | 2002.00 | 5230.26 | 4782.61 | 1915.81 |
| 2043 | 5296.07 | 5011.04 | 2053.45 | 5222.44 | 4941.37 | 2024.90 |
| 2044 | 5207.04 | 4990.32 | 2100.90 | 5283.98 | 5064.05 | 2131.94 |
| 2045 | 5212.03 | 4927.46 | 2146.19 | 5435.63 | 5138.85 | 2238.26 |
| 2046 | 5277.39 | 4777.44 | 2245.36 | 5652.65 | 5117.15 | 2405.02 |
| 2047 | 5426.59 | 4601.54 | 2331.58 | 5961.84 | 5055.42 | 2561.56 |

| 年份 | 农村 | | | 城镇 | | |
|------|------|------|------|------|------|------|
| | 60~69 岁 | 70~79 岁 | 80 岁以上 | 60~69 岁 | 70~79 岁 | 80 岁以上 |
| 2048 | 5614.32 | 4418.59 | 2403.40 | 6322.57 | 4976.00 | 2706.59 |
| 2049 | 5783.84 | 4254.84 | 2455.96 | 6667.91 | 4905.20 | 2831.36 |
| 2050 | 5897.17 | 4121.99 | 2489.39 | 6955.36 | 4861.64 | 2936.09 |

资料来源：根据联合国人口预测数据与国务院发展研究中心课题组的数据计算而得。

非缴费养老金的保障对象是老年人，老年人的支出特点与年轻人不同，主要的支出项目为医疗保健；同时，非缴费养老金的功能在于维持生存需求，解决老年贫困问题，标准确定的依据应主要为吃、穿、住、行等方面。结合以上两方面的特点，本书非缴费养老金的待遇标准以 2012 年《中国统计年鉴》中分城乡的五等份城镇/农民居民家庭平均每人消费支出为依据，选取食品、衣着、居住、医疗保健等四项消费支出项目作为 ELES 模型的计算标准，据此计算的 2012 年城乡非缴费养老金标准分别为 377.78 元/月和 186.36 元/月，与统计年鉴中城镇十等份收入组（10%）和农村五等分收入组（20%）中最低收入组的消费水平基本相当，后两者分别为 380.46 元/月和 186.44 元/月。这也从另一方面印证了 ELES 模型的可靠性和科学性。

按照中龄老人（70~79 岁）为低龄老人（60~69 岁）标准的 1.25 倍，高龄老人（80 岁以上）为低龄老人标准的 1.5 倍，养老金年增长率分别为 3%、6%、9% 三个档次计算的 2013~2050 年我国非缴费养老金财政支出如表 8-2 所示。在 2013 年，非缴费养老金财政支出约为 3372 亿元，占当年财政收入的 2.61%，占当年 GDP 的 0.59%，财政负担处于较低水平。随着人口老龄化趋势的逐步推进，老年人口越来越多，以及待遇水平的逐年提高，非缴费养老金也必然随之水涨船高，但不同年增长率下的财政支出增长幅度差别较大。年增长率为 3% 的方案一增长较为平缓，到 2028 年财政支出额才超过 1 万亿元，2040 年超过 2 万亿元，到本书测算的终止年 2050 年约为 3.3 万亿元；年增长率为 6% 的方案二增长居中，2024 年首次超过 1 万亿元，比方案一提前 4 年，2031 年超过 2 万亿元，比方案一提前 9 年，绝对额增长幅度越来越快，到测算终止年 2050 年达到近 10 万亿元；年增工率为 9% 的方案三增长幅度最大，2022 年就首次超过 1 万亿元，分别比方案一和方案二提前 6 年和 2 年，而超过 2 万亿元的年份分别比方案一和方案二提前了 13 年和 4 年，到 2050 年达到峰值的 27 万亿元，是一个相当庞大的数字。如此巨额的财政补贴，是否会对我国财政支出造成沉重负担，需要对未来我国财政收入水平进行精确预测。

表 8 - 2         2013～2050 年非缴费养老金财政支出水平      单位：亿元

| 年份 | 方案一<br>i = 3% | 方案二<br>i = 6% | 方案三<br>i = 9% |
|---|---|---|---|
| 2013 | 3372. 42 | 3372. 42 | 3372. 42 |
| 2014 | 3665. 11 | 3771. 86 | 3878. 61 |
| 2015 | 3963. 37 | 4197. 61 | 4438. 57 |
| 2016 | 4273. 26 | 4657. 63 | 5064. 39 |
| 2017 | 4588. 66 | 5147. 07 | 5754. 97 |
| 2018 | 4918. 15 | 5677. 34 | 6527. 52 |
| 2019 | 5276. 39 | 6268. 28 | 7410. 92 |
| 2020 | 5676. 06 | 6939. 49 | 8436. 69 |
| 2021 | 6122. 86 | 7703. 77 | 9630. 94 |
| 2022 | 6611. 43 | 8560. 78 | 11005. 23 |
| 2023 | 7142. 45 | 9517. 74 | 12581. 72 |
| 2024 | 7716. 33 | 10581. 96 | 14384. 44 |
| 2025 | 8334. 67 | 11762. 84 | 16442. 19 |
| 2026 | 8994. 43 | 13063. 70 | 18777. 35 |
| 2027 | 9694. 72 | 14490. 94 | 21418. 32 |
| 2028 | 10440. 16 | 16059. 67 | 24408. 79 |
| 2029 | 11228. 97 | 17776. 17 | 27782. 31 |
| 2030 | 12060. 58 | 19648. 76 | 31578. 10 |
| 2031 | 12919. 90 | 21661. 80 | 35798. 59 |
| 2032 | 13821. 40 | 23848. 24 | 40527. 36 |
| 2033 | 14747. 98 | 26188. 19 | 45763. 38 |
| 2034 | 15673. 02 | 28641. 40 | 51466. 85 |
| 2035 | 16579. 73 | 31180. 82 | 57615. 78 |
| 2036 | 17452. 29 | 33777. 78 | 64180. 89 |
| 2037 | 18293. 82 | 36437. 77 | 71194. 59 |
| 2038 | 19125. 51 | 39203. 88 | 78767. 10 |
| 2039 | 19979. 52 | 42147. 29 | 87077. 53 |
| 2040 | 20884. 89 | 45340. 42 | 96325. 81 |
| 2041 | 21824. 04 | 48759. 25 | 106520. 87 |
| 2042 | 22799. 55 | 52422. 39 | 117764. 70 |
| 2043 | 23832. 25 | 56392. 89 | 130269. 67 |
| 2044 | 24948. 27 | 60753. 07 | 144313. 80 |
| 2045 | 26165. 83 | 65573. 89 | 160173. 70 |
| 2046 | 27495. 68 | 70913. 60 | 178119. 07 |
| 2047 | 28934. 54 | 76798. 09 | 198359. 01 |
| 2048 | 30455. 63 | 83189. 77 | 220949. 02 |
| 2049 | 31980. 95 | 89900. 57 | 245530. 37 |
| 2050 | 33466. 56 | 96816. 80 | 271903. 09 |

如前文所述，本书采用移动平均自回归（ARIMA）模型预测我国 2014～2050 年财政收入水平。在财政收入预测中，本书以过去 29 年（即 1985～2013 年）全国财政收入数据为基础，其中，2013 年的数据来自《2013 年国民经济

与社会发展统计公报》，其他年份则来自 2013 年的《中国统计年鉴》。我国历年财政收入水平的描述性统计情况如表 8-3 所示，全国财政收入由 1985 年的 2000 亿元增长至 2013 年的 13 万亿元，过去近 30 年增长了近 64 倍，平均年增长率为 16%，增长速度非常快。

表 8-3 　　　　　　　　1985~2013 年我国财政收入水平的描述性统计

| 最小值（亿元） | 最大值（亿元） | 均值（亿元） | 标准差（亿元） | 极值比 | 年均增长率（%） |
|---|---|---|---|---|---|
| 2004.82 | 129143.00 | 29512.27 | 37288.25 | 64.42 | 16.04 |

资料来源：2013 年《中国统计年鉴》和 2013 年《国民经济与社会发展统计公报》。

根据 ARIMA 模型预测的 2014~2050 年我国财政收入水平如图 8-2 所示，财政收入绝对额呈现凹型曲线递增，分别在 2026 年、2035 年、2041 年以及 2047 年突破 50 万亿元、100 万亿元、150 万亿元和 200 万亿元，由 2013 年的 13 万亿元增长至 2050 年的 236 万亿元，年平均增长率为 8%，约为过去 30 年的一半。随着我国经济发展水平进入新常态的"稳定期"，以及财政收入基数扩大，毫无疑问，未来几十年财政收入增长率不可能维持过去的高水平，有所下降是必然现象，这也从侧面反映了本书所使用的 ARIMA 方法的科学性，以及所预测的财政收入的可信度非常高。

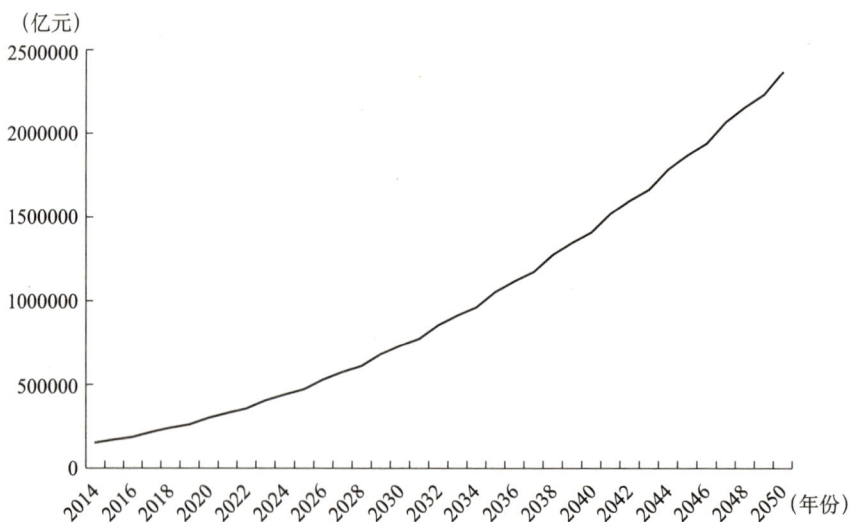

图 8-2　2014~2050 年全国财政收入

根据前文非缴费养老财政负担率计算公式，预测的未来近 40 年我国非缴费养老金财政负担率如图 8-3 所示。财政负担率对养老金待遇增长率的变化非常敏感。在测算起始年份，低、中、高三种增长机制下财政负担率皆为

2.61%，随着时间的推移，财政负担率差距越来越大。总体而言，低增长率（i=3%）方案下财政负担率呈现稳步下降趋势，最低值为 2044 年的 1.399%，并非为 2050 年；在 2039~2050 年间虽有细微的波动，但总体下降趋势依然很明显。在高增长率（i=9%）方案中，财政负担率则呈现逐年大幅度递增趋势，年平均增长 0.24 个百分点，即每 4 年就增加近 1 个百点，增长速度非常快。到 2050 年增长至 11.5% 的高位，意味着仅这一项养老金支出就占用了当年全国财政收入的一成以上，财政负担较重。9% 的年增长率超过了财政 8% 的年增长率，加上未来老龄化趋势加重，导致财政负担难以承受。在中增长率（i=6%）方案中，财政负担率并非呈现如其他两个方案的或增或减的单一趋势，而是呈现先减后增的 "U" 型趋势，即 2013~2020 年为下行区，至 2020 年达到负担率最低点的 2.3%，此后则逐年上升，至 2050 年的 4.1%。若按照此增长率预测，从 2013~2050 年的 38 年间，财政负担率仅增加了 1.5 个百分点，年平均增加 0.04 个百分点，增长速度较高方案缓慢了许多，财政可控性较强。即使与其他发展中国家相比，中方案下我国的财政负担率仍然属于较低水平。如泰国的老龄津贴支出占 GDP 的比重为 0.3%，巴西为 1.3%，南非为 1.4%，按照我国财政收入占 GDP 约为 1/4 的比例换算，2013 年和 2050 年非缴费养老金财政支出占 GDP 比重分别为 0.6% 和 1%，略高于泰国，但低

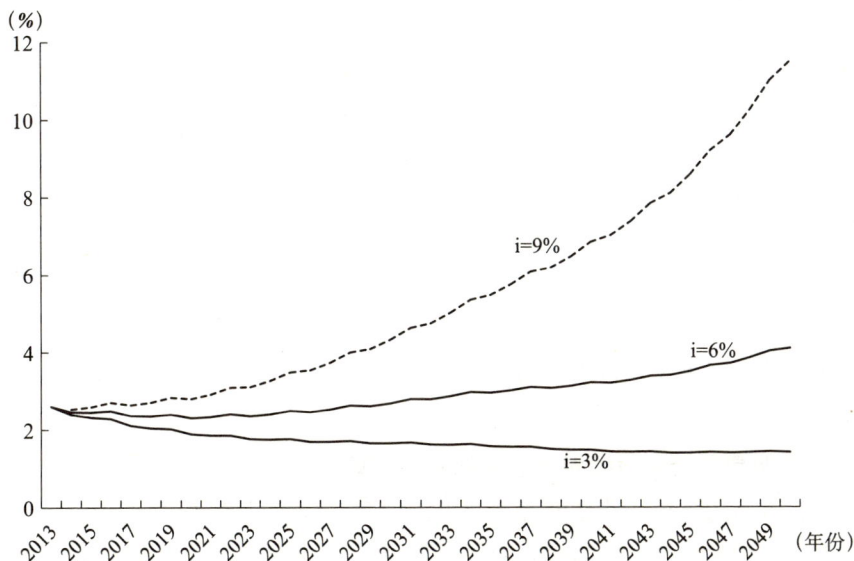

图 8-3　2013~2050 年非缴费养老金财政负担率

于巴西和南非两国。泰国的财政支出之所以如此之低，并不是因为该国老龄化较轻或经济较发达，原因在于该国非缴费养老金待遇非常低，2012 年约为18 美元/月，按照6.12 的汇率计算，约为 110.16 元/月，远低于本书设计的我国农村标准，更低于城镇标准。

根据以上分析，本书认为，2013 年或 2014 年建立由财政完全负担的、覆盖领取城镇职工养老金以外的城乡老年人的非缴费养老金的财政负担较轻，如果按照年增长率约为 6% 的适中速度增长，到 21 世纪中叶，我国财政都具有良好的可持续性，财政支出较为稳定，可控性较强，且财政负担处于较低水平。而这一时期恰恰是我国老年人口增长速度最快，老龄化水平最高的时期。此外，在本书的分析中，受数据的限制，并未考虑延迟退休年龄因素，假定至2050 年，我国法定退休年龄始终为 60 岁。但是，随着我国平均预期寿命的持续延长，推迟法定退休年龄将势在必行。据 2010 年的第六次人口数据显示，我国平均预期寿命达到 75 岁，其中男性为 72 岁，女性为 77 岁。虽然延迟退休年龄的全国政策不得而知，但学者已提出了众多改革意见，如最新的一个方案是社科院在 2014 年 12 月 25 日提出的，社科院建议：从 2018 年开始，女性退休年龄每 3 年延迟 1 岁，男性退休年龄每 6 年延迟 1 岁，至 2045 年，男性、女性退休年龄同步达到 65 岁。因此，可以肯定的是，到本书预测的终止年份2050 年之前，延迟法定退休年龄的政策肯定会启动，同时可以估计，到 2050年，男女法定退休年龄在 65 岁的国际通行标准的可能性比较大。随着法定退休年龄的提高，非缴费养老金领取人数将减少，相应的财政支出也将大幅度缩减，财政负担率也随之下降。例如，根据预测，2035 年我国 60 ~ 64 岁老年人口达到 1.1 亿人，占当年老年人口的 28%，这一数据在 2050 年分别为 1.2 亿人和 27%。按照此标准推算，法定退休年龄延迟至 65 岁，将直接减少近 20%的财政支出额，财政负担率在当前预测的基础上再下降 1/5。因此完全有理由相信，只要我国经济能够保持适度稳步增长，不出现大起大落的巨大波动，在我国建立旨在解决老年贫困的第一层次非缴费养老金具有财政可行性，而且待遇调整空间非常大。

**2. 非缴费养老金对缴费养老金的负激励效应**

根据本书的设想，非缴费养老金保障对象为未被城镇企业职工养老保险和机关事业单位养老保险所覆盖的城乡老年人，前者领取养老金待遇无须缴费，后者则属于缴费关联型，享受待遇领取权利必须先履行缴费义务。有人担心，这势必会引发逆向选择问题，城镇职工会倾向于拒绝参加城镇职工养老保险制度，等到年老后领取非缴费养老金，即非缴费养老金对缴费养老金的负激励效应。通过对比正反两方面的影响因素，笔者认为，我国确实可能会存在负激励效应，但影响不大，随着我国养老金制度的不断完善，这一影响将持续减弱。

从正面来看，非缴费养老金负激励效应诱致性因素包括：第一，权利与义务的不对等性。非缴费养老金与缴费养老金最大的区别在于权利与义务的关系，前者无须履行缴费义务就可享受权利，与社会救助的基本原则一致。但是，与社会救助不同，非缴费养老金不需要经过家计调查。此外，非缴费养老金的领取者将物价上涨、工资低导致缴费少、失业导致缴费记录中断等所有风险转嫁给了国家。非缴费养老金待遇标准不以个人收入高低、缴费记录为参考因素，各地政府根据当地经济发展水平确立统筹区域内完全统一的待遇标准，与缴费养老金待遇与个人收入水平密切关联的特征相比，更具有吸引力。一定程度上会导致部分社会成员在在职时拒绝缴纳养老保险费，等到退休时再领取非缴费养老金。但与缴费养老金相比，非缴费养老金待遇标准要低得多，因此，后者主要对低收入群体吸引力较大，而对于中高收入群体的吸引力有限。第二，我国缴费养老保险存在认同度不高、监管不严、跨地区转移接续不畅等问题，一定程度上助长了非缴费养老金的负激励效应。由于我国缴费养老金制度处于转型期，由 20 世纪 80 年代改革前的强调公平转变为改革后的强调效率，将政府和企业责任转嫁至个人，缴费率越来越高，养老金替代率却越来越低，以及企业养老金改革与机关事业单位养老金不同步等问题，导致民众对养老金认同度较低，参保积极性不高。新设立的非缴费养老金无疑会进一步打消缴费养老金的参保积极性，转而参加不需履行任何义务的非缴费养老金。此外，由于劳动保障监察部门的监管力度有限，缴费养老金的强制性难以有效实施，很多非国有企业、个体工商户、灵活就业人员的扩面难度更大，甚至有可能导致参保率进一步下降。另外，我国缴费养老金制度存在的跨地区、跨制度的转移接续障碍也一定程度上会削弱非缴费养老金的吸引力，尤其是对农民工等流动性较大的社会群体而言。因此，为提高非缴费养老金的激励效应，不仅需要完善非缴费养老金制度，科学合理测定待遇给付标准；而且要协调好非缴费养老金制度与缴费养老金制度之间的关系，使两者达到有效平衡状态；最重要的是完善缴费养老金制度，消除现存的种种弊端。

从反面来看，也存在诸多有利因素以弱化非缴费养老金制度的负激励效应，例如：非缴费养老金目标定位为解决老年贫困，给付标准设定较低，只能满足老年人的基本生活需求，与缴费养老金保持适当距离，可以有效减少缴费养老金参保者向非缴费养老金制度转移；机关事业单位养老金制度改革，将推动城镇职工养老金制度的不断完善。2014年12月23日，第十二届全国人民代表大会常务委员会第十二会议审议通过的国务院关于统筹推进城乡社会保障体系建设工作情况的报告，提出我国将推进机关事业单位养老保险制度改革，建立与城镇职工统一的养老保险制度。彻底结束以往按不同单位性质的养老金制度分割造成的不公平问题，将有助于统一的城镇职工养老金朝着公平、规范、法制方向迈进，从而增强缴费养老金制度的认同度和强制性。

综上所述，由于权利与义务的不对等性以及不以家计调查为准入门槛，非缴费养老金制度的建立可能对社会成员的缴费养老金参保积极产生消极影响，导致领取非缴费养老金人数增多，增加财政负担。但只要制度设计合理，非缴费养老金与缴费养老金之间达成有效平衡，同时完善缴费养老金制度，完全可以将负激励效应最小化。

**3. 机关事业单位向企业职工养老金制度并轨的障碍基本消除**

根据本书的制度改革设想，第二层次为覆盖所有有雇主的企业职工和机关事业单位职工的统一的职业关联型社会保险计划，即典型的俾斯麦模式。在这一传统社会保险模式下，权利与义务相结合，社会成员只有在工作期间履行缴费义务，才能在退休时领取养老金待遇，与非缴费养老金相比，强调了个人责任。机关事业单位向企业职工养老金制度并轨之难，无非源于现实利益以及特权的心理优越感两方面，但可喜的是，近年来这两方面因素的影响力越来越弱，并不能成为养老金制度并轨这一历史趋势的阻碍，推动因素包括以下几个方面。

（1）统一的机关事业单位与企业职工养老金制度有其历史基础。当前企业职工与机关事业单位养老金的双轨制并不是从来就有的，如第二章所述，中华人民共和国成立以后，在我国养老金制度发展与改革中，两者经历了分—合—分—合的历史演变。在1958年，国务院颁布实施了《关于工人、职员退休处理的暂行规定》和《关于工人、职员退休职处理的暂行规定》，统一了机关事业单位工作人员和企业职工养老金制度，统一了退休、退职年龄、条件、养老金计发标准等，有效提高了制度运行效率，同时增进了制度的公平性。历史证明，工作单位性质、雇主性质的差异，并不能成为双轨制运行的正当理由。相反，两者的共性要远大于差异：首先是用工形式的一致性，即雇用与被雇用的关系，雇主与雇员能够合理分担责任；其次工作岗位较为稳定，收入稳定，保证了缴费的可持续性；最后是工资采用按月支付形式，便于缴费率的确定，以及缴费的征收与监察。以上共性表明，建立统一的职工养老金制度覆盖所有机关事业单位职工和企业职工是历史已证明了的可行路径。

（2）已达成制度并轨的社会舆论共识。一项新的政策的实施，尤其是有损部分社会群体利益的政策，既得利益者必然强烈反对，这时社会舆论共识对推动政策的实施具有重要作用，仅就社会保障领域而言，历史早有明证。随着我国人口老龄化趋势加速，养老金问题成为社会关注的焦点问题。据人民网的调查，2000 年以来，社会保障与收入分配公平话题是历年两会十大热点话题的"常客"，热度持续"高温"，而且近年有明显的上升趋势，2010～2014 年，社会保障稳坐十大热点话题之首，其中，养老金的并轨话题是热点中的热点。随着机关事业单位养与企业职工养老金双轨运行的弊端逐步显现，要求制度并轨的呼声达到空前高度。以 2014 年的调查为例，98% 的网名认为"废除企业和机关事业单位退休金双轨制的条件已经成熟"。此外，制度并轨的新闻报道近年也显著暴发式增长，中国知网收录了国内公开发行的 500 多种重要报纸，以"并轨"为标题的检索显示，2011 年以前的年报道量都少于 100 篇，2012 年、2013 年和 2014 年则分别达到 185 篇、148 篇、247 篇，足见新闻热度之高。在所有新闻报道中，绝大多数媒体支持养老金并轨。除了社会民众的热烈讨论之外，学者也加入了养老金并轨的声援队伍当中。以中国知网收录期刊为例，以论文标题中含有"养老"和"并轨"两个词语的为检索标准，2012 年及以前每年的篇目不超过 10 篇，但 2013 年达到 18 篇，2014 年更是达到 52 篇，足见急剧升温之势。此外，考虑到很多其他论及养老金制度并轨但并未以此为题的论文，因此可以断定这一主题受到学者的相当重视。与社会民众与新闻媒体一样，学者普遍赞成消除当前双轨制现状，实现两者的整合，以维护社会公平，同时有利于减轻财政负担，应对人口老龄化，实现养老金制度的可持续发展。因此，可以说，机关事业单位养老金与企业职工养老金制度的并轨已在民众、媒体、学者等各社会群体中达成了普遍共识，成为改革方案推动的极为有利的舆论压力。

（3）制度并轨已迈出实质性步伐。2014 年 12 月 23 日，国务院副总理马凯代表国务院向全国人大作关于统筹推进城乡社会保障体系建设工作情况的报告。报告称，机关事业单位与城镇职工统一的养老保险制度改革方案已经国务院常务会议和中央政治局常委会审议通过，将于近期向社会公布。改革的基本思路是"一个统一、五个同步"。所谓"一个统一"，即党政机关、事业单位建立与企业相同基本养老金保险制度，实行单位和个人缴费，改革退休费计发办法，从制度和机制上化解"双轨制"矛盾。所谓"五个同步"，即机关与事业单位同步改革，职业年金与基本养老保险制度同步建立，养老保险制度改革与完善工资制度同步推进，待遇调整机制与计发办法同步改革，改革在全国范围同步实施。这一改革方案的出台，不仅在政治上明确了政府的改革决心，而且改革的新思路纠正了以往存在的诸多偏颇与问题，为改革进程的顺利进行扫清了障碍。例如，"五个同步"中的第一个同步就是机关与事业单位同步改革，有助于防止因分离式改革导致的新的碎片化和不公平问题，这也是2008年事业单位养老金制度改革难以推行的重要原因；"五个同步"中的第二至第三个同步，显然是防止因制度改革导致机关事业单位职工工资及退休金待遇降低，损害职工的利益而阻碍改革的推进，通过提高工资水平、建立基本养老金与职业年金的双层次养老金体系、完善养老金待遇调整机制等，保证利益不受损，提高改革政策的群众支持度；"五个同步"中的最后一个同步，即改革在全国范围同步实施，一改以往改革普遍采取的试点—总结经验和教训—全国推广的路径，确保政策的严肃性和稳定性。与此同时，2015年国务院发布《机关事业单位工作人员养老保险制度改革的决定》（国发〔2015〕2号），要求机关事业单位工作人员按照国家规定切实履行缴费义务，享受相应的养老保险制度，实行社会统筹与个人账户相结合的管理模式，与企业职工基本养老保险模式基本一致，为制度并轨奠定坚实基础。

### 4. 第三层次个人账户的建立与管理问题

统账结合的部分积累制筹资模式是我国当前及未来养老金发展与改革的基本模式，目前实施的城镇企业职工养老保险制度与城乡居民养老保险制度都是参照这一模式，正在推行的机关事业单位养老金制度改革方案也以此模式为标杆。2000年，国务院发布《关于印发完善城镇社会保障体系试点方案的通知》（国发〔2000〕42号文），提出城镇企业职工养老保险实行统筹基金与个人账户分账管理，企业缴纳的部分不再划入个人账户，全部纳入社会统筹，个人缴费则全部纳入个人账户。同时，2014年国务院颁布的《关于建立统一的城乡居民基本养老保险制度的意见》（国发〔2014〕8号文）规定，个人账户养老金由个人缴费、地方政府对参保人的缴费补贴、集体补助及其他社会经济组织、公益慈善组织、个人对参保人的缴费资助组成。但其中最主要的是个人缴费，政府及其他组织或个人的补贴较少或不稳定。从以上政策改革路径可以发现，我国已建立的城镇职工基本养老保险与城乡居民养老保险改革的目标方向是统筹账户与个人账户分账管理模式，为企业职工养老金个人账户与城乡居民养老金个人账户整合提供了可能性，也为未来转型后的机关事业单位养老金个人账户的整合提供了便利，即建立由全体社会成员个人缴费组成的第三层次的统一个人账户。但是，由于历史原因，国发［2000］42 号文确立的分账管理模式并未真正实现，个人账户基金被统筹基金挪用，用于当期退休老年人的养老金发放，陷入"混账管理"困局（杨长汉，2011）。

建立与统筹账户相分离的个人账户，使之分属不同的层次，可以有效理顺"混账管理"的乱局。与此同时，城乡居民养老保险的个人账户可与城镇职工养老保险的个人账户相整合，形成统一的由个人缴费组成的第三层次养老金体系。建立后的个人账户可采用名义账户（NDC）模式，它是现收现付制与积累制、待遇确定型与缴费确定型相结合的一种混合模式，即筹资时采用现收现付的形式，用于当期发放，基金并未形成实际上的积累，但在待遇计发时严格按照待遇确定型模式的计算规则。个人账户采用名义账户制不仅是可行的，而且是现实困境下的唯一选择。因为要实现国务院的养老金分账管理目标，必须要跨过两道门槛。第一，必须解决由于制度转轨形成的巨额转制成本，尤其是用于当期支付的显性化转制成本。多数学者认为，仅我国城镇企业职工养老金的隐性债务就达 10 万亿元左右，如中国银行首席经济学家曹远征的团队测算结果显示，2013 年达到 18.3 万亿元。最夸张的预测结果为 2014 年 12 月 28 日社科院发布的《中国养老金发展报告 2014：向名义账户制转型》的分报告之一《现行统账结合模式下隐性债务预测与测算》，报告称，以 2012 年为基准，社会统筹账户的隐性债务为 83.6 万亿元，个人账户的隐性债务为 2.6 万亿元，合计城镇职工基本养老保险统账结合制度下的隐形债务为 86.2 万亿元，占 2012 年 GDP 的比率为 166%（郑秉文，2015）。随着机关事业单位养老金制度向企业职工并轨，转制成本将进一步加大。不管各机构预测的具体结果差异有多大，但有一点是可以肯定的，即养老金转制成本之巨大以至于用政府财政完全承担是不可能的。也就是说，按照完全积累制的经典预设——实质性做实的个人账户——来实现分账管理的目标难以实现。第二，即使实现了做实个人账户目标，基金的保值增值将面临严峻挑战。虽然我国于 2015 年发布了《基本养老保险基金投资管理办法》（国发［2015］48 号），但由于对我国资本市场风险的担忧，办法并未强制要求各地方的基金管理部门进行投资管理，对签订投资委托协议的地区，对基金投资范围及比例作了严格规定，如投资股票、股票基金、混合基金、股票型养老金产品的合计比例不得高于养老基金资产净值的 30%。2015 年我国股票市场发生巨大波动，对养老金入市后的安全担忧进一步降低了中高风险投资占比。安全仍然是养老基金管理的首要目标，保值增值压力仍然较大。有学者统计，自 1997 年改革以来，养老金个人账户收益加权平均大约只有 2.38%（谭中和，2015），远低于物价增长和工资增长率。基金数额越大，损失越大，贬值压力越大。总之，这两道门槛很难跨过去。一方面，巨额转制成本消化之难导致个人账户难以做实；另一方面，由于我国保险基金投资管理机制不成熟，做实了个人账户也未必是好事。因此，采用名义账户制可以解决以上两个问题，根据缴费确定型原则记录个人缴费记录和计算相应的累积待遇权益，个人的当期缴费无论用于当期社会统筹养老金支付或者用于基础设施等投资，关键是要明确各级政府对参保者累积权益的责任。因此，名义账户制是目前我国养老金第三层次体系最为理想的选择。

# 参考文献

[1] ［印度］阿马蒂亚·森著. 王宇，王文玉译. 贫困与饥荒 ［M］. 北京：商务印书馆，2001.

[2] ［印度］阿马蒂亚·森著，任赜，于真译. 以自由看待发展 ［M］. 北京：中国人民大学出版社，2002.

[3] ［印度］阿马蒂亚·森著，王利文，于占译. 论经济不平等 ［M］. 北京：社会科学文献出版社，2006.

[4] ［英］安东尼·B·阿特金森，［法］弗兰科伊斯·布吉尼翁主编，蔡继明等校译. 收入分配经济学手册 ［M］. 北京：经济科学出版社，2009.

[5] ［美］德布拉吉·瑞著，陶然等译. 发展经济学 ［M］. 北京：北京大学出版社，2002.

[6] ［美］佛朗哥·莫迪利亚尼，阿伦·莫拉利达尔著，孙亚南译. 养老金改革反思 ［M］. 北京：中国人民大学出版社，2013.

[7] ［美］哈罗德·R·克博著. 蒋超等译. 社会分层与不平等：历史、比较、全球视角下的阶级冲突 ［M］. 上海：上海人民出版社，2010.

[8] ［美］拉维·坎波尔，和琳·斯奎尔. 关于贫困的思想演变：对相互作用的探讨. 载于杰拉尔德·迈耶，约瑟夫·斯蒂格利茨：《发展经济学前沿：未来展望》［M］，北京：中国财政经济出版社，2003.

[9] ［美］罗伯特·霍尔茨曼，理查德·欣茨等著，郑秉文等译. 21世纪的老年收入保障——养老金制度改革的国际比较 ［M］. 北京：劳动社会保障出版社，2006.

[10] ［丹麦］考斯塔·艾斯平-安德森著，郑秉文译. 福利资本主义的三个世界 ［M］. 北京：法律出版社，2003.

[11] ［美］L.H.韩讷著. 臧启芳译. 经济思想史 ［M］. 上海：商务印书馆，1926.

[12] ［美］马丁·布朗芬布伦纳，方敏，李翱，刘振楠等译. 收入分配理论 ［M］. 北京：华夏出版社，2009.

[13] ［波兰］马雷克·戈拉，米哈伊·茹特科夫斯基. 探索养老金改革之路：波兰多支柱的社会保障体系 ［J］. 经济社会体制比较，2000（1）.

[14] 白澎等. 法国社会保障制度 ［M］. 上海：上海人民出版社，2012.

[15] 陈永杰，李伟俊. 城市老年贫困人口与养老保险制度：以广州城镇老年居民养老保险制度为例 ［J］. 学术研究，2012（4）.

[16] 邓大松，吴振华. "高龄津贴" 制度探析与我国普惠型福利模式的选择 [J]. 东北大学学报（社会科学版），2011（3）.

[17] 丁煜. 新型农村社会养老保险制度的缺陷与完善 [J]. 厦门大学学报（哲学社会科学版），2011（3）.

[18] 杜鹏，武超. 1994~2004 年中国老年人主要生活来源的变化 [J]. 人口研究，2006（2）.

[19] 封进. 公平与效率的交替和协调——中国养老保险制度的再分配效应 [J]. 世界经济文汇，2004（1）.

[20] 高和荣. 底线公平理论指导民生建设和谐发展 [J]. 人民论坛，2009（20）.

[21] 高和荣，夏会琴. 去身份化和去地域化：中国社会保障制度的双重整合 [J]. 哈尔滨工业大学学报（社会科学版），2013（1）.

[22] 龚志民，刘山，李时华. 欧盟老年贫困对中国养老金制度改革的启示 [J]. 未来与发展，2008（5）.

[23] 何立新. 中国城镇养老保险制度改革的收入再分配效应 [J]. 经济研究，2007（3）.

[24] 何文炯，洪蕾. 高龄津贴：制度定位与财务可行性 [J]. 学术研究，2012（7）.

[25] 侯慧丽. 城镇基本养老保险制度的再分配效应 [M]. 北京：社会科学文献出版社，2011.

[26] 侯明喜. 防范社会保障体制对收分配的逆向转移 [J]. 经济体制改革，2007（4）.

[27] 胡鞍钢，赵黎. 我国转型期城镇非正规就业与非正规经济（1990~2004）[J]. 清华大学学报（哲学社会科学版），2006（3）.

[28] 胡佳妮. 对财政收入分配职能的理论综述——兼论社会保障制度的完善与其收入再分配职能的实现 [J]. 财税纵横，2009（2）.

[29] 胡晓义. 走向和谐：中国社会保障发展 60 年 [M]. 北京：中国劳动社会保障出版社，2009.

[30] 华迎放. 我国城乡居民高龄津贴政策分析与发展建议 [J]. 中国劳动，2013（4）.

[31] 黄有光著. 周建明等译. 福利经济学 [M]. 北京：中国友谊出版公司，1991.

[32] 姜向群，郑研军. 中国老年人的主要生活来源及其经济保障问题分析 [J]. 人口学刊，2013（2）.

[33] 金双华. 现行社会保障制度对不同阶层收入影响的实证分析 [J]. 经济社会体制比较，2012（1）.

[34] 金钟范. 韩国社会保障制度 [M]. 上海：上海人民出版社，2010.

[35] 景天魁. 社会公正理论与政策 [M]. 北京：社会科学文献出版社，2004.

[36] 景天魁. 收入差距与利益协调 [M]. 哈尔滨：黑龙江人民出版社，2006.

[37] 柯卉兵，周荣超. 社会保障计划在减轻老年贫困中的作用 [J]. 中国社会保障，

2014（8）.

［38］郎大鹏. 中国台湾地区社会保障供研究［J］. 首都经贸大学学报，2009（4）.

［39］李超民. 美国社会保障制度［M］. 上海：上海人民出版社，2009.

［40］李强. 当代中国社会分层：测量与分析［M］. 北京：北京师范大学出版社，2010.

［41］李实，赵人伟，高霞. 中国离退休人员收入分配中的横向与纵向失衡分析［J］. 金融研究，2013（2）.

［42］李时华. 建立普惠制非缴费养老金制度促进农村居民消费［J］. 消费经济，2010（3）.

［43］厉以宁，吴易风，李懿. 西方福利经济学述评［M］. 北京：商务印书馆，1984.

［44］李珍，王海东. 养老金替代水平下降的制度因素分析与对策［J］. 中国软科学，2013（4）.

［45］梁宏. 社会分层视野下大城市老年人口的生存状态——以广州市为例［M］. 广州：中山大学出版社，2010.

［46］林重庚，迈克尔·斯宾塞. 中国经济中长期发展和转移：国际视角的思考与建议［M］. 北京：中信出版社，2011.

［47］林东海，丁煜. 养老金新政：新旧养老保险政策的替代率测算［J］. 人口与经济，2007（1）.

［48］刘志英. 社会保障与贫富差距研究［M］. 北京：中国劳动社会保障出版社，2006.

［49］陆学艺. 当代中国社会结构［M］. 北京：社会科学文献出版社，2004.

［50］吕红平. 论我国转型期的城市贫困问题［J］. 人口学刊，2005（1）.

［51］穆光宗，张团. 我国人口老龄化的发展趋势及其战略应对［J］. 华中师范大学学报（人文社会科学版），2011（5）.

［52］穆怀中，闫琳琳. 新型农村养老保险参保决策影响因素研究［J］. 人口研究，2012（1）.

［53］彭浩然，申曙光. 改革前后我国养老保险制度的收入再分配效应比较研究［J］. 统计研究，2007（2）.

［54］彭浩然. 多目标协调背景下我国基本养老保险制度的设计［J］. 经济管理，2011（5）.

［55］乔晓春等. 对中国老年贫困人口的估计［J］. 人口研究，2005（2）.

［56］权衡. 收入分配与收入流动：中国经验和理论［M］. 上海：人民出版社，2012.

［57］荣燕. 社会保障与收入分配的相关性分析［J］. 学术论坛，2007（2）.

［58］谭诗斌. 现代贫困学导论［M］. 武汉：湖北人民出版社，2012.

［59］谭中和. 建立养老金正常调整机制［J］. 中国社会保障，2015（1）.

［60］王洪亮. 收入不平等与收入流动性的实证研究［M］. 南京：东南大学出版社，2010.

［61］王萍萍等. 中国贫困标准与国际贫困标准的比较［J］. 中国农村经济, 2006 (12).

［62］王晓军, 康博威. 我国社会养老保险制度的收入再分配效应分析［J］. 统计研究, 2009 (11).

［63］王延中, 龙玉其. 社会保障与收入分配: 问题、经验与完善机制［J］. 学术研究, 2013 (4).

［64］高和荣, 朱火云. 福建省厦门市社会保障发展与收入分配状况调研报告［M］. //王延中. 中国社会保障收入再分配状况调查. 北京: 社会科学文献出版社, 2013: 186–223.

［65］王仲. 社会阶层流动途径的趋势与效果分析［J］. 学术探索, 2008 (2).

［66］吴连霞. 中国养老保险制度变迁机制研究［M］. 北京: 中国社会科学出版社, 2012.

［67］香伶. 养老社会保险与收入再分配［M］. 北京: 社会科学文献出版社, 2008.

［68］薛进军. 不平等的增长: 收入分配的国际比较［M］. 北京: 社会科学文献出版社, 2013.

［69］杨长汉. 养老保险社会统筹与个人账户不能"混账管理"［J］. 经济视角, 2011 (9).

［70］杨立雄. 中国老年贫困人口规模研究［J］. 人口学刊, 2011 (4).

［71］杨震林, 王亚柯. 中国企业养老保险制度再分配效应的实施分析［J］. 中国软科学, 2007 (4).

［72］姚建平. 养老社会保险制度的反贫困分析——美国的实践及对我国的启示［J］. 公共管理学报, 2008 (3).

［73］伊志宏. 养老金改革: 模式选择及其金融影响［M］. 北京: 中国财政经济出版社, 2000.

［74］于学军. 中国人口转变与"战略机遇期"［J］. 中国人口科学, 2003 (1).

［75］臧宏. 事业单位养老保险制度改革研究［M］. 长春: 吉林人民出版社, 2007.

［76］张川川, John Giles, 赵耀辉. 新型农村社会养老保险政策效果评估——收入、贫困、消费、主观福利和劳动供给［J］. 经济学 (季刊), 2015 (1).

［77］赵人伟. 对我国收入分配改革的若干思考［J］. 经济学动态, 2002 (9).

［78］郑秉文. 十一五期间社保改革的12个重大问题——从国外经验教训的角度［N］. 中国改革论坛, 2006–03–28.

［79］郑秉文. 中国社会保险"碎片化制度"危害与"碎片化冲动"探源［J］. 社会保障研究, 2009 (1).

［80］郑秉文. 公务员参加养老保险统一改革的思路——"混合型"统账结合制度下的测算［J］. 公共管理学报, 2009 (1).

［81］郑秉文. 欧债危机下的养老金制度改革: 从福利国家到高债国家的教训［J］. 中国

人口科学，2011（5）.

［82］郑秉文. 中国养老金发展报告 2013——社保经办服务体系改革［M］. 北京：经济管理出版社，2013.

［83］郑秉文. 中国养老金发展报告·2014［M］. 北京：经济管理出版社，2015.

［84］郑功成. 社会保障学：理论、制度、实践与思辨［M］. 北京：商务印书馆，2000.

［85］郑功成. 社会保障学［M］. 北京：中国劳动社会保障出版社，2005.

［86］郑功成. 中国社会保障制度改革的新思考［R］. 中德社会保障体制改革研讨会，2007.

［87］郑功成. 论收入分配与社会保障［J］. 黑龙江社会科学，2010（5）.

［88］郑功成. 社会保障：调节收入分配的基本制度保障［J］. 中国党政干部论坛，2010（6）.

［89］郑功成. 中国社会保障改革与发展战略［M］. 北京：人民出版社，2011.

［90］郑金灿. 机关事业单位养老保险改革的现状与建议［J］. 中国社会保障，2014（8）.

［91］中国社会科学院经济研究所社会保障课题组. 多轨制社会养老保障体系的转型路径［J］. 经济研究，2013（12）.

［92］周俊山，尹银. 普惠制非缴费型养老金计划的预测［J］. 农村经济，2012（12）.

［93］朱光磊. 当代中国社会各阶层分析［M］. 天津：天津人民出版社，2007.

［94］Aronson, J. R. & Lambert, P. J. Decomposing the Gini coefficient to reveal the vertical horizontal, and reranking effects of income taxation［J］. *National Tax Journal*, 1994, 47（2）.

［95］Bangasser, P. E. The ILO and the informal sector: An institutional history［R］. Employment Paper, Geneva, 2000.

［96］Barrientos, A., Gorman, M. & Heslop, A. Old age poverty in developing countries contributions and dependence in later life［J］. *Word Development*, 2003, 31（3）.

［97］Berliant, M. & Strauss, R. P. The horizontal and vertical equity characteristics of the federal individual income tax, 1966~1977. In David, M. & Smeeding, T. *The National bureau of economic research*［M］. University of Chicago Press, 1985.

［98］Bertranou, F. M., Ginneken, W. V., & Solorio, C. The impact of tax-Financed pensions on poverty reduction in Latin America: Evidence from Argentina, Brazil, Chile, Costa Rica and Uruguay［J］. *International Social Security Review*, 2004, 57（4）.

［99］Bonoli, G. & Shinkawa, T. *Ageing and pension reform around the world: Evidence from eleven countries*［M］. Chetlenham, UK·Northampton, Ma, USA. 2005.

［100］Dekkers, G., Buslei, H., Cozzolino, M., Desmet, R., & Geyer, J. What are the consequences of the AWG-Projectiona for the adequacy of social security pensions?［R］. Brussels: Centre for European Policy Studies, 2009.

[101] Dethier, J. J., Pestieau, P., & Ali, R. The impact of a minimum pension on old age poverty and its budgetary cost: Evidence from Latin America [J]. *Revista de Economia del Rosario*, 2011, 14 (2).

[102] Dhemba, J. Overcoming poverty in old age: Social security provision in Lesotho, South Africa and Zimbabwe revisited [J]. *International Social Work*, 2013, 56 (6).

[103] European Commission. Demography, active ageing and pension: Social Europe guide [R]. Luxembourg, 2012 (3).

[104] Fields, G. & Ok, F. The meaning and measurement of income mobility [J]. *Journal of Economic Theory*, 1996 (71).

[105] Fonseca, R. & Sopraseuth, T. Welfare effects of social security reforms across Europe: the case of France and Italy [R]. Working Paper, Naples: Centre for Studies in Economics and Finance, 2006.

[106] Forster, M., Fuchs, M., & Makovec, M. Internationally comparable indicator of material well-being in an age special optique [R]. Technical Report, European Center for Social Welfare Policy and Research, 2003.

[107] Friedrich, B. On the international Pareto efficiency of pay-as-you-go financed pension system [J]. *Journal of Institutional and Theoretical Economics*, 1989, 145 (4).

[108] Frommert, D. & Heien, T. Retirement pension provision schemes in Germany 1996 and 2005 [J]. *Journal of Applied Social Science Studies*, 2006, 126 (2).

[109] Goodman, A., Brewer, M., & Emmerson C. Pensioner poverty over the next decade: What role of tax and benefit reform [R]. London: Institute of Fiscal Studies, 2007.

[110] Gottschalk, P. Inequality, income growth, and mobility: The basic facts [J]. *Journal of Economic Perspectives*, 1997 (11).

[111] Gottschalk, P. & Smeeding, T. M. Cross-national comparisons of earnings and income inequality [J]. *Journal of Economic Literature*, 1997, 35 (2).

[112] Grech, A. Evaluating the possible impact of pension reforms on elderly poverty in Europe [J]. *Social Policy and Administration*, 2015, 49 (1).

[113] Grosh, C. M. & Hoddinott, J. The targeting of transfers in developing countries [R]. World Bank Regional and Sectoral Studies Series, Washington D. C. 2004.

[114] Handayani, S. W. & Babajanian, B. Social protection for older persons: social pensions in Asia [R]. Mandaluyong: Asian Development Bank, 2012.

[115] Hansenne, M. Reply of the director general to the discussion of his report [R]. Geneva, 1991.

[116] HelpAge International. The mark of a noble society: Human rights and older people [R]. London, 2000.

[117] HelpAge International. Age and security: How social pensions can deliver effective aid to poor older people and their families [R]. London, 2014.

[118] Henry, A. The social insurance paradox [J]. *The Canadian Journal of Economics and Political Science/Revue canadienned' Economique et de Science Politique*, 1966, 32 (3).

[119] Hoffman, F. L. The problem of poverty and pensions in old age [J]. *American Journal of Sociology*, 1908, 14 (2).

[120] Holzmann, R. Global pension systems and their reform: Worldwide drivers, trends and challenges [R]. Washing, D. C.: World Bank, 2012.

[121] Howe, N. & Longman, P. The next new deal [J]. *Atlantic Monthly*, 1992, 269 (4).

[122] ILO. Employment, incomes and equity: A strategy for increasing productive employment in Kenya [R]. Geneva, 1972.

[123] ILO. Governing body: Date, place and agenda of the 90th Session of the conference [R]. Geneva, 2000.

[124] ILO. Women and men in the informal economy: A statistical picture [R]. Geneva, 2013.

[125] ILO. World social protection peport 2014/15: Building economic recovery, inclusive development and social justice [R]. Geneva, 2014.

[126] Indermit, G. , Packard, T. , & Yermo, J. Keep the promise of old-age income security in Latin America [R]. Washington D. C.: World Bank, 2004.

[127] Jayaraj, D. & Subramanian, S. Horizontal and vertical inequality: Some interconnections and indicators [J]. *Social Indicators Research*, 2006, 75 (1).

[128] Jesuit, D. , Mahler, V. A. State redistribution in comparative perspective: A cross-national analysis of the developed countries [R]. LIS Working Paper Series, No. 392, 2004.

[129] Kakwani, N. & Subbarao, K. Poverty among the elderly in Sub-Saharan Africa and the role of social pensions [J]. *Journal of Development Studies*, 2007, 43 (6).

[130] Logue, D. E. & Rader, J. S. *Managing pension plans: A comprehensive guide to improving plan performance* [M]. Cambridge, MA: Harvard Business School Press, 1997.

[131] Mary, C. & Adams, T. Race, sex, and the intergenerational transmission of poverty. In Duncan, G. J. & Gunn, J. B. *Consequences of growing up poor* [M]. New York: Russell Sage Foundtion, 1997.

[132] Meyer, M. H. & Herd, P. *Market friendly or family friendly?: The state and gender inequality in old age* [M]. New York: Russell Sage Foundation, 2010.

[133] Miralles, M. & Romero, C. International patterns of pension provision II: A worldwide o-

verview of facts and figures [R]. Discussion Paper, No. 1211, New York: World Bank, 2012.

[134] Orloff, A. S. Gender and the social rights of citizenship: The comparative analysis of gender relations and welfare state [J]. *American Sociological Review*, 1993, 58 (3).

[135] Samuelson, P. A. Optimum social security in a life-cycle growth [J]. *International Economic Review*, 1975, 16 (3).

[136] Schorr, A. L. Still waiting for welfare reform [N]. New York Time, 1974 – 01 – 19.

[137] Shorrocks, A. F. The measurement of mobility [J]. Econometrica, 1978, 46 (5).

[138] Shorrocks, A. F. The class of additively decomposable inequality measures [J]. Econometrica, 1980, 48 (3).

[139] Stewart, F. Horizontal inequalities: A neglected dimension of development [R]. Working Paper No. 81, 2002.

[140] United Nations, Department of Economic and Social Affairs, Population Division. World population prospects: The 2012 Revision [R]. DVD Edition, 2013.

[141] United Nations Development Programme. Human development report 2010: The real wealth of nations: Pathways to human development [R]. New York, 2010.

[142] Verbon, H. A. A. Conversion policies for public pension plans in a small open economy. In Gustafsson, B. A. & Klevmarken, N. A. *The political economy of social security* [M]. North Holland: Elsevier Science Publishers, 1989.

[143] Wang, C. & Caminada, K. Disentangling income inequality and the redistributive effect of social transfers and taxes in 36 LIS countries [R]. LIS Working Paper Series No. 567, 2011.

[144] Zaidi, A. Poverty of elderly people in EU25: First report [R]. Vienna: European Centre for Social Welfare Policy and Research, 2006.